质量的简约
兼议汽车电子技术规范

主编 李京苑　副主编 熊盛阳 杨雪辉

首都经济贸易大学出版社
Capital University of Economics and Business Press
·北京·

图书在版编目（CIP）数据

质量的简约：兼议汽车电子技术规范 / 李京苑主编.
-- 北京：首都经济贸易大学出版社，2023.9
　ISBN 978-7-5638-3492-1

Ⅰ.①质… Ⅱ.①李… Ⅲ.①汽车工业—质量管理体系—研究—中国 Ⅳ.①F426.471

中国国家版本馆CIP数据核字（2023）第068138号

质量的简约——兼议汽车电子技术规范
ZHILIANG DE JIANYUE——JIANYI QICHE DIANZI JISHU GUIFAN
主　编　李京苑
副主编　熊盛阳　杨雪辉

责任编辑	杨丹璇
封面设计	风得信·阿东 FondesyDesign
出版发行	首都经济贸易大学出版社
地　　址	北京市朝阳区红庙（邮编100026）
电　　话	（010）65976483　65065761　65071505（传真）
网　　址	http://www.sjmcb.com
E-mail	publish@cueb.edu.cn
经　　销	全国新华书店
照　　排	北京砚祥志远激光照排技术有限公司
印　　刷	唐山玺诚印务有限公司
成品尺寸	170毫米×240毫米　1/16
字　　数	291千字
印　　张	19
版　　次	2023年9月第1版　2023年9月第1次印刷
书　　号	ISBN 978-7-5638-3492-1
定　　价	95.00元

图书印装若有质量问题，本社负责调换
版权所有　侵权必究

前　言

　　运载火箭研制的从业人员为什么要研究汽车的质量管理体系及汽车电子标准呢？一方面，运载火箭和汽车都是运载工具，都有很高的可靠性和安全性要求，大多数情况下很难区分高下，因此研究汽车的质量保证标准会对改进运载火箭的质量保证有所帮助；另一方面，汽车是运载火箭地面发射系统的一个重要的组成部分，即航天工程系统的一个组成部分，也是基本的工作对象。此外，汽车级电子元器件作为一类可靠的工业级元器件，在航天工程领域已经得到一些应用。因此，我们需要系统地了解、学习和研究汽车供应链体系的质量标准，特别是汽车电子的相关标准。

　　2019年，航天科技集团公司元器件专家组到山东芯诺电子科技股份有限公司调研，系统接触了IATF 16949《汽车生产件和相关服务件组织质量管理体系要求》及汽车电子委员会（Automotive Electronics Council，AEC）的相关电子元器件标准。之后，又受济南半导体元件实验所的邀请，对提供汽车应用的半导体器件生产线进行了调研，进一步了解了汽车电子质量体系和相关技术规范。

　　IATF 16949由国际汽车工作组（International Automotive Task Force，IATF）制定；该组织成立于1996年，办公室设在美国的密歇根州等地，是由世界上主要汽车制造商和协会组成的一个工作机构。AEC是由克莱斯勒（Chrysler）、福特（Ford）、通用（GM）汽车公司等发起并于1994年成立的，其主要目的是针对车载电子元器件等零部件实施标准化管理，建立汽车电子元器件的可靠性鉴定规范体系，使汽车电子的稳定性和标准化有更具体和实用的工作依据。AEC-Q即AEC的"车规"鉴定规范。

　　为了进一步研究汽车质量体系和汽车电子标准，航天科技集团公司电子

质量的简约——兼议汽车电子技术规范

元器件专家组组织航天科技集团一院元器件可靠性中心、十九所、十二所、总体设计部、综合计划部、质量与体系运营部等，五院元器件可靠性中心，八院元器件可靠性中心，航天标准化和产品保证研究院，以及山东芯诺电子科技股份有限公司，翻译了AEC的全部36个技术规范。一院元器件可靠性中心、山东芯诺电子科技股份有限公司、一院综合计划部、质量与体系运营部、十五所等单位和相关同志对其做了比较研究，形成了以下三个方面的认识。

第一，当前面临的一些质量管理问题，需要用简约的方式加以解决，没有效率的质量背离了质量管理的初衷。

事实上，关注过去的本质是关注现在，比较他人的东西，也是关注自己、关注当下的问题。质量与质量管理的重要性对于当今企业的发展是不言而喻的，随着质量标准化管理的不断深入，质量管理日臻规范，但是也产生了一些形式化的东西，这些形式化的东西背离了质量管理的初衷，导致资源的浪费、流程的繁缛、效益的下降。质量的概念是广义的，是多、快、好、省的统一，效率也属于质量的范畴，意味着产品和产品形成过程的零缺陷。正确地做事一定是不仅做对，还要做好，而且高效。

对于产品质量，尤其是复杂系统的质量，人们总是寄予很高的期望，用"严格""充分""细致"等词汇来要求产品的生产方、研制方。不可否认，质量工作一开始是经验的、简单的、粗放的，后来日趋成熟、系统、精细，但是，总体效果却不令人满意。这说明在质量管理领域已经滋生了一些"有害无益"的东西，表现为企业的管理制度越来越烦琐、文件越来越多、流程越来越长，导致效率越来越低。一些企业在饱尝"加法"之苦后，想起了减法，想起了"奥卡姆剃刀"，也就是简约管理，化繁为简，追求实效。

在中世纪的欧洲，"经院哲学"起着主导作用，这种哲学脱离实际、玩弄概念、空谈玄理，习惯运用形式主义的抽象推理，往往从既定的教条出发，推演出空洞无用的结论。14世纪的著名学者奥卡姆（Ockham）主张"思维经济原则"，提出"如无必要，勿增实体"，主张"在类似的解决方案中，选择最简单的"；宣称只承认确实存在的东西，认为那些空洞无物的普遍性要领都是无用的累赘，应当被无情地"剔除"。人们为了纪念他，就将这个原则称为"奥卡姆剃刀"。"奥卡姆剃刀"剔除烦琐的经院哲学数百年的无聊争论，使科学、哲学从神学中分离出来，引发了欧洲文艺复兴和宗教改革，开辟了世界近代史的新纪元。其基本精神——简单性原理成为基本的和重要的科学思想与科学方法。

基本原理，应该是中外相应、言行相称的。

"简约"，在《辞海》中释为："简"是简单、简省；"约"是节约、简要。"简约"可理解为简洁、节约、简练。"少则多，多则惑。是以圣人抱一为天下式"，这句话源于《道德经》，意思是说：少了反而可以得到，多了反而变得疑惑。所以圣人以守道为治理天下的法则。也就是要把握事物的本质，将纷繁的事物通过概括、总结，提取有用要素，舍弃不必要的细节。晋代道教学者葛洪在《抱朴子·诘鲍》中说道："质素简约者，贵而显之。"此外，成语中还有"言简意赅""大道至简"等。从哲学角度来看，简约不等于简单，"简约"可理解为历经从简单到复杂再到简单的"否定之否定的过程"，这也是人类认识规律、把握规律和运用规律的过程。

现代简约主义起源于20世纪初期的西方现代主义，欧洲现代主义建筑与设计大师米斯·凡德罗曾经提出一句经典设计名言，"少即是多"（less is more）。中国国画大师黄宾虹认为，作画"不难为繁，难用为简，减功更大于繁"，力求笔墨之"减"。雕塑家罗丹也认为"雕塑大法就是去掉多余的部分"，以"减"为尚。但这里的"减"不同于数字里的"减"，通常都是形"减"意"增"的。这里的"增"与"减"体现了事物发展变化相互对立又统一的辩证关系。

古人云，"辞者，不得已而用之也，多一份辞，便掩一分意"。牛顿认为："自然界不作无用之事。只要少做一点就成了，多做了却是无用；因为自然界喜欢简单化，而不爱用什么多余的原因来夸耀自己。"爱因斯坦认为："我们在寻求一个能把观察到的事实联结在一起的思想体系，它将具有最大可能的简单性。我们所谓的简单性，并不是指学生在精通这种体系时遇到的困难最小，而是指这体系所包含的彼此独立的假设或公理最少。"也就是说，在构建

质量的简约——兼议汽车电子技术规范

思想体系、科学体系和管理体系时，要基于最少的原理、假设或准则，因为自然界是简单的，而管理体系的复杂化只会让人在具体事情的处理上陷入逻辑矛盾，丧失对管理的敬畏，反感纪律约束。

近代以来，简约管理或简约的思维方式正在工程研制领域发挥重要的作用。简约管理的本质，就是善于抓住事物的本质，抓住关键，从本源出发。马斯克崇尚亚里士多德的第一性原理思维，即"每个系统中存在一个最基本的命题或假设，它不能被违背或删除，也不能被违反"。在马斯克看来，第一性原理思维的本质就是回溯事物的本质，重新思考怎么做。这深刻影响了太空探索技术公司（SpaceX）的设计理念：从一款发动机的深入研究，到猎鹰九号（Falcon 9）火箭的连续成功发射，再到猎鹰重型（Falcon Heavy）火箭的成功发射。马斯克在火箭构型方面的简约思想帮助SpaceX获得了运载能力、性价比、重复使用、动力冗余、可靠性等多方面的优势。

"简约"与"复杂"是不同的思维方式和工作态度，表现出管理者的智慧和能力。善于透过现象抓住本质，从纷繁复杂的事务中发现要害、提出要点，需要很高的智慧，花费很大的代价，否则，很容易使原本简单的问题复杂化。如果说一种新思维、新思想产生后必将出现与此相适应的新方法、新策略，使这种思维能够顺利得以呈现的话，那么，"简约"就是这种思维下所产生的新方法。利用科学的简约方法，将工作主题核心以外的枝节因素尽可能地剔除，使复杂的问题简单化、简单的问题条理化、条理化的问题更简化，从而提高工作效率和工作质量，就是简约。

第二，简约从要求做起，也就是从标准和规范做起，一线需要底层逻辑或作业规范，清楚的目标、方法和工具，而不仅是抽象的原则和要求。

运载火箭是一个能量密度很大、结构很轻、强度很高、效率很高的高性能系统，具有变化快、梯度大、强耦合、地面验证不充分等特征，因而具有极端的复杂性和风险性。此外，涉及专业技术多、供应链复杂、子样少等特点导致了工程管理的复杂性和风险性。为此，该行业强调规范的管理方式，无论系统工程还是质量保证，在技术和管理上都要充分依据标准，也就是航天工程强调的"做事有依据、按依据、留记录"，以保持和控制好火箭成功的各种状态。

工程实践过程是规律的探索与运用,规律的表现形式是规则、规范或标准。标准在航天型号研制过程中发挥了很大的作用。在运用标准和不断完善标准的过程中,还会依托一门专门的技术基础工作,即标准化,也就是从标准化的原理出发来开展工作。关于标准化原理,英国标准化专家桑德斯在1974年出版的《标准化原理与方法》中,从标准化的目的、作用和方法上提炼出7项原理,并阐明标准化的本质就是有意识地努力达到简化以减少目前、预防以后的工作复杂性。但是,有关标准化效果研究尚未形成统一认识。一些标准的应用并不具有强制性,例如,关于ISO 9000能否为企业带来业绩的改进,国际标准化组织的声明是:"组织自愿实施ISO 9000标准,是因为他们期望这些标准能帮助他们实现更好地工作,并提供真正的益处。"有人认为标准化在促成变化和创新方面存在局限性,其执行形式化的规则和标准将使专业工作变得官僚化,以至于使专业人员的工作受挫,对组织效力的提高没有明显的益处。事实上,标准化原理运用的成功依赖很多的条件,要善于辩证地看待标准的目的和作用。简约是标准最基本的特征,要善于把复杂要求简单化。实用是标准应用于实践的价值判断。标准是解决现实问题的,其运用是动态的过程,必须理论联系实际。当今社会,任何一个工程领域都会依据一个标准体系展开研制、生产和应用,工程研制的成效应该和这个标准体系的科学性和有效性密切相关,因此,标准是与时俱进的,一旦标准止步,就会变成形式化的规矩,甚至成为工作的障碍。

第三,简约必须始终从原理出发,解决关键和现实问题。

中国运载火箭事业是按照自力更生的原则发展起来的,在此过程中创立了质量管理体系和相关的标准。航天一院在自主发展运载火箭的同时创新了自己的质量文化、体系和方法,形成了自己的标准,质量管理体系基本上是按照"A+B+C"的原则建立的:A指国家的军用质量和标准体系要求,B指航天行业的质量和标准体系要求,C指具有运载火箭鲜明特征的质量和标准体系要求,既要解决A和B的具体应用问题,也要解决C的自主创新问题。就电子元器件标准而言,航天一院以载人航天运载火箭为突破口,建立了较为完整、

质量的简约——兼议汽车电子技术规范

符合国情的电子元器件标准体系，即《LMS电子元器件技术条件》及其产品规范体系，在质量控制的一些要求、方法上与AEC技术规范上有不少相同之处。技术规范体系的总体方案是简单的，但紧密结合了元器件应用中存在的问题。例如：

- 基于任务剖面的要求分析转化为对电子元器件的鉴定应力，通过了鉴定即具有装机使用条件；
- 以问题为导向，针对工程应用中出现的问题，归纳失效模式，研究和积累质量控制方法和要求，加以完善并形成标准；
- 基于一体化原则，将运载火箭系统的要求通过技术条件传递给生产方，使要求具有适时性和针对性，通过可靠性增长工程将航天用户的质量要求合理纳入国家军用标准详细规范，并确定了纳入形式；
- 率先推行过程能力指数（C_{PK}）控制及特性评估、参数一致性控制、质量一致性检验和产品验收"零失效"的方案；
- 率先全面推行破坏性物理分析及相关无损检测筛选。

简约的核心在于善于抓住主要矛盾，抓住质量保证的关键问题。运载火箭元器件质量保证是有关管理部门、研制方、使用方共同努力实现的，使用方元器件质量保证的主要职责在于选好、用好元器件。具体来讲需要做的工作如下：

一是从火箭任务剖面出发，研究将复杂任务剖面转化为对元器件的可操作的、简单的鉴定或验证试验要求。考虑到可靠性的要求，必须研究元器件的失效模式，因为有些环境应力虽然很严酷，但对元器件或许是不敏感的，有些则正好相反。只有从任务剖面和失效模式出发确定的验证或鉴定要求才是最有效的、最经济的。大量验证数据的积累使仿真模型的精确度不断提高，仿真和实物试验的结合正在成为新的鉴定或验证模式。

二是从火箭质量保证要求出发，使供应链的质量体系和过程控制具有匹配性和一致性，即满足火箭质量体系的要求。为此，对元器件生产过程的控制要具体化、定量化、数据化，才能确保正确有效。

三是建立使用方的元器件标准体系。如果通用的标准规范能够满足要求，就应该直接运用到实践中，火箭元器件标准体系应尽可能实用、成熟。使用方在运用好既有标准的同时，也应建设好自己的企业标准体系。

四是建立和维护若干物理模型以及基于这些物理模型的数据库，即实现标准的数字化。用数字化的模型或标准体系构建人工系统时，效率是最高的。为了保证航天飞行的安全性和可靠性，必须建设火箭产品标准形成的相关的数据库，从而使火箭标准体系基于试验和数据，也就是回归标准建立的初心。

在航天发展的早期，由于工业基础薄弱，航天系统的发展或需求曾经带动了元器件的研制，例如"七专"的产生及发展。到20世纪末，军用元器件体系逐步完善，使用方的元器件管理作为航天系统产品质量管理体系的一个要素，也逐渐成规模。后来，人们开始关注商用元器件的发展，例如汽车级元器件等，特别是当前商业航天的发展，以及马斯克使用COTS（Commercial Off-The-Shelf，商用现成品或技术）元器件（一部分按现代先进质量要求生产的工业级及商业级元器件，在苛刻环境条件下，表现出高可靠性及长寿命）取得的成效，使人们更多地开始尝试COTS元器件，与过去在军用领域对COTS从严格"封控"到"放开"差不多。本研究认为，先进的质量要求体现在观念的简约及零缺陷，标准的具象、实用和现实性，方法和工具的科学性、针对性和有效性，等等。航天元器件质量保证大体经历两个阶段：一是从差的里面挑好的用；二是从好的里面把差的或可能变坏的挑出来。这两个阶段重视筛选、例试、复验等后期的质量保证技术的实施和应用，并推进前期设计和生产的改进。今天，元器件技术和固有可靠性水平有了很大提升，需要改变由后期筛选、验证为主的保证模式，进入依靠生产方前期做好，用户选好、用好的阶段。

本研究认为，AEC的标准体系在简约、高效、实用方面有其明显的优点，期望通过客观的分析来表达一些具体的观点。

本书共分为三个部分：

第一部分共三章，包括质量工作的三个原则：第一，在具体的工作面前要从原理出发，不要从现状和习惯做法出发。第二，标准是实践中的研究结果，是技术结晶，不是抽象的，而是具象的。很多情况下，标准被庸俗化了，人们为了不说错话只能讲原则要求，其结果是标准被束之高阁。第三，质量工作或标准化工作只有面向形成过程和应用，从实际出发，解决实际问题，才有生命力。

第二部分表达了质量保证工作的三个核心：一是基于任务剖面和失效模式的鉴定或验证，工作要有针对性，提高效率；二是数据驱动，即基于数据分析的过程控制与决策；三是实现零缺陷质量的工具或方法。这三个核心对于元器件或火箭系统都适用。

第三部分是对三部分元器件标准的具体比较分析，结论是通过客观的比较来发现问题，取长补短。

总而言之，既要以不变应万变，也要以变应变。

本书的编写情况如下：第1章，许春来、付方友、胡云、王立炜、杜俊鹏、杨雪辉、江琦、刘博龙、李京苑；第2章，赵福健、温中亮、胡云、王辉、杨雪辉、刘继梁、李京苑；第3章，张伟、熊盛阳、崔同、张庆猛、李京苑、敬毅超；第4章，张伟、熊盛阳、李京苑；第5章，林雄辉、熊盛阳；第6章，胡云、李京苑、杨晨辉、赵丽、权璐、王世程；第7章，加春雷、熊盛阳、张伟；第8章，单旭涛、熊盛阳；第9章，崔德胜、熊盛阳。全书由李京苑、熊盛阳、杨雪辉负责统稿。中国科学院微电子所总工程师韩郑生，中国电子技术标准化研究院王静、张玉琴、张秋、彭伟、王琪，以及航天一院胡云等对本书进行了审阅，并提出了具体的修改意见，在此一并表示感谢！

感谢支持调研工作的山东芯诺电子科技股份有限公司领导陈钢全、兰怀迎、赵福健，济南半导体研究所领导张宝财、卞岩等的支持。感谢参与调研的航天五院夏泓、张伟、吉俐、倪卫星、李家廉，航天八院于义清、孔泽斌、廉鹏飞，航天标准化院江理东、王敬贤等同志，以及航天一院物资中心、十九所、十二所、总体设计部、十五所、综合计划部、质量与体系运营部，航天五院物资部，航天八院物资部、八〇八所，航天标准化院对相关技术规范翻译和研究工作的支持。

限于指导思想的局限和能力的差距，无论研究还是翻译都存在不妥之处，敬请批评指正。

目录

1 从原理出发——质量管理体系的价值及其构建方式 ········ 1

 1.1 引言 ··········· 2

 1.2 质量管理体系的构建 ··········· 5

 1.3 向华为学习大质量观 ··········· 13

 1.4 向SpaceX学习系统工程的创新 ··········· 22

 1.5 行业质量管理体系标准的具体化 ··········· 26

2 标准的具象——IATF 16949汽车质量体系标准 ········ 37

 2.1 引言 ··········· 38

 2.2 汽车质量标准体系的特点 ··········· 41

 2.3 与国家军用质量管理体系标准的比较 ··········· 44

 2.4 IATF 16949标准的可借鉴之处 ··········· 49

3 面向应用——AEC元器件技术规范概要 ········ 65

 3.1 AEC及其技术规范 ··········· 66

 3.2 技术支撑规范 ··········· 68

 3.3 产品技术规范 ··········· 71

 3.4 AEC技术规范的编制思路 ··········· 74

3.5　其他相关汽车技术规范 …………………………………… 88
　　3.6　小结 …………………………………………………………… 90

4　核心——基于任务剖面和失效模式的鉴定 ………………………… 101
　　4.1　流程 …………………………………………………………… 102
　　4.2　任务剖面的因素 ……………………………………………… 109
　　4.3　基于任务剖面和失效模式的火箭元器件质量保证 …… 117

5　核心——基于统计技术的一致性和稳定性评价 ………………… 123
　　5.1　基于统计技术的一致性和可靠性评估 …………………… 125
　　5.2　一致性评价方法 ……………………………………………… 129
　　5.3　批次性质量的评价方法 ……………………………………… 134
　　5.4　产品特性评估方法 …………………………………………… 136

6　核心——基于零缺陷的质量保证方法 …………………………… 149
　　6.1　零缺陷管理框架 ……………………………………………… 150
　　6.2　零缺陷管理框架的应用 ……………………………………… 156
　　6.3　零缺陷设计方法 ……………………………………………… 162
　　6.4　零缺陷制造方法 ……………………………………………… 165
　　6.5　零缺陷测试方法 ……………………………………………… 167
　　6.6　零缺陷应用方法 ……………………………………………… 170
　　6.7　零缺陷改进方法 ……………………………………………… 171
　　6.8　问题解决方法 ………………………………………………… 172
　　6.9　小结 …………………………………………………………… 173

目 录

7 比较——单芯片半导体器件 ... 175

7.1 基本要求 ... 177
7.2 鉴定试验对比 ... 181
7.3 小结 ... 188

8 比较——二次集成电路 ... 203

8.1 适用范围 ... 204
8.2 等级 ... 207
8.3 鉴定试验选项 ... 209
8.4 通用数据 ... 212
8.5 试验样品 ... 213
8.6 鉴定和再鉴定 ... 214
8.7 鉴定试验 ... 216
8.8 小结 ... 218

9 比较——元件 ... 243

9.1 管理要求 ... 244
9.2 技术要求 ... 246
9.3 具体试验规范对比 ... 253

参考文献 ... 289

1

从原理出发
——质量管理体系的价值及其构建方式

1.1 引言

当今社会，竞争的压力始终困扰着组织及其管理者。切实解决好管理问题，以取得良好的运营绩效，对于从事航天工程研制的企业来说意义重大。组织的管理者对市场、客户、资源的管理都有自己的理解，不少人也有过成功的经历，但也总会遇到挫折和困难。这些人对于质量的理解更为深刻，但不一定对质量体系有深刻的理解。

质量对于一个组织来说意味着市场、持续发展和社会责任，但质量、质量管理体系、管理体系似乎又是不确定的概念，很难在现实中讲清它们之间的区别与联系，很多企业管理者对于质量、质量管理体系、管理体系不自觉地说一套、做一套，他们相信自己的能力，相信权力的作用，时常忘记了管理体系的存在。很多管理者意识不到管理体系是管理者设计、开发的产品，他们总是面对具体的事务，在问题和困难面前有特别强的协调能力，能够迅速调整资源，解决问题；但是，他们可能不善于从体系的角度反思问题、完善管理体系，实现体系的正常运转，于是问题不断出现，管理者疲于奔命。这些管理者开始抱怨体系认证的结果，但不愿意承认体系的失败，于是失去了体系改进的动力，不自觉地认为组织的成功主要依靠个人的经验和能力，经过认证的质量体系只是一张给别人看的证书而已。很多体系并不成功，但很少有人花费精力、资源去解决这个问题。质量管理体系的价值到底是什么？应当如何看待这个问题？

什么是管理体系？体系是相对于组织而言的。不同价值观的人构成了不同层级的、形形色色的社会组织，组织的存在、变化或发展依赖组织领导者的能力、文化和各种管理体系，复杂的事情都是从简单的事情演变出来的，最终又不断地归于简单，周而复始。对于管理体系的理解，可以从三个和尚的故事说起。一个和尚构不成组织，三个和尚构成一个群体，若没有约束，也构不成组织，所以组织是相互对立、相互统一的个体组成的具有一定功能的群体或者系统。

　　从前有一座山，山上有座小庙，庙里有个小个子和尚。他每天挑水、念经、敲木鱼，给菩萨案桌上的水瓶添水，夜里不让老鼠来偷东西，生活过得安稳自在。不久，来了个高个子和尚，他一到庙里就把半缸水喝光了。小个子和尚叫他去挑水。高个子和尚心想一个人去挑水太吃亏了，便要小个子和尚和他一起去抬水。两个人只挑一桶水，而且水桶必须放在担子的中央，只有这样，两个人才觉得公平。这样总算还有水喝。后来，又来了个胖和尚，他也想喝水，但缸里没水，先来的和尚叫新来的胖和尚自己去挑，胖和尚挑来一担水，但是由于人多，水很快喝光了。从此大家谁也不挑水，三个和尚就没水喝。大家各念各的经，各敲各的木鱼，菩萨面前的净水瓶也没人添水，院子里花草也都枯萎了。夜里老鼠出来偷东西，谁也不管。一天，老鼠打翻烛台，燃起大火，三个和尚这才一起奋力救火。大火扑灭了，他们也觉醒了。从此三个和尚齐心协力，分工协作，解决了长期供水的问题。

　　为什么三个和尚没水吃？三个和尚在一个庙里共事，构成了一个群体，但尚未构成一个组织。组织的存在依赖三个条件：首先是主事的和尚（主持），但是三个和尚先后到来，个个心怀鬼胎，尚未推举出领导者；其次是和尚的道德水平，或者说文化、价值观水平，也就是自律水平，如果都是修养很好、自律的和尚，就会争先恐后去打水，否则就没人去打水，人浮于事；最后是一个秩序或制度来维持组织存在的局面（道格拉斯·C.诺斯认为，制度是一种人为设定的决定人们之间相互关系的制约，它是一个社会或组织的游戏规则），解决谁干什么和如何干的问题，就是规定责任制和流程，这种带有约束性的要求或规则构成了体系要求，或者说他律。对一个组织而言，自律和他律通常缺一不可，也就是文化和体系要求缺一不可。文化与体系也是相互对立、相互统一的：好的文化促进体系的运行，这是统一性；文化中的缺陷则可能妨碍或瓦解体系的运行，这是对立性。

　　当然，三个和尚在一个庙里，不仅要解决喝水问题，还要解决其他生存问题，其需求和目的性深刻影响了他们的文化和管理体系，因此需要不断优化和调整。做事有好有坏，好坏的程度就是质量，通常，影响质量、保障质量的那部分管理体系被称为质量管理体系。三个和尚的故事中，失火损害了他们共同的利益，生存的本能使他们在价值观上达成一致，认识得到提升。质量工作的目的或体系的价值在于：在没有失火前防止失火。于是导出一个问题：质量管理体系的构建应遵守什么原则？

质量概念从模糊到清晰，经历了长期发展和深化过程。国际标准化组织（ISO）将质量定义为"反映实体满足明确或隐含需要能力的特征和特性的总和"，以及"一组固有特性满足要求的程度"。质量就其本质来说是一种客观事物具有某种能力的属性，包含两个层次：一是产品或服务必须满足规定或潜在的需要，这种"需要"可以是明示的，也可以是潜在的，是用户在使用过程中实际存在的需要；二是质量是产品特征或特性的总和，这些特征和特性通常体现在可以衡量的、满足用户需要的产品和服务上。

随着社会文明的发展以及人们追求生活质量的意识的提升，全社会对产品质量的要求越来越高，产品质量的内涵也在不断地深化。产品质量不仅要求产品功能、性能达到一定水平，而且要安全、环保、低能耗等，以满足社会不断提升的相关需求。此外，质量的外延也由最初针对物化的产品领域，拓展到教育、医疗、培训等非物化的服务性领域，从生产流程延展到产品设计、制造、检验、维修全过程，从单一的生产体系发展到概念建立、技术实现、制造生产、检验验证、维修服务等多维的综合体系，也就形成了全面质量管理的实践与思想。随着"全面质量"概念的形成和发展，以生产产品为中心的质量理念和体系也演变为以服务用户为中心的质量理念和组织体系。

质量管理是质量方面的组织管理活动，包括质量目标、方针、策划、控制、保障与改进。质量管理体系（quality management system，QMS）指的是在质量层面统筹和安排的管理体系。质量管理体系是组织内部的一个组成部分，想要达到质量提升和保证的目标，就离不开一套体系的支持，它把资源和过程紧密地联系在一起，涵盖从资源到产品再到销售服务各个方面的过程，涉及明确客户需求、设计、生产制造、检验、销售、服务等全方位内容的全阶段规划、实施和完善，通常用文件的方式来表达。

目前的质量管理大都采用贯彻标准的方式加以规范,并通过认证的方式来保证规范化的水平。标准往往是概念抽象的结果,通常标准的语言是晦涩的、难于理解的,但是标准的应用却是面对现实、面对普通人的,因此必须是通俗的、简单的、易于理解的和易于执行的。比如,五星级酒店的管理体系是统一标准,形式上十分标准化,但是,到具体每位顾客那里的服务又是个性化的,也就是通过标准化的作业实现个性化的服务。标准化是规范管理的形式,而不是管理的目标,形式是为内容服务的,必须服从组织发展的战略,这是构建管理体系的一个原则。

1.2 质量管理体系的构建

对一个组织而言,如何构建一个质量管理体系?按照通常的逻辑,这需要依据一个基本的模型。那么,什么是质量管理的模型呢?质量管理的发展经历了三个阶段,即质量检验阶段、统计质量控制阶段和全面质量管理阶段(见图1-1)。每一个阶段的特征对于构建当时组织的质量管理模型有深刻的影响。从原理出发或是最简单的,为此,我们试图从历史的发展特征与逻辑的统一来理解和描述质量管理体系的内涵或结构。

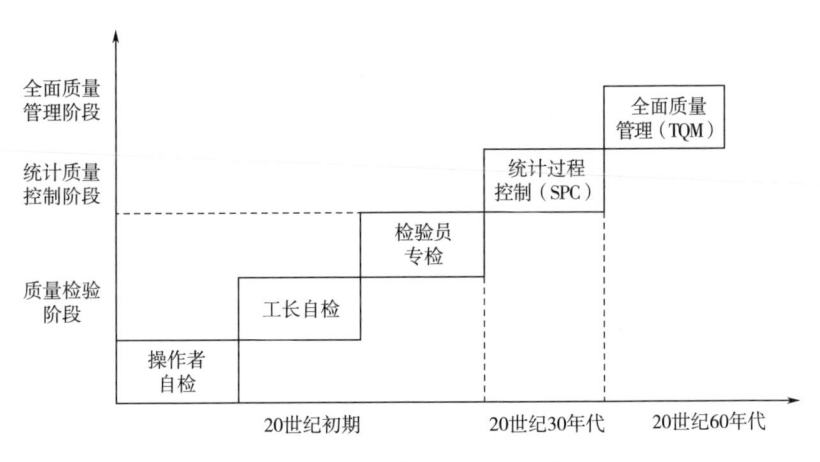

图1-1 质量管理的三个阶段

1.2.1 质量管理发展简史

近代质量管理作为一个学科的发展历史如下。

第一个阶段发端于1911年，泰勒（Taylor）出版了《科学管理原理》，开始推行"科学管理运动"。他提出管理与操作岗位分工、计划与执行功能分类、生产与检验相对独立的管理方法；提出增设一个独立的检验控制部门来直接监督实施生产计划，企业推行"班长的质量管理"与之配合，随后逐步演变为"检验员的质量管理"。其实践标志着质量管理由原来的经验管理进入质量检验阶段。

第二个阶段发端于第一次世界大战后期，休哈特（Shewhart）绘制了第一张质量控制图。1931年，休哈特出版《产品制造质量的经济控制》，他基于大规模生产的工业背景和数理统计以及贝尔电话研究所的实践，对统计质量控制进行了系统论述，提出了控制产生不合格品的方法，强调预防性质量管理。企业在做事后检验的同时，更要对不良的先兆提前进行分析和处置，起到使不良的先兆"断根"的效果，从而达到预防废品产出的目的。休哈特绘制质量控制图的思路就是运用数理统计方法预控产品质量，这标志着统计质量控制阶段的产生。休哈特还在《质量控制中的统计方法》一书中提出了PDCA循环的概念，并由戴明（Deming）在1950年归纳为4个步骤的休哈特循环，后被日本科技联盟命名为戴明环（见图1-2）。

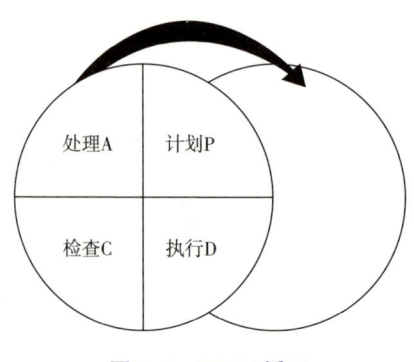

图1-2 PDCA循环

第三个阶段发端于1961年，时任通用电器公司质量管理部部长的费根堡姆（Feigenbaum）提出全面质量管理（total quality management，TQM）的概念。费根堡姆在《全面质量管理》一书中指出："全面质量管理是将企业中的各个部门，通过生产、服务、策划和市场调研等手段，在满足广大用户需求以及保持经济最大化的前提条件下，为保持质量、增加质量及研发质量等一系列活动组合成一个体系的过程。"他指出，质量管控体系要建立在产品形成的早期以起到预防的作用，而不是在既成事实之后再进行质量的检测和控制。此外，他还系统阐释了全面质量管理的思想以及体系框架。

今天，我们仍然处在第三个发展阶段，但在质量管理技术方面，我们却实现了迅速的发展，包括思想层面、方法工具层面、流程方面、标准层面等。目前，国际上形成了 ISO 9000 质量管理标准，美国波多里奇国家质量奖、欧洲质量奖、日本戴明奖、中国质量奖等各种质量奖及卓越绩效模式，以及六西格玛管理模式、精益质量管理等。这些进步的精髓和思想方法都与全面质量管理密切相关并存在基本的一致性。

1951年，朱兰（Juran）出版了《质量控制手册》，在1999年发行第5版时改名为《朱兰质量手册》。朱兰认为，质量来源于顾客的需求，是从建立组织的愿景、方针及目标开始的，由目标转为成果，是通过质量管理达到预期成果的活动过程，其活动中使用到的质量计划、控制及改进被称为"朱兰三部曲"（见图1-3）。

戴明和石川馨（Ishikawa Kaori）是日本质量管理活动（QC小组）的创建者。石川馨倡导广泛角度的质量，他认为，质量管理已经推广到了企业内部所有部门，例如工作质量、产品质量和体系质量等。戴明主张，管理层为质量问题负90%的责任。20世纪50年代，戴明把质量管理工作过程划分为计划、执行、检查、处理四个阶段，即PDCA循环，其主要特征是使质量管理过程有组织、有计划，按照一定科学流程进行运行和管理。1986年，戴明就美国公司的管理提出了质量管理十四法，组成了全面质量管理的基本流程。

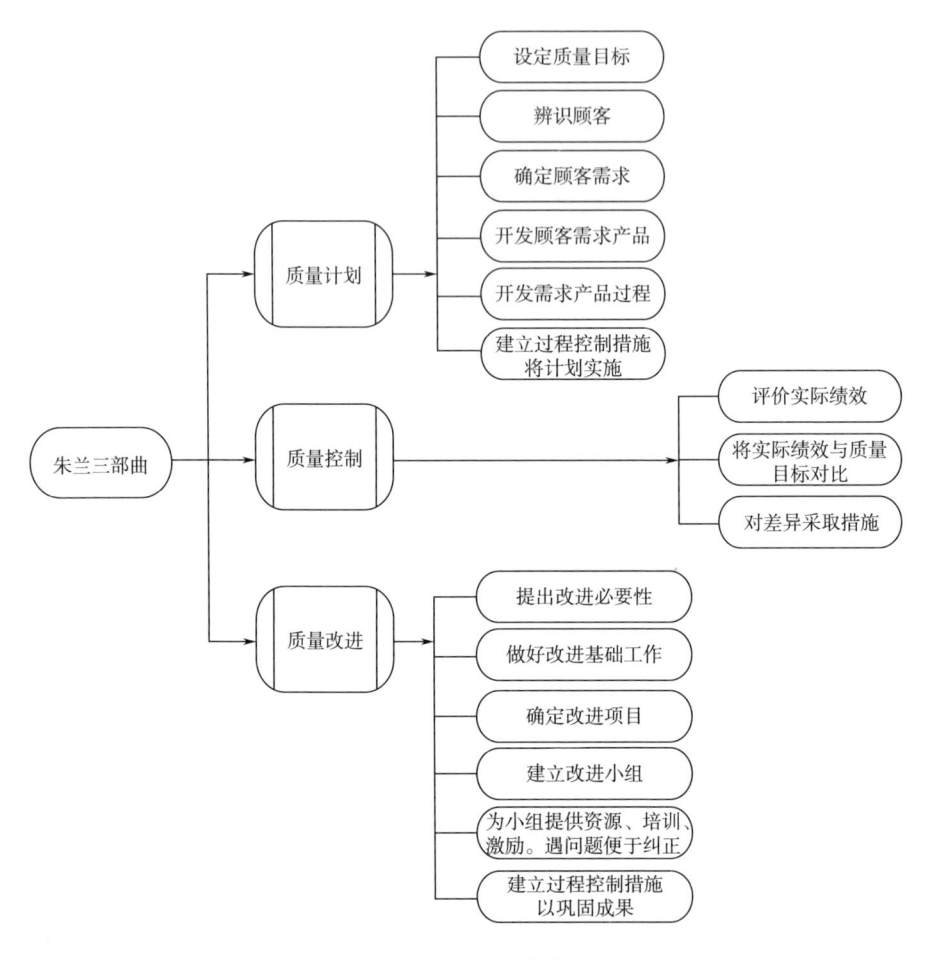

```
                    ┌─ 设定质量目标
                    ├─ 辨识顾客
                    ├─ 确定顾客需求
         ┌─ 质量计划 ─┼─ 开发顾客需求产品
         │          ├─ 开发需求产品过程
         │          └─ 建立过程控制措施
         │             将计划实施
         │
         │                      ┌─ 评价实际绩效
朱兰三部曲 ─┼─ 质量控制 ──────────┼─ 将实际绩效与质量
         │                      │  目标对比
         │                      └─ 对差异采取措施
         │
         │          ┌─ 提出改进必要性
         │          ├─ 做好改进基础工作
         │          ├─ 确定改进项目
         └─ 质量改进 ─┼─ 建立改进小组
                    ├─ 为小组提供资源、培训、
                    │  激励。遇问题便于纠正
                    └─ 建立过程控制措施
                       以巩固成果
```

图1-3　朱兰三部曲

菲利普·克劳士比（Philip Crosby）于1962年首次提出"零缺陷"思想，1979年出版《质量免费》，但真正在这一方面首先取得成功的应该是日本。1984年，克劳士比出版《质量无泪》，提出了"一次就把事情做对"的观点，强调第一次就把事情做对。零缺陷管理主张：发挥人的主观能动性，生产者要努力使自己的产品和工序没有缺点；从一开始就本着严肃认真的态度把本职工作做得准确无误，而不要依靠事后的检验来纠正；培养质量工作的习惯，形成良性的企业文化，并提出零缺陷质量管理的14个步骤。

1985年比尔·史密斯（Bill Smith）发表《关于产品失效与潜在缺陷和设

1 从原理出发——质量管理体系的价值及其构建方式

计误差的内部报告研究》，提出用西格玛值来描述产品设计误差和产品质量的期望水平。迈克尔·哈瑞（Mikel Harry）采用"逻辑过滤器"的概念，开发出测量、分析、改进和控制四步法，为实施"六西格玛"提供了指导思想和方法，之后"六西格玛"逐步从一种质量目标或测量标准发展成一种质量管理方法，进而成为一种管理体系，在摩托罗拉（Motorola）、通用电气（GE）等公司率先得到普遍应用，并取得成功。2002年，中国质量协会成立了六西格玛管理推进工作会员会，举办六西格玛论坛和全国精益六西格玛项目发表赛，分享交流优秀六西格玛项目成果。六西格玛有两种模式：一种是在休哈特、戴明的PDCA循环和朱兰的螺旋改进模型的基础上创新所得的六西格玛改进模型；另一种是基于并行工程和面向产品生命周期各环节思想的六西格玛设计。

1987年8月20日，美国总统里根签署了"马尔科姆·波多里奇（Malcolm Baldrige）国家质量促进法"，设立了波多里奇国家质量奖。1997年，美国波多里奇国家质量奖的评价标准正式更名为卓越绩效模式。模式是指某种事物的标准形式或使人可以照着做的标准式样，卓越绩效模式是一种综合的组织绩效管理方式。目前，已有上百个国家或地区设立国家质量奖。2001年，中国质量协会设立了全国质量管理奖，2006年更名为全国质量奖。2012年，我国设立中国质量奖（政府），旨在表彰在质量管理模式、管理方法和管理制度领域取得重大创新成就的组织和个人。

1987年，国际标准化组织制定了ISO 9000质量管理体系标准，它采用"过程模式"的方法将企业的质量管理划为四大模块：管理职责、资源管理、产品实现、测量分析改进。我国也随即采用了ISO 9000标准，并制定了GB/T 19000系列标准。GJB 9001是1996年国家发布的军用标准，提出了"一次成功、系统管理、预防为主、实行法治"的理念，将质量管理与组织体系管理相结合，并兼容了国际标准。ISO质量管理体系主要强调标准化管理，要求对重复性的管理工作做出统一的规定，使质量管理活动更加规范。但是全面质量管理更加重视的是广义层面的质量管理，要求所有的工作者共同参与整个过程的质量管理，学习使用多种方法，分析层次更高，解决问题角度更

质量的简约——兼议汽车电子技术规范

灵活。

1990年，詹姆斯·沃麦克（James Womack）和丹尼尔·琼斯（Daniel Jones）在考察并对比分析了全世界90多家汽车制造厂后，出版了《改变世界的机器》，书中详细描述了精益生产管理思想的特点与内涵。后来的精益质量管理借鉴了丰田公司精益生产的管理经验和理念，由员工职业化、生产系统化、工序标准化、度量精细化、改进持续化五大子系统组成，精益质量管理模式围绕生产作业系统质量、效率、成本综合改善等目标，吸收借鉴精益生产、六西格玛、ISO 9000标准体系的优秀成果，并加以规范化。

值得一提的是，中国式质量管理得以在航空航天等军工工业领域自主创新。新中国成立初期的"鞍钢宪法"（"两参一改三结合"）等企业管理制度的产生，不仅促进了日本全面质量管理及QC活动的发展，也深刻影响了航天等军工企业领域的质量管理。这些企业在确保任务成功的政治目标引导下，在钱学森创立的系统工程管理框架下，不断强化质量管理，不断自主创新，形成了自成体系的管理模式。

1.2.2　质量管理模型

通常，PDCA循环和朱兰三部曲是构成一个组织的质量管理模型或模式的基础，其他的相关过程和要素在ISO 9000质量管理体系标准中都有规定。质量管理模型的建立和有效贯彻需要遵循以顾客为关注焦点、领导作用、全员参与、过程方法、管理的系统方法、持续改进、基于事实的决策方法、与供方互利的关系等八项原则。到了2015年，这些原则被调整为七项原则，即以顾客为关注焦点、领导作用、全员参与、过程方法、持续改进、征询决策、关系管理。

从形式上讲，建立以及完善质量体系通常包括主要的四个阶段，即质量管理体系的设计、文件化质量管理体系的形成、实践性运作以及质量管理体系审核与改进，每个阶段分别能够划分成不同的环节。

较为新颖的理念是以质量管理体系的标准形式去完善组织的经营管理体系，并引入成熟度概念，依据量化程度，区分不同等级的质量管理体系的成熟度，进行分级管理。按照这样一种思路，质量管理体系实施流程划分为战略理解、架构设计、流程量化、资源调整、运行监控、改进提升等六个过程。

战略理解过程：以大质量观作为质量体系的指导思想，以追求组织的质量为出发点，依据组织的战略、方针和目标，分析组织的使命、愿景、价值观等，对组织的管理体系按照质量管理的规范化要求进行再分析，形成战略目标从职能层到业务层的分解。

架构设计过程：基于战略实现和组织成功目标最佳路径的原则，对业务流程进行变革和再设计，形成完整的架构，为详细的流程和信息技术构建提供依据，奠定基础。所谓最佳路径，就是基于组织的运行视角，对准利益相关方需求，从利益相关方需求出发，按照"端到端"流程贯通的思路，设计相关方需求在组织中实现的路径，形成组织自顶层至底层末级的全部业务流程。

流程量化过程：或称之为精细化流程设计过程，就是基于架构设计或称系统设计，开展详细设计，自顶向下定义流程步骤、角色，识别并定义流程所调用的相关资源。

资源调整过程：基于流程的完善（或称精细化、量化），实施业务变革，并对资源进行再分配，包括职责、权限、工具手段等。

运行监控过程：完善对组织、业务和流程三个层级的量化的绩效指标体系，以及绩效指标监视测量与评价控制机制，持续开展对体系运行绩效指标、体系能力成熟度以及体系对于客户需求和标准规范符合性的监控评价、分析工作，为体系的持续改进提供数据与证据。

改进提升过程：依据组织战略和计划目标，针对运行监控结果，识别存在的管理体系问题，对管理体系持续调整、不断优化，不断提升管理体系的成熟度，提升应对市场变化的能力，持续提升绩效。

例如，航天一院在转型发展时期，按照本级做实、加强的方案，对本级进行了调整，并提出了用质量体系的方式和标准对航天一院本级的业务管理体系进行一体化建设的思路。也就是说，分析航天一院本级各相关方管理界面的衔接，统一协调跨职能的业务和管理流程及其输入、输出间的管理逻辑关系，落实质量管理体系与其他管理体系充分融合和管理方式与量化、成熟标准的统一，并关注航天一院与外部各利益相关方之间的业务和管理接口与界面，通过管理体系一体化融合、航天一院本级与厂所一体化、内外协作一体化和跨职能流程管理一体化，构建本级一体化管理体系的管控和运营模式（如图1-4所示）。

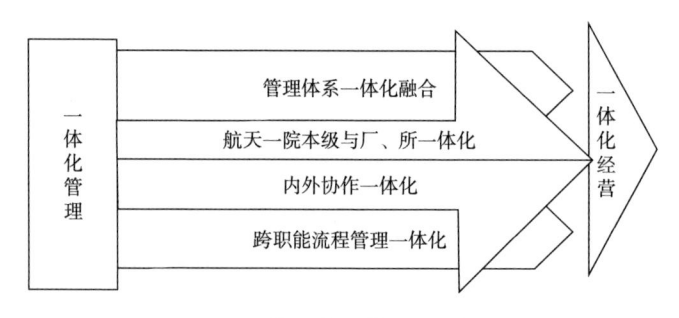

图1-4 一体化体系管理与运营模型

此外，参照波特价值链分析方法梳理确定价值创造过程，分析管理体系的各个过程关系，形成核心价值链分析结果。按照一体化体系管理和运营模式构建了由决策管理、运营管理和支持保障管理组成的一体化管理体系构架和管理模块（如图1-5所示）。

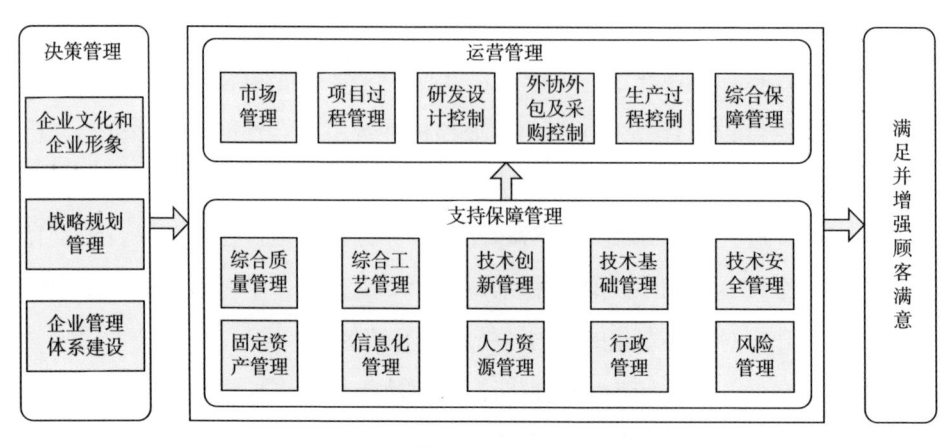

图1-5 质量管理体系架构和管理模块

决策管理决定了经营方向，是在战略和企业文化层面对管理体系进行管理的核心过程，主要包括企业文化和企业形象、战略规划管理和管理体系建设等3个模块。

运营管理决定了持续经营与发展，是以用户为导向，为航天一院自身取得影响力提升、经营持续增长、实现产品和服务预期结果以及运营卓越而识别的所有过程（包括由外部供方提供的产品、服务和过程），主要包括市场管理、项目过程管理等6个模块。

支持保障管理支撑组织管理和经营发展的效率和质量，并为运营系统提供支撑服务，体现了管理的效率性，是为支持评价和改进各核心业务和管理过程的正常运行所需的支撑性过程与资源，包括综合质量管理、技术创新管理、固定资产管理、人力资源管理等10个模块。

1.3 向华为学习大质量观

清楚质量管理体系的定义、标准、模型、流程，并不一定能够建成好的质量管理体系。成功的组织必然有好的管理体系，或者说好的质量管理体系。华为是中国成功企业的佼佼者，是我们学习的典范。

1.3.1 华为基本法

1994年，加速成长中的华为开始思考三个问题：华为为什么能成功？支撑华为成功的要素是什么？华为要取得可持续的更大成功还需要哪些要素？为了解决这些问题，华为从1995年开始，花费3年时间，聘请6位知名教授起草华为基本法，八易其稿，终于形成公司发展的纲领性文件——《华为基本法》。之后，华为公司保持了快速发展的势头，并走向国际化。其实，华为提出的三个问题是所有企业都存在的共性问题，只不过华为认识到了，华为的领导者也十分重视，并投入大量资源和精力去认真研究这个问题。或许，这就是华为成功的秘诀。

质量的简约——兼议汽车电子技术规范

《华为基本法》回答了华为一开始提出的问题,一是在对过去的全方位反思基础上,总结了华为成功的经验,特别是形成对未来的超前探索和共同愿景;二是在对传统管理理论的挑战和创新的基础上,识别了组织基本的管理要素、流程和标准,形成了引领和指导华为其他具体规则制定和贯彻实施的法则体系;三是在对华为文化充分理解的基础上形成了行为规范。《华为基本法》既建立在华为历年经营实践和先进管理思想的精髓之上,也建立在其发起人自成一体的管理哲学和对企业兴衰规律的把握上。

任正非说:"如何将我们10年宝贵而痛苦的积累与探索,吸收业界最佳的思想与方法,再提升一步,成为指导我们前进的理论,以免陷入经验主义,这是我们制定公司基本法的基本立场。

"以前我们就讲过华为公司什么都不会留下,就剩下管理。所有产品都会过时、被淘汰,管理者也会更新换代,而企业文化和管理体系会代代相传。因此,我们要重视企业在这个方面的建设,这样我们的公司就会在奋斗中越来越强、越来越厉害。

"思想权和文化权是企业最大的管理权。我们这次讨论修改的华为公司基本法管理大纲,就是探索一个科学的假设。"要通过基本法将一些原则、方针等重点列出,以便为各级管理层去制定更精细的经营策略、方案奠定基础。

以下是《华为基本法》有关质量管理的条款,这些条款并没有使用标准或文件的形式语言,而是用通俗易懂、富有感召力的语言表达了华为的质量观和全面质量管理的思想:

第八条 我们的目标是以优异的产品、可靠的质量、优越的终生效能费用比和有效的服务,满足顾客日益增长的需要。质量是我们的自尊心。

第三十九条 华为组织的建立和健全,必须:

(1)有利于强化责任,确保公司目标和战略的实现。

(2)有利于简化流程,快速响应顾客的需求和市场的变化。

(3)有利于提高协作的效率,降低管理成本。

(4)有利于信息的交流,促进创新和优秀人才的脱颖而出。

1 从原理出发——质量管理体系的价值及其构建方式

（5）有利于培养未来的领袖人才，使公司可持续成长。

第七十八条 优越的性能和可靠的质量是产品竞争力的关键。我们认为质量形成于产品寿命周期的全过程，包括研究设计、中试、制造、分销、服务和使用的全过程。因此，必须使产品寿命周期全过程中影响产品质量的各种因素始终处于受控状态；必须实行全流程的、全员参加的全面质量管理，使公司有能力持续提供符合质量标准和顾客满意的产品。

我们的质量方针是：

（1）树立品质超群的企业形象，全心全意地为顾客服务。

（2）在产品设计中构建质量。

（3）依合同规格生产。

（4）使用合格供应商。

（5）提供安全的工作环境。

（6）质量系统符合ISO 9001的要求。

第七十九条 我们的质量目标是：

（1）技术上保持与世界潮流同步。

（2）创造性地设计、生产具有最佳性能价格比的产品。

（3）产品运行实现平均2000天无故障。

（4）从最细微的地方做起，充分保证顾客各方面的要求得到满足。

（5）准确无误的交货；完善的售后服务；细致的用户培训；真诚热情的订货与退货。

我们通过推行ISO 9001，并定期通过国际认证复审，建立健全公司的质量管理体系和质量保证体系，使我们的质量管理和质量保证体系与国际接轨。

第八十四条 推行业务流程重整的目的是，更敏捷地响应顾客需求，扩大例行管理，减少例外管理，提高效率，堵塞漏洞。

业务流程重整的基本思路是，将推行ISO 9001标准与业务流程重整和管理信息系统建设相结合，为公司所有经营领域的关键业务确立有效且简捷的程序和作业标准；围绕基本业务流程，理顺各种辅助业务流程的关系；在此基础上，对公司各部门和各种职位的职责准确定位，不断缩小审批数量，不断优化和缩短流程，系统地改进公司的各项管理，并使管理体系具有可移植性。

第八十五条　流程管理是按业务流程标准，在纵向直线和职能管理系统授权下的一种横向的例行管理，是以目标和顾客为导向的责任人推动式管理。处于业务流程中各个岗位上的责任人，无论职位高低，行使流程规定的职权，承担流程规定的责任，遵守流程的制约规则，以下道工序为用户，确保流程运作的优质高效。

建立和健全面向流程的统计和考核指标体系，是落实最终成果责任和强化流程管理的关键。顾客满意度是建立业务流程各环节考核指标体系的核心。

提高流程管理的程序化、自动化和信息集成化水平，不断适应市场变化和公司事业拓展的要求，对原有业务流程体系进行简化和完善，是我们的长期任务。

第八十八条　项目管理是对项目生命周期全过程的管理，是一项系统工程。项目管理应当参照国际先进的管理模式，建立一整套规范的项目管理制度。项目管理进一步改进的重点是，完善项目的立项审批和项目变更审批、预算控制、进度控制和文档建设。

对项目管理，实行日落法控制。控制项目数量以实现资源有效利用和提高组织整体运作系统。项目完成验收后，按既定程序转入例行组织管理系统。

1.3.2　任正非谈质量

任正非认为，质量应该是一个更广泛的概念，要走向新领域的研究，建立起大质量管理体系。什么是大质量管理体系？大质量管理体系需要介入公司的思想建设、哲学建设、管理理论建设等方面，形成华为的质量文化，这就是华为的文化。任正非说自己"提了桶浆糊，把十五万人粘在一起，力出一孔、利出一孔，才有今天华为这么强大"。他说："目的很简单，形成一种文化，共同奋斗构建公司，再加上质量管理。我们现在的口号很厉害，大家很兴奋，要把这种热情转到积极的文化当中去。"

任正非认为华为公司最重要的基础就是质量。

第一，质量不能仅仅涵盖产品、工程。他认为，"华为承诺向客户提供高质量的产品、服务和解决方案"这句话太有局限性，华为的所有方面都要以效率为中心，都要以质量为中心，一个要多产粮食，一个要产好粮食。讲效率就是正确地做事，效率应当是质量的第一理念。

第二，华为不能只有一个首席质量官，各级组织都应该有首席质量官，把相应的权力授给他，尽量把责任制落实到基层。抓质量，就是将责任具体落实到人，并且逐级都要有人负责管理。

第三，在质量问题上，要永远记得七个反对，而且要坚决贯彻：

（1）反对完美主义。

（2）反对繁琐哲学。

（3）反对盲目创新。

（4）反对没有全局效益提升的局部优化。

（5）反对没有全局观的干部主导变革。

（6）反对没有业务实践经验的员工参加变革。

（7）反对没有充分论证的流程进入实用。

第四，外部吸收、内部共享是一种推动文化进步的方法，就是将交流学习的质量文化充分地理解，转换为结合实际的东西，进行内部的交流与共享。

第五，无生命管理才能生生不息，华为公司最宝贵的是无生命的管理体系，以规则、制度的确定性来应对不确定性，争夺大数据流量时代的胜利。

1.3.3 以客户为中心

华为十大管理平台体系的建立是会同全球三十多个咨询公司共同打造的。例如，产品的开发领域学的是IBM（国际商业机器公司），财经领域学的是IBM和普华永道，客户关系管理和销售体系学的是埃森哲，等等。华为尊重自己的管理体系，因为管理体系是华为成功的关键，这与一些企业对待体系的观念不同：说起来体系重要，但干起来体系不重要；体系是体系，行动是行动。

华为一开始关注的管理体系并不特指质量管理体系，但其包含质量管理体系的内容。2000年，华为请IBM这家当时全球最大的IT企业帮助华为构建集成产品开发"IPD流程"和"集成供应链ISC体系"。那时，印度软件正在迅速崛起，华为又研究了印度的软件管理，引入了"CMM软件能力成熟度模型"。这一阶段华为质量管理体系是"IPD+CMM"的模式，促进了华为国际化业务的发展。

为了满足不同国家对通信产品标准的要求，华为意识到标准对于质量管理的作用。对不同市场需求和不同标准的深入研究构成了华为基于标准的质量管理阶段，这也是不少企业的基本做法。

在拓展日本市场时，华为开始研究零缺陷质量管理，2007年4月，华为召开了质量高级研讨会，以克劳士比"质量四项基本原则"为蓝本确立为华为的质量原则，开始推行克劳士比的零缺陷管理，这是华为质量管理体系的第三个阶段。

此后，华为建立了以客户为中心的质量管理模式，并在2016年获得了第二届"中国质量奖"。

以客户满意为导向进行内部业务管理的闭合是华为质量管理体系的特点。要求的事就要做到，华为的执行力文化对其质量管理体系的运行有很好的支撑，每一个员工对于最终的质量都有贡献。质量与业务不是"两张皮"，而是融入产品开发、生产以及销售、服务的全过程中。2010年，华为建立客户满意与质量管理委员会（CSQC），由公司的轮值首席执行官（CEO）亲任CSQC的主任，各个层级也都有相应的责任人，以保证华为每一层级的组织对质量都有深刻的理解，知道客户的诉求，把客户最关心的东西变成华为改进的动力。

华为每年都会召开用户大会，充分听取和研讨客户的体验和意见，梳理出一个需要改进的"TOP工作表单"，并在内部建立一个质量改进团队，有针对性地解决主要问题。

华为以大质量观和零缺陷的质量文化作为工作的基点，从客户的角度看质量，凡是客户需求的、用户期待的，都应该算作质量，都是要持续改进的。

在华为，"一次把事情做对"是对所有层级的要求，在公司层面要有明确的目标牵引，在管理层面要有明确的责任，在员工层面要有全体参与的意愿和能力。在公司的最高层，轮值CEO设定目标的原则是：如果质量没有做到业界最好，那么就把目标设为业界最好，尽快改进；如果已经达到业界最好，那每年还要以不低于20%的速度去改进。在管理层面，在不同的产品体系里每年都会对管理者进行质量排名，排名靠后的主管要被问责。每个主管都尽最大的力量往前跑，让管理层真正起到带头作用。在员工层面，华为强调全员参与：从意愿上，华为会设定考核目标，将质量作为员工考核的重要项目，也会设定很多奖项对质量方面表现突出的员工实施奖励。从能力上，华为引进了很多先进的管理方式，为全体员工提供提高质量的培训，以保证每一个人都有能力去参与。

此外，华为把客户要求与期望准确传递给供方，对整个供应链进行管理，这是落实零缺陷的有力保证。

在华为的大质量观形成过程中，与德国、日本企业的对标起到了关键作用。德国企业的特点是以质量标准为基础，以信息化、自动化、智能化为手段，融入产品实现全过程，致力于建设不依赖于人的产品生产质量控制体系。日本的特点则是以精益生产理论为核心，高度关注"人"的因素，把员工的作用发挥到极致，要求减少浪费和提升效率。

华为的质量文化，就是将"一次把事情做对"和"持续改进"有机结合起来，在"一次把事情做对"的基础上"持续改进"，不断反思，持续改进，坚持"不放过问题、以客户需求和问题为导向"。

1.3.4 追求卓越

华为的质量管理体系是逐步发展起来的，"华为模式"是在实践中创新的结果，与其说是质量管理体系，不如说是以大质量观为指导的组织运营管理体系，涵盖整个公司的文化建设、技术创新、流程变革、质量管理和品牌建设等领域，促进了公司经营效率和效益持续提升。

"华为模式"以"让HUAWEI成为ICT行业高质量的代名词"为质量目标，创新构建"以客户为中心，以奋斗者为本"的企业文化，致力于共

质量的简约——兼议汽车电子技术规范

建美好的全连接世界,专注客户,持续管理变革,驱动大数据、云时代及物联网技术创新,以价值创造为导向的价值分配机制,把东方智慧与西方职业化管理有机结合,实现卓越运营。华为在战略管理、技术创新、流程变革、客户满意管理、质量度量考核、闭环质量保证、持续改进体系和制造生产管理等方面孕育出了很多管理优秀实践,丰富了"华为模式"(见图1-6)。

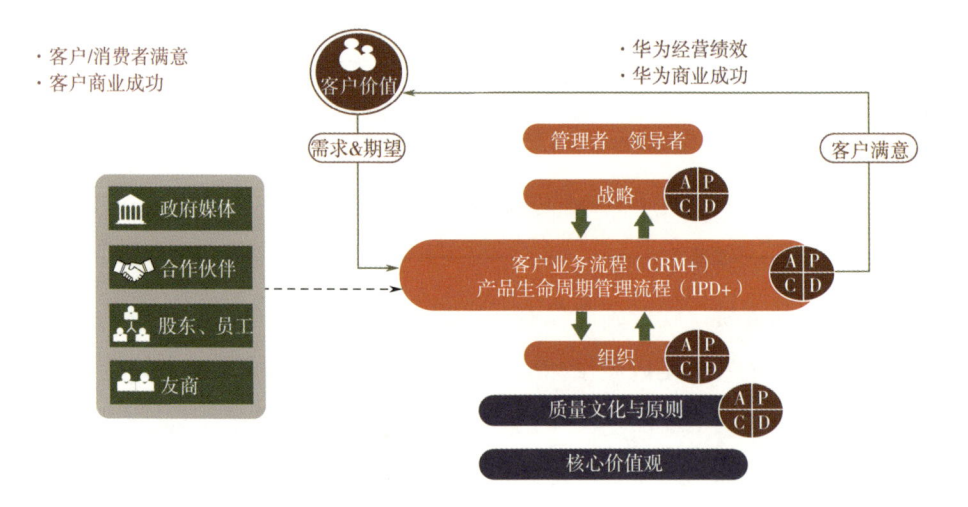

图1-6 华为模式管理示意图

华为将六西格玛的CTQ、量化管理、持续改进等质量管理方法的理念和方法融入战略管理环节(见图1-7),开发战略解码方法,形成了战略向组织与员工活动分解的科学流程。

该方法将战略进行分层、分级分解,并在分解过程中同步导出量化指标,将战略分解到年度重点工作,纳入年度规划,实现战略规划与年度业务规划的有效衔接,实施量化管理。

(1)技术创新。华为建立了把握行业发展脉搏、创新的、快速的高质量交付的研发体系,坚持"市场和技术创新"双轮驱动,将自主独特技术通过申报国家专利加以保护,积极参加各级各类标准化组织,将自己研发的技术转化为技术标准,促进行业技术进步。

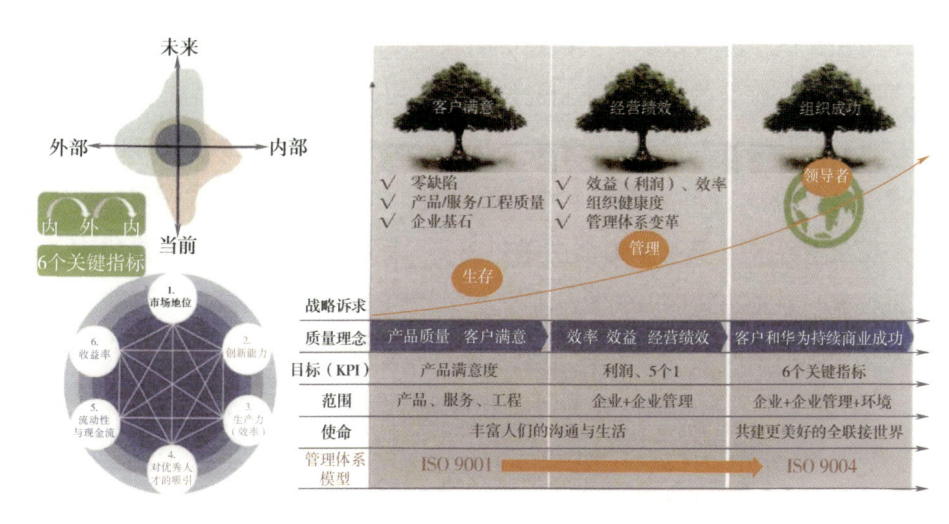

1 从原理出发——质量管理体系的价值及其构建方式

图1-7 华为质量管理体系发展路标示意图

（2）流程变革。华为持续推进流程变革，聚焦"基于市场创新的业务流"和"面向客户的业务流"，跨功能、跨流程、跨部门地实现流程集成。

（3）客户满意管理。华为建设了客户期望与满意管理（CESM）系统，对客户需求与期望绩效主动管理。

（4）质量度量考核。华为建立了以客户满意度指数和TL 9000指标为核心的三层质量度量体系，分为客户满意度指标、结果指标和过程指标，通过将质量指标落实到各个部门的关键绩效指标中，实现质量的考核，确保各个部门的质量目标得以实现。

（5）基于价值链的闭环质量保证体系。该体系围绕三个层面进行持续改进。一是华为与客户层面。针对产品问题和组织流程，采取用户大会TOPN、BOTTOM网络结对、精品网结对和电信运营商结对四大模式，构建客户满意核心竞争力。二是华为与供应商层面。针对战略风险供应商，实现标准对接、数据对接和能力对接。三是华为自身。聚焦目标，与业界最佳实践对标，实现价值链共赢目标。

（6）先进制造模式。华为坚持质量优先原则，全员、全面、全过程开展质量、交期、成本改善，构筑核心制造能力和制造管理平台，持续提升制造

质量的简约——兼议汽车电子技术规范

技术水平；优化流程管理，采用关键制造技术、自动化技术、数字化技术及仿真等技术，探索建立了智能制造架构，运用大数据质量预警、质量否决以及质量问题分层分级管理等机制，倡导工匠精神，重视质量意识培育以及质量考核与激励。

现在世界上几乎所有的企业都在按统一标准的要求建设质量管理体系，而且要经过认证，表明其符合标准，但是经过认证的质量管理体系并不一定都发挥应有的作用，"华为模式"毫无疑问是成功的模式。

"华为模式"的成功，首先是不怕吃苦、刻苦学习、不懈努力、永不退缩、忘我追求的华为精神所决定的。

其次，华为的质量观是大质量观，以质量体系的方法进行整个经营体系的管理，把质量融入全员和所有的业务流程中，实现了体系的自我评价、持续改进，而不像大多数企业，把质量管理体系当成一个资质来管理，体系是做给认证方和客户看的，质量管理体系是质量部门的自娱自乐，与主要业务脱节，实际被边缘化，回避尖锐的质量问题。

当然，除了重视质量，华为的成功还缘于很多其他因素：业务领域持续专注通信领域，作行业领先；以客户为中心，持续创新技术和改进管理；体制上，"工者有其股"，以奋斗者为本；重视管理，善于向最好的标杆学习，并融入自我的实践。此外，投入大量资源学习管理、改进管理，无疑为华为的成功提供了助力。

1.4 向SpaceX学习系统工程的创新

SpaceX由艾伦·里夫·马斯克（Elon Reeve Musk）于2002年创立，是一家以提供商业航天发射与运输服务为主的私营商业宇航公司，采取快速产品迭代、扁平企业结构、敏捷项目管理的运营模式，致力于实现创造性和系统工程的良好平衡，以低成本实现盈利，推动商业航天发展，并在实际运营中取得了了不起的成就。

1 从原理出发——质量管理体系的价值及其构建方式

马斯克研制的猎鹰九号运载火箭一开始就按照载人航天的标准进行设计，不使用火工品进行级间分离，从而为一级火箭的复用打下了基础。至2021年底，猎鹰九系列运载火箭已经有137次飞行记录，其中包括3次重型火箭飞行和5次载人航天飞行，并实现了第100次成功回收，使用了回收次数上为"11手"的火箭。马斯克的公司不到7 000人，却完成了猎鹰九号系列运载火箭及其他产品的研制任务，包括星链、龙飞船等。SpaceX公司是一家运行极其高效的公司，那么是什么样的管理体系或质量管理体系支撑了公司的运营呢？

1.4.1 SpaceX的核心理念

从依托质量管理体系实施有效的系统工程管理的视角看，其核心理念主要体现在：

（1）秉承面向系统的文化，其目标是设计和集成可靠和安全的系统。

（2）秉承测试（包括试验）文化（test, test and more test; know what you build, test what you build, test what you fly, test like you fly）。

（3）秉承"责任"理念：现有的任何工程流程都无法取代责任至上的理念，责任理念使工作能够正确、高效地完成。

（4）秉承低成本、高可靠理念：贯彻科学合理的"简化"设计与"简化"操作思想，采用成熟技术与产品，采用通用模块设计；坚持重复使用思想，强调充分的集成验证，强调供应链管理与核心技术自主掌控的平衡。

（5）秉承灵活高效的人力资源配置理念：吸引顶尖人才；在有限的人力资源下，有所为有所不为。

1.4.2 SpaceX质量体系的特征与优势

创新是SpaceX成长的基础，SpaceX的成功创新首先归功于马斯克的第一性原理思维（first principle thinking）。最早提出这个概念的是亚里士多德，他说："在任何一个系统中，存在第一性原理，是一个最基本的命题或假设，不能被省略，也不能被违反。"马斯克是第一性原理的鼓吹者和成功的践行者，他说："我们运用第一性原理而不是比较思维去思考问题，这是

质量的简约——兼议汽车电子技术规范

非常重要的。我们在生活中总是倾向于比较，对别人已经做过或者正在做的事情我们也都去做，这样发展的结果只能产生细小的迭代发展。第一性原理的思想方式是用物理学的角度看待世界，也就是说要一层层拨开事物表象，看到里面的本质，再从本质一层层往上走。"根据马斯克的第一性原理思维，最简单也意味着最可靠、最便宜。贯彻该原理就有了使用27台相同的"梅林"发动机并联的目前全球最大运力的猎鹰重型运载火箭。

其次，SpaceX将互联网思维用于航天系统工程。SpaceX本身就具有硅谷精神和"互联网基因"，通过深度渗透互联网的快速迭代思维，传统的航天系统工程被注入了新活力。传统的系统工程主张在前期设计中暴露尽可能多的问题，以降低错误成本，用固定的流程来保证达到预期的后果，因此，在前期设计上往往耗费很多时间和精力。SpaceX更强调每一次完整迭代之后产生的"经验"，包括基于更先进的工具和更优化的供应链协作关系，这种走完多次"设计、开发、测试"流程所需要的成本已经大大低于20世纪；而每一次完整迭代之后产生的经验，实际上也降低了项目的整体成本。

SpaceX的颠覆性创新是一种从技术到工程的"全链条"创新，要走完一个"全链条"的转化过程，一般需要较长的时间。SpaceX的创新不仅掌握从技术到工程的全过程，而且掌握从火箭到卫星和飞船的航天全产业链，甚至包括下游的供应链。SpaceX的供应链管理是建立在数学算法基础上的，简单、直接、透明。这个体系最大限度地排除了人为因素的影响，减少了人工处理的成本和风险。总之，SpaceX的全链条创新，既保证了进度、质量和可靠性，又减少了许多重复工作和大量人力，从而大大降低了成本。

此外，SpaceX善于利用美国政府和社会提供的良好资源。SpaceX在研制猎鹰一号火箭时就接受了美国国防部高级研究项目局（DAPRA）的合同。美国宇航局（NASA）也给SpaceX提供了资金、技术和人才的大力支持。SpaceX获得了NASA提供的高额合同经费，此外SpaceX的"梅林"发动机和垂直回收技术都是NASA的预先研究成果。近年来，SpaceX完成的发射任务有很多来自NASA、军方和情报部门。

SpaceX的质量政策中有一个关键词："economical"。通常来说，"快、好、省"是管理中的"不可能三角形"，满足其中两个，就无法满足第三个；但SpaceX在现有的技术条件下，最大限度地平衡了三者之间的关系。围绕低成本、高效益的目标，SpaceX质量体系的设计和运营上表现出以下特征（也是其区别于其他航天企业的优势）：

（1）军工产业下的精细化供应体系保证。美国建立了以军品采购审查制度、采购招投标制度等为代表的严格、规范的军品准入制度，并形成了一整套军民通用的产品规范，该体系在为民营企业提供技术便利的同时最大限度地保证了军品采购质量。SpaceX严格贯彻这些制度，并结合自身特点构建"简单、直接、透明"的供应链管理体系，为其快速成长、稳健发展提供了基础保证。

（2）扁平模式下的精准化管理。区别于传统航天企业，SpaceX采用扁平化、集约化的组织管理模式，研发流程上采用高度"扁平化管理"、大协同、一体化生产模式，对内缩减管理层级，对外减少核心产品、技术与工序外包，最大限度地简化决策与传递流程，加快生产研制进度，让每个岗位的人都能高效工作，并及时进行信息共享、技术共享、人员协同，最大限度地简化决策制定和信息传递流程，从而提高了运作效率。

（3）优化统筹火箭与飞船的生产流程，建立了设计和生产团队之间更加紧密和快捷的信息反馈机制，实现了产品质量管控的精确化。

（4）设置了数位副总裁，负责各技术或业务领域的工作，实行副总裁带领项目制，项目团队根据项目需求和特点组建，可覆盖多个领域的专业人才，各领域的员工平等参与技术研讨、设计和开发等工作，使人员最大化地发挥效能。

（5）高度产品化带来的精良生产线。推行"去项目化、走产品化"，火箭采用同样的发动机可以实现年产百台以上；复合结构在相同加工模芯上制造，有效分摊设计费用及降低成本，加快制造速度；龙飞船、猎鹰九号火箭、猎鹰重型火箭分享着同一款代码，分享着同一类迭代；等等。

(6)核心技术与成熟技术的精益化应用。猎鹰系列火箭主发动机、上面级发动机、低温贮箱和制导系统自产化比率高达80%以上，同时大量应用成熟技术，降低研发成本，加快研制速度。

(7)成本与可靠性的精确化控制。高度贯彻低成本战略，零件设计上尽量避免选用航天级产品，扩大工业级器件的应用，大幅降低成本。通过严格的技术程序以及充分的试验验证工作，确保低成本设计的可靠性。

1.4.3 创始人的个人魅力和一流的研制队伍

SpaceX创始人马斯克具有强大的个人魅力，在其领导下，核心团队具有远大坚定的梦想、持续的激情和强大的意志。

马斯克喜好极端与极致，主张把事情做到极致。

马斯克还认为：世界上的事，只有想不到的，没有做不到的！

马斯克从2002年6月创建SpaceX开始，一直是公司的核心和灵魂。在管理上如此，在技术上更是如此。马斯克一直是公司的总工程师，公司贯彻的是由他制定的技术路线。公司在成立后也曾引进了一批航天技术精英，如TRW公司的液体推进发动机专家汤姆·穆勒、在波音公司担任了15年德尔塔火箭测试主管的蒂姆·布萨、麦道飞行公司主持"大力神"火箭的结构设计师克里斯·汤普森和NASA的一批技术人员等。2009年6月，SpaceX宣布新增航天员安全和任务保证部，聘请了NASA的航天员肯内斯·鲍威索克斯作为该部门的主管及公司的副总裁。此外，公司总裁格温·肖特维尔女士是马斯克最得力的助手。她扎实的航天工程基础、与美国空军的良好关系和管理协调才能，让马斯克能有更多时间去思考总体的技术路径。

1.5 行业质量管理体系标准的具体化

ISO 9001质量管理体系标准适用于希望改进运营和管理方式的任何行业的任何组织。各个行业或组织可以在ISO 9001体系基本框架的基础上，结合自身领域特点进行分析，形成更加契合自身行业的质量管理体系，制定相应的质量管理体系标准，并组织推动和实施，例如航空航天制造行业的AS 9100、汽车制造行业的IATF 16949、通信行业的TL 9000、医疗器械行业的ISO 13485、铁路行业的ISO/TS 22163、工程施工行业的GB/T 50430等。这些行业存在一个共同特点，即它们生产的产品都与人的生命和财产安全息息相关。

同时，每当国际标准化组织（ISO）对标准进行换版更新时，这些组织或机构也相应地开展标准换版工作，以航空航天、汽车和国家军用标准为例，具体的标准换版对应关系如表1–1所示。

表 1–1　标准换版对应关系表

ISO标准	SAE与IAQG标准	IATF标准	GJB标准
ISO 9001：1994	AS 9100A：2001	ISO/TS 16949：1999	GJB/Z 9001–1996
ISO 9001：2000	AS 9100B：2004	ISO/TS 16949：2002	GJB 9001A–2001
ISO 9001：2008	AS 9100C：2009	ISO/TS 16949：2009	GJB 9001B–2009
ISO 9001：2015	AS 9100D：2016	IATF 16949：2016	GJB 9001C–2017

1.5.1　AS 9100系列标准的特点

每个行业的质量管理体系标准都有其特点，并在行业管理组织的推动下实施，也取得了较好的效果（下一章将专门讨论IATF 16949的特点）。为了说明这个观点，本部分将对AS 9100体系进行简要的分析。AS 9100的第四版AS 9100D：2016《航空航天及国防组织质量管理体系要求》由国际航空航天质量组织（International Aerospace Quality Group，IAQG）和美国汽车工程师协会（Society of Automotive Engineers，SAE）颁布，它适用于航空、航天和国防组织。与ISO 9001相比，AS 9100D规定了航空、航天和国防组织的附加要求，更加关注"安全"和"质量"。该标准的主要特点如下。

（1）首件检验（first article inspection，FAI）。AS 9102《航空航天首件检验要求》要求：在首次生产时需要验证是否符合所有设计的要求。FAI必须验证生产计划的正确性，同时要求按照正确顺序执行验证活动。这个过程适用于所有层次的零部件（从铸件到锻造件到机械组件及装配），并由供应商执行验证活动，同时包括收集适当数据资料。

（2）关键特性管理（management of key characteristics）。AS 9103《关键特性波动管理》是关于关键特性的管理过程，对关键特性的定义为"原材料和零件的特征，其变化会明显波及装配、性能、服务寿命、安全、可靠性、耐飞性或可制造性"，这些特征可能是尺寸特征，例如厚度、直径、长度或孔的位置等，也有可能是过程中的变量，例如时间、压力、速度和输出电压等。

典型的关键特性管理方法包括：

①理解流程，使用适当的手段来监控流程。

②识别影响变差的因子，并将对应的参数带入统计控制中，然后减少变差。

（3）设计控制（design control）。AS 9100对设计和开发有更多的补充要求。基于航空产品的复杂性以及客户对可靠性的高度期望，设计输出被补充作为关键特性来识别。应根据产品的安全和功能目标来定义不同的设计和开发任务，而这些产品必须与客户和（或者法规）的要求相一致。

（4）配置管理（configuration management）。技术和组织活动包含识别配置项目、基础配置建立后的配置项目变更的控制，以及配置管理在产品生命周期模式中的支持。配置项目是硬件、软件以及原材料的集合，同时被作为单独的实体对待。活动包括产品结构的识别、文件化配置项目以及物理和功能特征，其中包括更改顺序接口及在配置项目中分配识别的代码。

（5）风险管理（risk management）。AS 9134《供应链风险管理指南》结合零部件采购和供应商管理规范流程，提供了一种评价方法，可以根据供应商建立的供应商管理方法的成熟性来评估产品的成熟程度。

（6）特殊过程（special processes）管理。在产品生产阶段会涉及大量的特殊过程，比如电镀、焊接、涂漆、涂层、铸造、热处理等，其过程的质量不易或不能经济地被验证，甚至在现有条件下不能验证（包括产品交付后问题才显现）。特殊过程一旦失控，后果就不仅仅是报废一个小零件，而是可能将会造成成批零件报废、生产线停产，甚至危及飞行安全。

（7）假冒件预防管理。这是国际航空质量组织首次号召管理假冒零件。

（8）人为因素（human factor）。在策划环节应该考虑相应的人为因素风险，并针对高风险项目或不易察觉的项目采取特殊的控制手段，防止人为错误操作；在操作的过程中应该考虑人体工程学以及疲劳、过程运行环境、精神状态、生理情况可能对过程带来的负面影响，并对产生的问题采取相应的改善对策。同时，还应当注意：人为因素的存在还容易带来不易察觉的外来物碎片（foreign object debris，FOD），影响产品质量甚至产品安全。

（9）突出质量工具的使用。借鉴汽车工业应用质量工具的理念，航空工业开始探索使用并推广。国际航空航天质量组织结合行业的特点，对在航空、航天产品中应用质量工具提出了相关要求，制定和发布了行业标准。例如：

①Advance product quality planning and production part approval process（AS 9145），即产品质量先期策划（APQP）/生产件批准程序（PPAP）。

②Measurement system analysis requirements for the aerospace engine supply chain（AS 13003），即测量系统分析（MSA）。

③Process failure mode and effects analysis and control plans（AS 13004），即过程故障模式和影响分析及控制计划（PFMEA）。

④Process control methods（AS 13006），即统计过程控制（SPC）。

AS 9100 系列标准的发布对航空航天工业产生了深远影响，引起了各方面的广泛关注，美国国防部、美国航空航天局、美国空军等先后宣布采用 AS 9100 系列标准的通告。波音、空客、通用电气等航空企业均要求其供应商按 AS 9100 进行质量体系认证。IAQG 发布的标准见附表 1-1。

1.5.2 航天一院质量管理体系的发展

伴随中国运载火箭事业的发展，航天一院质量工作也取得了不断的进步，并以型号工程研制为牵引，从经验管理到强化管理，从强化管理到规范管理，一直在探索、研究适合航天一院的质量管理模式和方法。该发展历程大致可

质量的简约——兼议汽车电子技术规范

分为四个阶段。

第一阶段：1957年建院到1966年，属于经验管理或探索阶段。在型号研制创业及探索的阶段，相关设计过程主要依靠设计师系统的自我保证，设计师作为产品的使用者监督制造过程的产品质量，此外，产品质量主要还靠检验保证。这一时期形成了以"三敢三严"为代表的航天工作作风，树立了以周恩来总理提出的"严肃认真、周到细致、稳妥可靠、万无一失"十六字方针为指导的航天质量理念。钱学森系统工程思想以及《国防部第五研究院暂行条例》在航天型号研制管理中开始实施落地，在管理上一切按研制程序办事，在技术上要进行充分试验验证，明确了航天系统工程质量管理的基本框架、流程和方法。

第二个阶段：1967年到20世纪80年代末，属于行政管理加强阶段，并逐步推行了可靠性工作，管理制度逐步完善，归纳提炼出了"自力更生、艰苦奋斗、大力协同、无私奉献、严谨务实、勇于攀登"的航天传统精神。在型号研制探索自力更生的艰辛道路中，质量管理在不断暴露问题、解决问题中探求保证产品质量的经验，基本形成了计划体制下的航天质量管理方法，技术责任制、过程检验和验收等质量管控措施开始建立，并组建质量与可靠性专业研究所（原第七机械工业部705所），先后实施元器件"三定"管理和"七专"质量控制；产品质量保证工作的专业化开始起步，狠抓质量复查、推动设计评审、采用元器件降额设计等，有力支撑了中国航天"八年四弹"奠基性规划的实现。

第三个阶段：20世纪90年代初至90年代末，在强化管理中推进规范化管理，推行全面质量管理，实施以贯彻军工质量管理条例为主线的质量管控，矩阵式质量管理和产品保证工作系统基本建成，针对"3·22"故障以及"2·15""8·18"飞行失利暴露的问题实施强化管理，探索实践具有中国航天特色的质量工作方法，派驻质量监督代表并形成制度，贯彻航天工业总公司质量管理28条、科研生产管理的72条、"质量问题归零双五条"标准，质量管理逐渐走上了科学化、规范化和制度化的轨道；践行"热爱祖国、无私奉献、自力更生、艰苦奋斗、大力协同、勇于攀登"的"两弹一星精神"，形成了严慎细实的质量行为准则。

第四个阶段：21世纪以来，持续践行载人航天精神，以载人航天标准全面带动质量与可靠性工作水平的提升，质量管理由规范管理向卓越管理迈进，航天一院不断深化和创新型号技术风险控制，全面推行零缺陷质量管理和精益质量保证工作，建立质量保证核心标准群，推行数据驱动，产品质量保证能力持续提升，航天一院获中国质量奖提名奖，院主要厂、所及多个型号项目获全国质量奖或航天质量奖。这一时期，适合航天一院的质量管理模式基本形成并逐步完善，零缺陷质量文化理念逐步成型，把握型号研制和质量管理规律的能力得以提升；同时，努力实现质量管理理念、方法、手段等层面的革新。

在质量管理体系建设方面，20世纪80年代中期到90年代，航天一院在推行全面质量管理工作的同时，按照《军工产品质量管理条例》的要求，组织开展了质量保证体系考核、达标活动。1993年国家发布实施了等同采用国际标准的GB/T 19000—ISO 9000《质量管理和质量保证》系列标准。为了与国际标准接轨，增强在国内、国际市场的竞争力，航天一院在全院范围内组织对标准开展了广泛深入的宣传贯彻工作。1994年，航天一院开始按国家军用质量管理体系认证标准建立质量管理体系。

2000年，航天一院本级依据1996年版GJB/Z 9000质量管理和质量保证系列标准、QJ 9000《航天工业质量管理和质量保证要求》、国防科工委30条、航天科技集团公司17条及一院质量60条的有关要求编写并完善了2000版《质量手册》，并于2001年2月召开了2000版《质量手册》发布会。2001年10月1日，GJB 9001A—2001质量管理体系发布以后，2003年6月，航天一院开始按GJB 9001A—2001建立本级质量管理体系。2005年12月，航天一院本级本级质量管理体系通过中国新时代认证中心认证，并根据GJB 9001B和C版要求，结合航天一院本级机构改革，分别于2010年和2019年实施了换版工作。

航天一院本级质量管理体系的建立与完善，进一步提高了航天一院的质量保证能力和核心竞争力，标志着航天一院本级及其所属单位建立了统一的管理平台，促进了全院质量管理体系的融合，也标志着航天一院质量管理工作规范化管理水平的全面提升。

1.5.3 新时代的质量提升要求

2017年9月5日，中共中央、国务院印发《关于开展质量提升行动的指导意见》，要求"迫切需要下最大气力抓全面提高质量，推动我国经济发展进入质量时代"。

2020年5月中央军委装备发展部联合国防科工局共同发布了《关于构建新时代装备建设质量管理体系的意见》，以推进装备质量管理，实现"四个转变"为目标，从建设理念、总体目标、体系架构、建设模式和基本步骤等方面提出了新时代装备质量管理体系建设工作要求。

航天科技集团有限公司在贯彻新时代装备建设质量管理体系的基础上，提出了采用系统工程的思维方法，构建适应航天特色，满足科研生产模式转型升级需求，确保用户满意、确保组织持续成功、确保高质量发展的航天精益质量管理体系的要求。

为此，要解决好以下三个问题。

（1）充分认识航天工程的极端复杂性和风险性，始终敬畏航天事业，坚持目标导向和问题导向。中国航天事业的成功之路是在同问题的不断斗争中开拓出来的，问题是质量工作的起点，解决问题就能取得进步和成功。从某种意义上讲，质量工作是围绕问题这条主线展开的，具体包括：一是预防问题的发生；二是彻底解决发生的问题；三是从与问题的斗争中探索成功的规律。

（2）探索中国航天确保成功、永葆成功的最佳路径，在系统总结航天质量管理理论、体系和方法的基础上，持续推进大质量观及精益质量保证转型，提升质量管理的效率效益。从单一任务强化管理保成功向型号任务按时成功、连续成功发展；从任务按时成功、连续成功向高质量、高效率、高效益成功发展；从控制缺陷向持续增加价值转型发展（如图1-8所示）。

（3）深入研究质量管理体系与航天产品质量保证的关系，从体系的角度促进产品质量保证的效能，从产品质量保证实践回归体系建设，建设高质量的组织、高可靠的组织，更好地保证中国航天事业的发展。

1 从原理出发——质量管理体系的价值及其构建方式

图 1-8 质量管理模式的层次与成功标准

综上所述，质量管理体系对于当今社会组织的发展无疑具有重要的意义，但是，只有部分成功的组织及其质量管理体系对于组织的成功发挥了重要的作用，这些组织通常具有以下特征：

（1）组织的最高领导者和领导团队重视管理体系，并对管理体系有自己深刻的理解，组织的文化深刻影响了其管理体系，并与管理体系相辅相成；

（2）质量管理体系的建设目标是经营管理体系，或者说是以规范的、标准的形式在建设经营管理体系，不是为质量体系而建设质量体系，其质量的观念一定是大质量观，是全面质量管理，与其说追求质量，不如说追求组织绩效与组织成功；

（3）质量管理体系不是证书、文件，而是与现实紧密结合的、实际运行的流程与责任分配和资源保证，是不断优化、持续改进的动态过程；

（4）质量保证体系是简约的、有用的、具体的、一线的实践活动，而不是管理层的形式运动；

（5）质量管理体系的建设者有大局观和责任心，懂得组织的文化，清楚组织的战略，熟悉组织的产品和实现过程，能够找到质量管理体系落地的具体方法，并不遗余力地推进。

以上特征缺一不可。

附表 1-1　AS 9100 质量标准

序号	AS标准号	标准名称（英文）	标准名称（中文）	备注
1	AS 9100	Quality management systems requirements for aviation, space and defense organizations	航空航天及国防组织质量管理体系要求	
2	AS 9101	Quality management systems audit requirements for aviation, space, and defense organizations	航空航天质量管理体系审核要求	
3	AS 9102	Aerospace first article inspection requirement	航空航天首件检验要求	
4	AS 9103	Variation management of key characteristics	关键特性波动管理	
5	AS 9104	Requirements for aerospace quality management system certification/registrations programs	航空航天质量管理体系认证/注册要求	已废止
6	ARP 9107	Direct delivery authorization guidance for aerospace companies	航空航天企业直接交付授权指导	
7	AS 9110	Quality management systems requirements for aviation maintenance organizations	航空航天维修组织质量管理体系要求	
8	AS 9111	Aerospace series quality management system assessment for maintenance organizations	航空航天维修组织质量管理体系审核要求	已废止
9	ARP 9114	Direct ship guidance for aerospace companies	航空航天企业直接货运指导	
10	AS 9115	Quality management systems requirements for aviation, space and defense organizations deliverable software	航空航天国防组织可交付软件质量管理体系要求	
11	AS 9116	Aerospace series notice of change（NOC）requirements	更改通知要求	
12	AS 9117	Delegated product release verification（DPRV）	指定的产品发布验证	
13	AS 9120	Quality management systems requirements for aviation, space, and defense distributors	航空航天国防批发商质量管理体系要求	

续表

序号	AS标准号	标准名称（英文）	标准名称（中文）	备注
14	AS 9131	Quality management system nonconformance data definition and documentation	不合格品数据定义和文件质量管理体系要求	
15	AS 9132	Data matrix quality requirements for parts marking	零件标识数据矩阵质量要求	
16	AS 9133	Qualification procedure for aerospace standard parts	航空航天标准件鉴定程序	
17	AS 9134	supply chain risk management guideline	供应链风险管理指南	
18	AS 9136	Root cause analysis and problem solving	根原因分析与问题闭环	
19	AS 9137	Guidance for the application of AQAP 2110 within a AS 9100 quality management system	在AS 9100质量管理体系中应用AQAP 2110指南	
20	AS 9138	Statistical product acceptance	产品统计验收	
21	AS 9145	Advance product quality planning (APQP) Production part approval process (PPAP)	先期产品质量策划（APQP）/生产件批准过程（PPAP）	
22	AS 9146	AS 9146 Foreign object damage (FOD) prevention program-requirements for aviation, space and defense organizations	航空航天及国防组织异物损害（FOD）预防程序	
23	AS 9147	AS 9147 Unsalvageable Items management requirements for aviation, space and defense organizations	航空航天及国防组织不可回收品管理	
24	AS 9162	Aerospace operator self-verification programs	操作者自我验证大纲	

2

标准的具象
——IATF 16949 汽车质量体系标准

2.1 引言

具象是相对的,这里用这个词作标题可能有些牵强,因为,标准当中抽象和形式化的东西可能更多一些,这里只是表达IATF 16949相对ISO 9000标准的具体化和一种"对标准的期望"。汽车行业是最早导入ISO 9000质量管理体系标准的领域之一,ISO 9000质量管理标准的应用为汽车整车厂带来了一种规范化的质量管理模式,也牵引了汽车零部件领域导入ISO 9000质量管理标准,ISO 9000质量管理体系标准在汽车行业组织走向规范化、标准化管理方面发挥了作用。

但是,许多汽车企业认为,虽然它们采用了ISO 9000质量管理体系标准,但未达到预期的改进效果。例如,美国的汽车界一直对ISO 9000标准颇有微词,于是他们制定了带有反映汽车行业要求的QS 9000,对一些具体的条款进行了强制性的要求,并补充了一些内容。其次,他们认为第三方认证的有效性取决于认证机构及其审核人员,但认证机构所关心的往往是标准条款实际执行的证据记录是否存在,并不关心这些记录背后反映的组织产品质量的好坏,这会导致认证的效果过多地关注形式,而没有适当地关注实际。比如在北美,有的认证机构就曾承诺可以在49个工作日后发放认证证书(而无论届时质量体系是否达到标准要求)。

由于上述问题的存在以及汽车行业的特殊性,一些汽车主机厂形成了自己的质量体系标准,例如美国的QS 9000、德国的VDA 6.1、法国的EAQF、意大利的AVSQ等,这些标准得到了更为有效的贯彻。ISO/TS 16949由国际汽车特别工作组(International Automotive Task Force,IATF)制定,并由其实施ISO/TS 16949标准的认证。1999年IATF提出的ISO/TS 16949标准作为国际标准技术规范正式发布。上述的前4个标准,除了德国的VD A6.1标准至今没有提出作废计划外,其他三个标准都已随着ISO/TS 16949标准的实施而逐步废止。汽车工业就可以通过自己的认证方案和认证计划,来实现IATF

2 标准的具象——IATF 16949汽车质量体系标准

认可的准则,并对认证机构和审核员进行资格授权,从而加以控制,提高审核的效果。

IATF的发起单位——美国的通用、福特、克莱斯勒汽车公司,法国的雪铁龙、标致和雷诺汽车公司,德国的大众、戴姆勒、奔驰和宝马汽车公司以及意大利的菲亚特汽车公司等欧美大型汽车集团——都在ISO/TS 16949标准发布后,对其供应商先后发起实施ISO/TS 16949标准的要求。除这些汽车整车企业之外,其他的很多非IATF发起单位的汽车整车企业也通过不同方式鼓励自己的供应商实施ISO/TS 16949标准,例如中国的一汽集团、东风汽车公司、上汽集团、奇瑞、吉利等汽车制造企业。

2002年,ISO/TS 16949标准在ISO 9001:2000的基础上进行了修订,发布了ISO/TS 16949:2002标准《质量管理体系 汽车生产和有关服务的部分组织应用ISO 9001:2000的特殊要求》。ISO/TS 16949:2002标准包括ISO 9001:2000的全部要求和4个原有汽车行业公司质量管理体系标准的主要要求。

针对ISO/TS 16949:2002,中国等效采用并制定了相应的国家标准:GB/T 18305—2016《质量管理体系 汽车生产件及相关服务件组织应用GB/T 19001—2000的特别要求》,并于2019年进行了技术性修订。

2009年,IATF结合2008版的ISO 9001标准的修订,又发布了ISO/TS 16949:2009标准。

2016年,IATF结合ISO 9001:2015标准的换版,全面更新换版,新版标准全称为:IATF 16949《汽车生产件及相关服务件组织质量管理体系要求》,IATF 16949标准的来源及发展概况见图2-1。

当前全球的多数整车厂都对零部件组织提出了应用并通过IATF 16949认证的要求,应用并通过IATF 16949认证日益成为汽车零部件组织的基本条件,也成为汽车零部件组织有效突破汽车行业采购的贸易限制措施的基本手段。

IATF 16949作为汽车行业执行的标准,其目的是开发整个供应链的质量管理体系。IATF 16949标准条款要求该标准能够在整个供应链中得以应用,

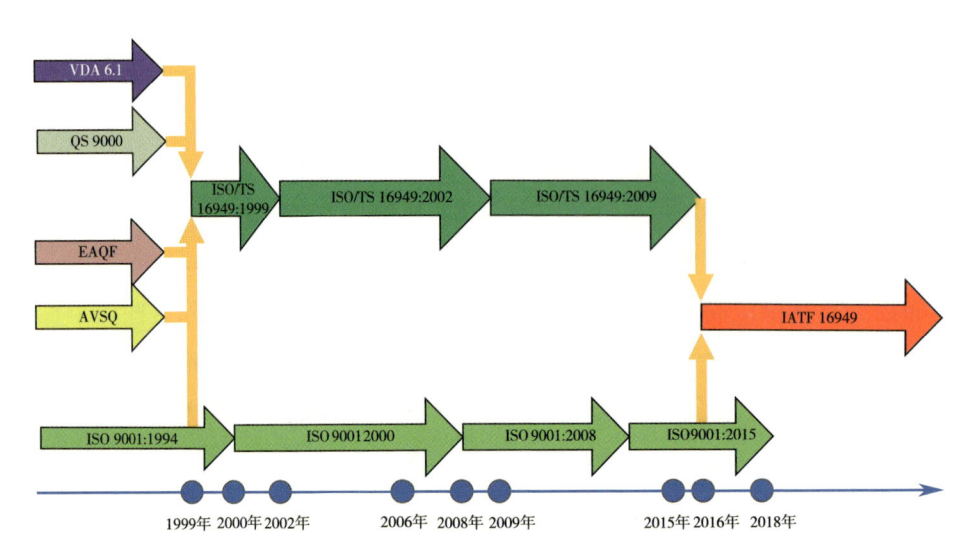

质量的简约——兼议汽车电子技术规范

图2-1 汽车质量管理标准体系的发展

作为第一步,希望供应商能够满足ISO 9001的标准要求。汽车制造商对其第一级供应商提出要求,而第一级供应商也会将同样的要求传递给他们的下一级供应商,以此类推下去,从而把标准作为一种要求在整个供应链中自上而下地展开。

IATF 16949将ISO 9000标准当作基本的条件,应当指出的是,以往所有基于ISO 9001的体系都偏重于体系的符合性,强调满足标准,满足标准的条款,满足文件化体系的要求。IATF 16949的第一版就一直在尝试着将从QS 9000、VDA 6.1、EAQF和AVSQ中所获得的知识融入汽车行业的质量管理中,尝试将质量管理体系转变为车厂真正需要的并能够生产高质量产品的质量管理体系,注重实效,并提高质量管理水平,而不是仅仅落实在纸面上。这些都体现在IATF 16949的第一版中,并被ISO/TC 176采纳。而ISO 9001:2000的版本也由此产生了相应的变化,也就是把重点放在产品质量和全面质量管理方面。

2.2 汽车质量标准体系的特点

实践中并没有办法评价ISO 9001和IATF 16949两个标准的水平，因为标准是原则框架，从原则要求上应该是面面俱到的，但IATF 16949增加了很多具体的要求，强调了一些具体工具方法及其应用的规范化，使得通过认证的难度加大。大多数汽车行业配套企业都在ISO 9001质量体系的基础上实施IATF 16949体系，IATF 16949增加的要求有近百项之多，具体可以归为以下三类。

2.2.1 过程方法

IATF 16949对过程的定义是"通过使用资源和管理，将输入转化为输出的活动"。一个过程的输出形成下一个过程的输入，每一个过程还会与其他过程相互关联。过程方法即对体系中的过程进行识别、明确过程间的联系和相互作用，对过程进行系统的应用、管理和连续的控制，使体系达到更佳的运行效果。IATF 16949对过程方法的应用比ISO 9001更进一步，它强调了过程方法在企业质量管理体系中的应用，企业应识别并管理组织中相互关联的过程等。应用过程方法的步骤包括：将以部门为单位的工作划分，绩效衡量模式转化为以过程为单位，使用乌龟图（IATF推荐的一种像乌龟一样图形化的过程分析的方法）确定每个过程有效运转的输入、输出及管控文件，确定与该过程有关的职能部门、作业现场等。

按照IATF 16949的要求："组织必须确定为确保这些过程能有效运行和控制所需的准则和方法"，为每个过程建立"监控指标"，同时对"监控指标"进行趋势分析，运行不良时，进行原因分析并制定改进措施。并且，监控指标应尽可能量化，不能量化的指标应经过评审，确保能对过程的有效性进行评价。

2.2.2 按照过程方法进行审核

与ISO 9001相比，IATF 16949在审核方面的主要不同包括：强制了过程方法在体系审核、管理评审中的应用；增加了审核类型（包括产品审核及过程审核）。这些都体现在各大汽车公司的供应商管理手册中。福特公司指出，"内部质量审核必须评审组织的所有已识别的过程，内审员必须掌握五大工具等核心工具、汽车行业的过程审核方法"；大众公司在《供应商质量能力评审准则》中提到，要对潜在供应商进行过程审核（EP）和产品审核（ED），只有当EP>82且ED>75时，才可给予供应商资格。

IATF 16949要求："组织应对每一个制造过程进行审核以确定其有效性。"过程审核着重于体系内的制造过程。它不仅具备过程方法的优点，同时采用了标准的提问表，降低了人为因素的干扰。此外，过程审核以打分的方式评价过程能力，可以分过程、分产线、分产品进行对比。

IATF 16949要求"组织应以确定的频次，在生产和交付的适当阶段对其产品进行审核，以验证符合所有规定的要求"。产品审核的依据应包括技术规范要求、与顾客签订的协议、产品检验检查的所有项目。产品审核不同于生产过程的检验。它通过定期的检查来了解公司短期内的质量状况，同时通过质量特征值来衡量审核结果，使审核结果数据化。

体系审核以过程为对象进行，相对于以部门为对象的审核有着很大的不同，这增加了被审核方准备的难度，但提高了审核的效果。

2.2.3 五大工具在过程中的应用

五大工具是汽车主机厂承认并普遍使用的质量控制工具，是认证的重要组成部分，具体包括：产品质量先期策划及控制计划（advanced product quality planning and control plan，APQP&CP）、潜在失效模式及后果分析（failure mode and effect analysis，FMEA）、测量系统分析（measurement systems analysis，MSA）、统计过程控制（statistical process control，SPC）、生产件批准程序（production part approval process，PPAP）。五大工具以APQP&CP为主线，其他4个工具分别应用于APQP&CP的不同阶段。

（1）产品质量先期策划及控制计划（APQP&CP）。产品质量先期策划及控制计划（APQP&CP）是新产品产前策划的一种结构化方法。通过策划、制定具体的要求，以识别早期更改、避免后期更改，确保新产品的设计质量与制造质量。从操作来看，应用APQP&CP是将产品设计开发过程按功能分成若干阶段，规范每一阶段的输入输出并建立流程，明确每阶段负责的部门及对应的工作。计划在应用上的关注点如下：

①确保产品设计目标与市场需求，包括潜在需求、用户要求的一致性。

②建立由销售、研发、工艺、生产和质量等部门参加的"多功能小组"，以提高审查和验证的全面性。

③明确技术文件登记、保管、发放、收回、修改的程序及方法，通过严格的审批和会签制度避免文件失效。

④开展标准化的审查工作，以提高制造过程质量，保证产品质量，从而降低设计工作量，简化生产技术准备工作。

⑤APQP&CP一般分为5个阶段，但也可结合行业的特点，将"产品设计、开发"与"过程设计、开发"统一成一个阶段。

（2）潜在失效模式及后果分析（FMEA）。FMEA是一种可靠性设计的方法，通过对各种可能风险进行分析、评价，以便在现有技术的基础上消除这些风险或将风险减小到可接受的程度。FMEA可应用于产品设计、过程控制、设备优化、缺陷预防等很多领域，组织可以按照逐步深入的原则进行FMEA管理。在应用上的关注点如下：

①"潜在失效模式"的分析要紧紧围绕"过程功能/要求"，如：设计FMEA不可混淆设计失效与过程失效。

②"潜在失效原因"要分析到根本原因，可采用"5 why"分析法，只有分析出造成失效的根本原因，才能找到有效的应对措施。

③FMEA是一个持续改进过程，是一个动态化的文件。当出现新的失效、设计变更或其他改进活动时，应修订完善FMEA报告，持续积累以取得成功经验。

（3）测量系统分析（MSA）。MSA是使用数理统计和图表的方法对测量系统的精准度进行分析，以评估测量系统对于被测量参数是否合适，并确定测量系统误差的主要成分。测量系统可以用5个特性来衡量，其中偏倚和线性由量具校准来确定，重复性和再现性可通过量具的重复性和再现性研究来确定。因此，在确定MSA计划时，应首先对测量系统进行分析，根据系统可能存在的问题确定需开展的工作。同时，可根据组织的能力不断扩展测量系统分析的范围，例如，可以增加人工质量判定系统的MSA（计数型的测量系统）。

（4）统计过程控制（SPC）。工作的主要关注点包括：

①使过程处于统计稳态。

②使过程能力足够。这一阶段若存在过程异常，则应采取措施加以改进，剔除异常后重新绘制控制图，直到排除所有异常。过程稳定后再评价过程能力，只有能力充足才能将分析用控制图的控制线延长为控制用控制图；若过程能力不足，需要继续调整过程。一旦进入控制阶段，即表明过程实现了上述两点，可维持原控制线作为控制用的控制图，并传递给操作层进行过程控制。

（5）生产件批准程序（PPAP）。PPAP是用来确定组织是否已经正确理解了顾客工程规范的所有要求；在试生产及制造过程的设计开发验证完成后，要由顾客对企业产品进行批准，当通过PPAP后，企业就可以按顾客的订单计划进行产品的批量生产。对于在批量生产过程中出现的过程条件的变更，均应及时通知顾客，并可能需要重新进行产品批准或过程变更的确认。

2.3 与国家军用质量管理体系标准的比较

这个命题似乎没什么合理性——汽车领域的质量标准如何拿来与国家的军用标准相比？军用质量管理体系至少应该与航天或火箭领域的质量标准相比，才更具恰当性。航天领域曾于1999年发布QJ 9000标准，并于2003年修订为QJ 9000A，但实际应用得不多。航天科技集团公司顶层的质量管理文件是《航天型号精细化质量管理要求》，航天一院执行的顶层文件是一院颁发的"质量管理60条"，这些都是内控文件，不对外发布。但无论是航天科技集团公司还是航天一院，它们在质量体系方面所依据的标准都是GJB 9001。

GJB 9001C—2017《质量管理体系要求》是在总结以往经验和我国核、航天、航空、船舶、兵器、电子等行业的共性有效做法的基础上，由中央军委装备发展部颁布的面向国家各类行业的军工产品质量管理体系标准（以下简称GJB 9001C标准）。2010年9月30日，国务院和中央军委批准发布《武器装备质量管理条例》，其中规定承担装备建设任务的单位必须通过GJB 9001认证。GJB 9001标准的版本变化情况如下：

1987年6月，中央军委批准发布了《军工产品质量管理条例》，要求装备承制单位建立健全质量保证体系，并进行考核；军工产品质量体系建设由此展开，开创了用管理体系的方法抓军工产品质量管理工作的方式。

1996年1月，为推动军工质量管理与国际接轨，国家在GB/T 19000—1994、GB/T 19004—1994国家标准（等同ISO 9000标准）基础上增加军工产品质量管理的相关要求，发布了GJB/Z 9000—1996、GJB/Z 9004—1996国家军用标准，开启了军工产品质量体系标准化进程。

2000年，ISO颁布了2000版9000族标准，国家标准也随之修订，2001年发布了以国家标准为基础（A）、以军工产品相关要求（B）为补充的（A+B）结构的GJB 9001A—2001国家军用标准，推动了军民质量体系的一体化发展。

随着国际标准、国家标准相继改版，GJB 9001B—2009和现行的GJB 9001C—2017国家军用标准陆续发布，结合装备发展要求的变化，军工产品质量体系建设和认证工作也不断深化，2021年启动了新时代装备质量体系试点建设。

2.3.1 IATF 16949与GJB 9001C之间的联系

IATF 16949和GJB 9001C标准均采用了ISO 9001：2015标准的结构（见图2-2），在未改变ISO 9001标准原有的章节条款及内容的基础上，通过增加相关要求而形成，增强了其在各自适用范围内的针对性和可操作性，是基础性标准，对质量管理工作和质量管理体系提出了最基本的要求。

两个标准都突出了以顾客要求为导向，"以顾客为关注焦点"是七项质量管理原则中的第一原则，强调了使用过程方法，结合PDCA循环和基于风险的思维进行管理，其质量管理体系可与其他管理体系标准要求进行协调或一体化。

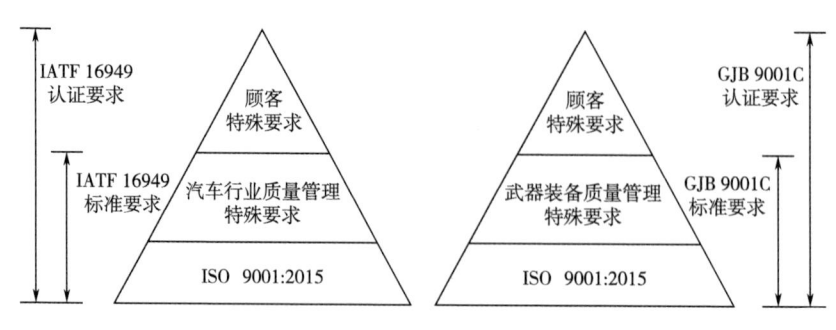

图2-2　IATF 16949和GJB 9001C标准要求

2.3.2　IATF 16949与GJB 9001C之间的差异

以ISO 9001：2015为基线，基于ISO 9001标准条款对比分析IATF 16949和GJB 9001C标准，可以看到多处差异，具体见附表2-1、附表2-2。从两个标准的目的、适用范围、认证及IATF 16949所强调的内容等方面进行对比，主要差异如下：

（1）标准目的：从IATF 16949产生背景可看出，IATF 16949主要致力于在供应链中提供持续改进，它强调了缺陷预防、减少变差和浪费。GJB 9001C强调全类型组织（与装备建设任务相关）的改进、把关和验证，突出了装备作战使用需求和实战化要求，供应链改进是其中的重要组成部分。

（2）适用范围：从行业范围来看，IATF 16949适用于国际范围内的汽车行业，GJB 9001C适用于国内承担装备建设相关任务的各类行业。从组织范围来看，IATF 16949适用于汽车整车厂和其直接的零备件制造商，要求有生产活动，因此提供支持功能（设计中心、公司总部和配送中心等）以及为整车或零备件厂家制造设备/工具的单位不能获得认证。GJB 9001C适用于承担各类武器装备及配套产品的论证、研制、生产、试验、维修和服务任务的单位，覆盖组织类型范围更广。

（3）标准认证：IATF 16949认证机构必须得到IATF的评定授权，向IATF上报认证企业有关数据，并接受IATF的审核及监督活动。ISO 9001一般由所在国的认可机构确定认证机构，例如我国GB 9001认证机构必须经中国合格评定国家认可委员会（CNAS）认可，认证机构实施审核、认证及监督。国家认可机构通过签约国际认可论坛（International Accreditation Forum，IAF）多边承认协议（IAF/MLA），实现ISO 9001认证证书在签约国之间互认。某一认证机构也可申请其他国家认可机构认可该认证机构所颁发的证书。GJB 9001C仅适用国内，认证机构需取得有关部门的授权。

（4）引用文件：IATF 16949除引用标准外，纳入参考手册、规范等，突出工具和方法的使用，通过将工具和方法嵌入标准使其更具可操作性。GJB 9001C引用了23个国家军用标准，主要关注要求是否落实（但如何落实需要组织结合自身特点策划和实现）。

（5）术语和定义：IATF 16949在ISO 9000基础上增加了42个术语和定义，相比ISO/TS 16949：2009新增了30个，包括面向装配的设计（design for assembly，DFA）、面向制造的设计（design for manufacturing，DFM）、六西格玛设计（design for six sigma，DFSS）、故障树分析法（fault tree analysis，FTA）、制造可行性（manufacture feasibility，MF）等。GJB 9001C引用了GJB 1405和GJB 451界定的术语和定义，相对GJB 9001B—2009，补充引用了GJB 451，术语和定义更新慢。

（6）标准删减：IATF 16949唯一允许删减的是第8.3条中的产品设计和开发要求。GJB 9001C因覆盖各类行业，组织应根据提供的产品和服务类型确定体系范围，可在不影响产品和服务的前提下删减不适用的要求。

（7）产品特性：IATF 16949强调了与产品安全有关的要求。GJB 9001C突出了可靠性、维修性、保障性、测试性、安全性和环境适应性等通用质量特性要求。

（8）基础设施：IATF 16949强调了工厂、设施及设备的策划和改进要求，包括使用多方论证方法、应用精益制造原则，要将制造可行性评估和产能策划的评价作为管理评审的输入等。

（9）健康安全/环境：IATF 16949明确了通过ISO 45001职业健康安全管理体系认证，可证明其满足IATF 16949关于过程运行环境中的人员安全方面要求，在其他内容上亦体现了对环境保护方面的要求。GJB 9001C主要关注产品的质量。

（10）监视和测量资源：IATF 16949强调应用测量系统分析（MSA），所采用的分析方法及接受准则要与标准所引用的参考手册一致。

（11）实验室：IATF 16949增加了对内、外部实验室的要求，外部实验室必须通过ISO/ICE 17025实验室认证。

（12）能力：IATF 16949强调了对内部审核员、第二方审核员的能力要求，应了解掌握与审核有关的核心工具要求等。

（13）产品和服务要求的评审：IATF 16949强调了组织制造可行性，要采用多方论证方法进行分析，确定制造过程是可行的，能够始终按产能要求生产产品。

（14）设计和开发策划：IATF 16949强调项目管理（APQP&CP等）、产品和制造过程设计及风险分析，要求采用软件开发评估方法评估嵌入式软件的开发过程，并将软件开发过程纳入内部审核方案的范围。

（15）制造过程设计输入输出：IATF 16949强调了制造过程设计输入输出，输入包括制造设计、装配设计、人体工程学要求等，要针对问题的重要性程度和风险程度使用防错方法。输出包括制造过程流程图、产能分析、制造过程FMEA、维护计划和说明、防错识别和验证的结果等。

供应商质量管理体系开发及对供应商的第二方审核：IATF 16949强调供应商质量管理体系开发，按可接受水平分为五个步骤。第一步是通过ISO 9001第二方审核，第二步是通过ISO 9001第三方认证，第三步是通过ISO 9001第三方认证并符合顾客确定的质量管理体系要求，第四步是通过ISO 9001第三方认证以及IATF 16949第二方审核，第五步是通过IATF 16949第三方认证。

控制计划、作业验证和全面生产维护：IATF 16949强调制订控制计划，开展制造过程作业准备的验证和停工后的验证，进行首件和末件确认以及末件与后续首件的结果比对，实施全面生产维护等，并将维护目标的绩效作为管理评审的输入。

（16）制造过程的监视和测量：IATF 16949强调对新的制造进行过程研究，验证过程能力。要求恰当使用统计工具，并将其包含在APQP&CP、DFMEA、PFMEA（过程FMEA）和控制计划中。

（17）质量管理体系内部审核：IATF 16949强调除质量管理体系审核外的制造过程审核和产品审核，质量管理体系审核用于验证其与标准的符合性，制造过程审核用于确定过程的有效性和效率，产品审核用于验证其对规定要求的符合性。

（18）防错：IATF 16949强调防错，所采用方法的信息应在PFMEA中进行规定。

2.4　IATF 16949标准的可借鉴之处

汽车工业具有产品协作化、大批量、标准化、通用化等研制生产特征，生产更具节奏性和连续性，这些固有特征决定了汽车产品研制生产管理的重点，包括原材料连续不断供应、设备维护不出故障、生产过程实时监控、均衡生产质量的稳定性等。IATF 16949支撑和适应汽车业生产管理模式，通过比较分析，其可供进一步研究借鉴的地方如下：

（1）规范供应商质量管理。IATF 16949总体是为规范汽车产业链、供应链及各级供应商质量管理建立的，它在ISO 9001基础上所补充增加的一系列汽车行业特殊要求都是对供应商强化和规范管理的具体体现。

标准中规定了对供应商质量管理体系的阶梯开发步骤，要求使用基于风险的模型为每个供应商确定可接受的质量管理体系开发的最低水平和目标水平；强调要对供应商进行第二方审核，并要确保第二方审核员具备的专业能力。

认证IATF 16949的供应商所需开展的质量管理体系内部审核包括三种方式，每种审核目的都十分明确。除了质量管理体系审核外，特别强调了覆盖所有过程的制造过程审核以及产品审核，并且以每三年作为一个审核周期。

（2）关注制造过程的管理。IATF 16949的要求是对具有生产活动的汽车整车厂和其直接的零备件制造商提出的，其重点关注制造过程管理。

考虑汽车产品批量生产特点，IATF 16949提出了应急计划，工厂、设施及设备策划，测量系统分析，内（外）部实验室，组织制造可行性，制造过程设计输入输出，控制计划，首/末件确认，标准化作业，作业准备的验证，停工后的验证，全面生产维护，生产工装及制造、试验、检验工装和设备的管理，生产排程，全尺寸检验和功能性试验，返工（修）产品控制、制造过程的监视和测量、防错等一系列制造过程要求，以及面向制造的设计、面向装配的设计、产品特殊特性的识别等与制造过程密切相关的产品设计和开发过程要求。

随着航天产业化、多元化和市场化的发展，可针对批量生产型号产品研究借鉴适用的汽车质量管理体系制造过程管理方法。

（3）突出质量工具的使用。汽车行业的APQP&CP、FMEA、SPC、PPAP、MSA这五大核心工具一直是制造企业极力推崇的质量管理工具，它们是汽车行业主机厂基于行业最佳实践总结出来的，配有相关参考手册。

五大工具围绕IATF 16949标准，有各自不同的目的和作用，它们之间也有着密不可分的联系（见图2-3）。

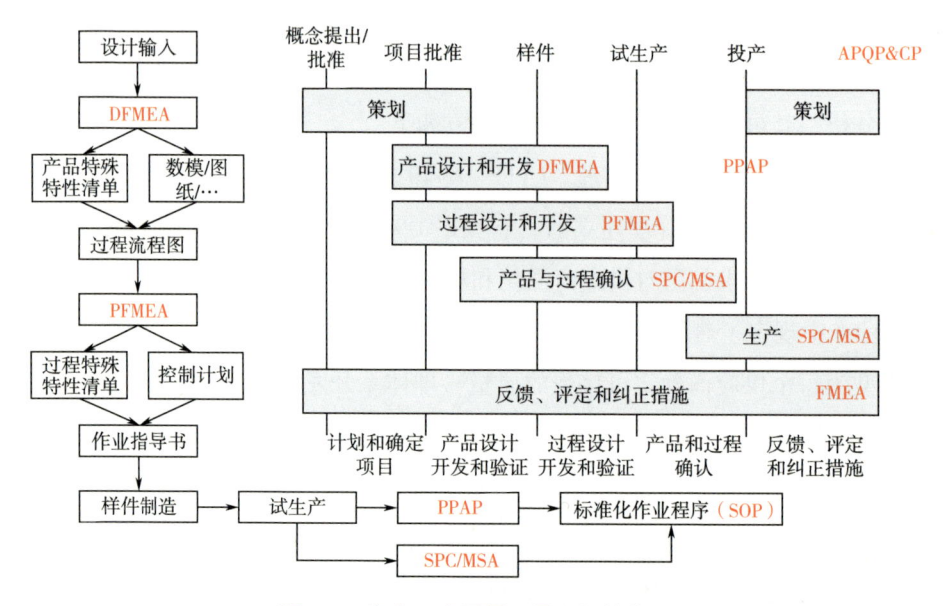

图2-3 汽车五大质量工具之间的关系

借鉴汽车工业应用质量工具的理念，航空工业开始探索使用，国际航空航天质量组织结合行业的特点，对在航空、航天产品中应用质量工具提出了相关要求，制定和发布了行业标准（见第1章1.5.1节）。

我国航天行业在发展过程中一方面借鉴吸纳国内外适用的质量工具、方法，另一方面及时总结航天型号研制生产管理中好的经验和有效做法，形成一些航天特有的质量技术（管理）方法、工具和要求。此外，应当进一步参考汽车行业质量工具的使用和国际航空航天行业关于应用质量工具的标准要求，研究适用模式下系统性运用或针对性改进航天质量工具和方法的必要性和实施途径。

2 标准的具象——IATF 16949 汽车质量体系标准

附表 2-1 GJB 9001C-2017 相对 IATF 16949：2016 标准多出或存在差异的条款内容

序号	条款内容
1	4.4.1 i）对顾客提出的质量管理体系及其过程的特殊要求作出安排； j）根据产品的特点，建立并实施可靠性、维修性、保障性、测试性、安全性和环境适应性等通用质量特性工作过程； k）根据承担军用软件研制任务的特点，按照GJB 8000、GJB 5000和软件工程化要求，建立并实施相应等级的软件工作过程
2	5.1.1 总则 k）确保组织内质量部门独立行使职权； l）对最终产品和服务质量负责； m）确保顾客能够及时获得产品和服务质量问题的信息； n）建立诚信管理制度，确保组织的质量诚信
3	5.1.2 以顾客为关注焦点 d）建立并实施定期征求顾客对产品和服务质量及其改进方面意见的制度
4	5.3 组织的岗位、职责和权限 f）确定各级、各部门、各岗位质量职责，建立并实施质量责任追究与激励制度； g）确保在最高管理层中有一名成员分管质量管理体系工作
5	7.1.1 总则 c）需要顾客提供的资源（如研制生产所需的法规，标准、技术资料等，试验鉴定所需的设备、设施、人员等
6	7.1.5.1 总则 c）所包括的监视和测量设备的计量特性与监视和测量的要求相适应
7	7.1.5.2 测量溯源 d）按照有关规定进行校准或检定合格，并保留记录。其中，用于监视和测量的计算机软件，初次使用前应经过验证和确认合格，需要时再次验证和确认合格，并保留记录；生产和检验共用的测量设备，用作检验前应加以校准或验证合格，并保留记录；对一次性使用的测量设备，使用前应进行校准或检定合格，并保留记录
8	7.2 能力 e）对最高管理者（层）以及其他所有对产品和服务质量有影响的人员，按规定时间间隔进行有关质量知识和岗位技能的培训、考核，并按规定要求持证上岗

续表

序号	条款内容
9	7.3 意识 e）组织的质量文化； f）岗位的质量职责； g）所从事活动的重要性以及与其他活动的相关性； h）产品和服务不满足规定或预期要求的后果； i）道德行为的重要性
10	7.4 沟通 f）需要保留的记录
11	7.5.2 创建和更新 d）技术文件和图样的审签、工艺和质量会签、标准化检查
12	7.5.3.1 c）技术文件和图样协调一致，现行有效； d）记录完整、可追溯，并能证明产品和服务满足要求的程度； e）产品和服务质量形成过程中需要的文件和记录按规定归档
13	7.5.3.2 e）防止作业文件的非预期使用
14	7.6 质量信息 产品和服务的质量信息管理应满足相关法律法规和顾客的需求，组织应： a）确定质量信息的需求； b）建立质量信息管理制度； c）建立质量信息管理系统； d）对质量信息进行收集、传递、处理、贮存和应用
15	8.1 运行的策划和控制 f）确定产品通用化、系列化、组合化以及接口、互换性要求，编制产品标准化大纲； g）按照GJB 450、GJB 368、GIB 3872、GIB 2547、GJB 900、GJB 4239以及JGB 1909等标准的要求，确定通用质量特性定性、定量及工作项目要求，制订通用质量特性工作计划；结合系统设计、综合权衡、分解通用质量特性定性定量要求，开展通用质量特性分析、设计、验证，提出并落实预防和改进措施； h）按照GJB 2786的要求，编制软件开发计划，确定并实施软件需求分析、设计、实现、测试、验收、支付等过程，以及相关的策划与跟踪、文档编制、质量保证、配置管理等； i）按照GJB 3206的要求，确定技术状态基线及其技术状态项，编制技术状态管理计划，实施技术状态标识、控制、记录、审核； j）按照相关规定要求，分析评估技术、进度、经费风险对产品和服务质量的影响，制订风险管理计划，实施风险控制； k）收集、分析质量信息，对产品和服务质量的符合性、过程有效性进行评价，并应用于产品和服务过程的控制和改进

续表

序号	条款内容
16	8.2.1 顾客沟通 f）产品使用、维修和保障的需求
17	8.2.3.1 f）风险及其控制措施
18	8.3.2 设计和开发策划 k）设计、生产和服务等人员共同参与设计和开发活动； l）按照GJB 190的要求对产品进行特性分析； m）识别制约产品设计和开发的关键因素和薄弱环节，进行风险分析和评估，形成风险清单，确定风险接受准则和风险控制措施； n）确定产品标准、规范，以及标准件、元器件、原材料的选用范围； o）落实技术状态管理计划的措施，编制技术状态文件清单； p）运用产品优化设计，以及通用质量特性设计、人因工程设计等专业工程技术进行产品设计和开发； q）提出监视与测量的需求； r）对采用的新技术、新器材、新工艺进行论证、试验、鉴定和评价； s）确定并提出产品交付时需要配置的保障资源； t）对参与设计和开发的外部供方的控制要求； u）对元器件等外购器材的选用、采购、监制、验收、筛选、复验以及失效分析等活动进行策划； v）落实软件开发计划的措施，确定软件需求分析、设计、编码、测试等要求，以及测试工作独立性的要求； w）需要时，对产品和服务改进做出安排； x）对采用数字化设计、制造的产品，确定信息传递、数据转换、技术状态等过程控制要求
19	8.3.3 设计和开发输入 f）外部接口和数据； g）工艺要求
20	8.3.4 设计和开发控制 g）控制技术状态的更改，转阶段前实施技术状态确认； h）开展通用质量特性和计算机软件的评审、验证和确认活动； i）转阶段评审前达到规定要求，并提出转阶段风险评估报告

续表

序号	条款内容
21	8.3.5 设计和开发输出 e）按照GJB 909要求，制定关键件（特性）、重要件（特性）项目明细要求，并在产品和服务设计文件和工艺文件上进行相应标识； f）规定产品使用所必需的保障方案和保障资源要求； g）包括产品规范、工艺总方案、工艺规程、使用手册、诊断指南、产品和服务安全使用培训教程等，以及根据顾客要求按照GJB 6600制作的交互式电子技术手册； h）包括通用质量特性设计报告； i）包括风险分析报告（含风险控制措施）
22	8.3.7 新产品试制 组织应对新产品试制过程进行控制，控制内容包括： a）在产品试制前进行产品试制准备状态检查，满足GJB 1710的要求； b）进行工艺评审，满足GJB 1269的要求； c）编制首件鉴定目录，进行首件鉴定，满足GJB 908的要求； d）在产品试制完成后进行产品质量评审，满足GJB 907的要求； 组织应保留试制过程和采取任何措施的记录； 组织应邀请顾客参加其关注的产品生产准备状态检查、首件鉴定和产品质量评审（注：新产品试制可包括工程样机制造、定型前的小批量生产）
23	8.3.8 设计和开发的试验控制 组织应对试验过程实施控制，确保试验结果的有效性。组织应： a）编制并评审试验大纲或试验计划，包括试验目的、内容、条件、方法、程序、职责、受试产品技术状态、质量要求、结果评定准则等。对顾客关注的试验，其试验大纲或试验计划应经顾客同意； b）做好试验前的准备，并实施准备状态检查； c）按照试验大纲或试验计划组织试验； d）按规定的程序和试验鉴定有关要求收集、整理数据和原始信息，分析、评价试验结果，保证试验数据的完整性和准确性； e）对试验发现的故障和缺陷，采取有效的纠正措施，并再次进行试验或验证； f）保留试验过程、结果及任何必要措施的记录； g）对用于试验的计算机软件进行验证和确认，并实施软件配置控制； h）在有资质并得到顾客认可的试验机构进行鉴定试验； 组织应邀请顾客参加其关注的试验，通报试验结果，试验过程的变更应征得其同意

续表

序号	条款内容
24	8.4.2 控制类型和程度 e）明确验证要求、方法和合格判定准则，按要求实施验证，保留验证的记录； f）在委托外部供方进行验证时，规定委托的要求并保留委托和验证的记录，包括实验室或试验机构的资质信息； g）在采购非货架软件时，要求并监督外部供方按照软件工程化要求实施，控制，保留控制的记录； h）在采购新设计和开发的产品时，对采购项目和外部供方进行充分论证，并按规定审批； i）确保采购的新设计和开发的产品，经验证合格后方可使用
25	8.4.3 提供给外部供方的信息 g）在技术协议或合同中，明确外部供方提供产品的功能和性能要求、质量保证要求和保障要求； h）外部供方需提供产品和服务的技术质量问题信息及处理结果报告； i）外部供方需提供产品的技术状态变更、其生产线和工艺或设备发生变化的信息； j）包含对外部供方生产和保持的成文信息的控制要求； k）外部供方应提供的其他信息
26	8.5.1 生产和服务提供的控制 i）实施数字化制造过程的控制措施，如信息格式、数据接口、电子签名、版本控制等； j）获得适宜的原材料和辅助材料； k）确认和审批生产和服务使用的计算软件； l）控制温度、湿度、清洁度、静电防护等环境条件； m）关于预防、探测和排除多余物的规定； n）以清楚实用的方式（如文字标准、样件或图示）规定工艺评定准则； o）对首件产品进行自检和专检，并对首件做出标记，保留实测信息； p）使用代用器材时需经审批，影响关键或重要特性的器材代用应征得顾客同意
27	8.5.5 交付后的活动 f）对交付后活动采取以下控制措施： 1）按规定完成产品使用和维修的技术培训； 2）确保与产品使用和维护相关的技术文件得到控制和更新； 3）确保提供技术支持和资源，委派技术服务人员到现场服务； 4）收集、分析产品使用和服务中的信息； 5）交付后发现问题时，应采取适宜的调查、处理和报告等措施，并验证其有效性

续表

序号	条款内容
28	9.1.3 分析与评价 g）质量管理体系改进的需求； h）质量经济性
29	9.3.2 管理评审输入 g）质量经济性分析情况； h）重大质量问题的归零情况
30	9.3.3 管理评审输出 d）顾客提出的改进要求

附表2-2 IATF16949：2016 相对 GJB 9001C—2017 标准多出或存在差异的条款内容

序号	条款内容
1	1.1 范围——汽车行业对 ISO 9001：2015 的补充
2	4.3.1 确定质量管理体系的范围——补充 支持功能，无论其在现场或外部场所，应包含在质量管理体系（QMS）的范围中；唯一允许的删减是 ISO 9001 第 8.3 条中的产品设计和开发要求
3	4.3.2 顾客特定要求 对顾客特定要求的评价，并纳入体系
4	4.4.1.1 产品和过程的符合性 产品和过程符合一切适用的顾客和法律法规要求
5	4.4.1.2 产品安全 用于与产品安全有关的产品和制造过程管理，包括为新产品导入的经验教训等
6	5.1.1.1 公司责任 明确并实施组织责任方针
7	5.1.1.2 过程有效性和效率 评审产品实现过程和支持过程，以评价并改进过程有效性和效率
8	5.1.1.3 过程拥有者 确定过程的负责人
9	5.3.1 组织的作用、职责和权限——补充 职责和权限的分配，以确保顾客要求得到满足

续表

序号	条款内容
10	5.3.2 产品要求和纠正措施职责和权限 分配处理产品问题的职责与权限
11	6.1.2.1 风险分析 开展风险分析，吸取经验教训
12	6.1.2.2 预防措施 应确定并实施措施，以消除潜在不合格的原因，防止不合格发生
13	6.1.2.3 应急计划 应急计划的要求
14	6.2.2.1 质量目标及其实施的策划——补充 质量目标的确立及管理
15	7.1.3.1 工厂、设施及设备策划 开发并改进工厂、设施和设备的计划
16	7.1.4.1 过程操作的环境——补充 保持生产现场处于与产品和制造过程需求相协调的有序、清洁和整理的状态
17	7.1.5.1.1 测量系统分析 对每种检验、测量和试验设备系统是否满足要求的分析与判定
18	7.1.5.2.1 校准/验证记录 管理校准/验证记录，以符合内部要求、法律法规要求及顾客规定要求
19	7.1.5.3.1 内部实验室 实验室的能力与管理
20	7.1.5.3.2 外部实验室 实验室的能力与管理
21	7.2.1 能力——补充 包括意识在内的培训及人员的资质认可
22	7.2.2 能力——在职培训 相关人员承担产品质量、内部要求、法规要求符合性的详细培训，以及顾客要求的培训
23	7.2.3 内部审核员能力 内审员能力的具体要求

续表

序号	条款内容
24	7.2.4 第二方审核员能力 证实从事第二方审核的审核员的能力
25	7.3.1 意识——补充 充分认知质量或不合格的影响
26	7.3.2 员工激励和授权 对实现质量目标，持续改进的激励
27	7.5.1.1 质量管理体系文件 对质量手册的具体要求
28	7.5.3.2.1 记录保存 记录保存政策
29	7.5.3.2.2 工程规范 所有顾客工程标准/规范及相关修订的评审、分发和实施
30	8.1.1 运行策划和控制——补充 产品实现策划的具体要求
31	8.1.2 保密 对顾客的保密要求
32	8.2.1.1 顾客沟通——补充 按顾客同意的方式沟通
33	8.2.2.1 产品和服务要求的确定——补充 回收再利用、对环境的影响，以及根据组织识别的特性项要求
34	8.2.3.1.1 产品和服务要求的评审——补充 保留相关评审中有关顾客要求弃权等证据
35	8.2.3.1.2 顾客指定的特殊特性 符合顾客对特殊特性的指定、批准文件和控制的要求
36	8.2.3.1.3 组织制造可行性 对制造的可行性进行分析和论证
37	8.3.1.1 产品和服务的设计和开发——补充 防错要求

2 标准的具象——IATF 16949 汽车质量体系标准

续表

序号	条款内容
38	8.3.2.1 设计和开发策划——补充 设计和开发策划涵盖组织内部所有受影响的利益相关者及供应链的要求
39	8.3.2.2 产品设计技能 对产品设计人员的能力要求，例如基于数字化数据的应用
40	8.3.2.3 带有嵌入式软件的产品的开发 嵌入式软件开发的质量保证
41	8.3.3.3 特殊特性 对识别特殊特性的过程要求
42	8.3.4.1 监视 对产品和过程的设计和开发过程的测量
43	8.3.4.2 设计和开发确认 根据顾客要求、监管标准对设计可开发进行确认
44	8.3.4.3 原型样件方案 按顾客要求应制定原型样件方案和控制计划
45	8.3.4.4 产品批准过程 建立、实施符合顾客规定要求的产品和制造批准过程
46	8.3.5.1 设计和开发输出——补充 对照产品设计输入要求对设计输出进行验证和确认
47	8.3.5.2 制造过程设计输出 制造过程设计输出内容
48	8.3.6.1 设计和开发更改——补充 设计和开发更改的控制
49	8.4.1.1 总则——补充 将影响顾客要求的所有产品和服务纳入体系管理范畴
50	8.4.1.2 供应商选择过程 供应商选择过程的要求及标准
51	8.4.1.3 顾客指定的货源（亦称指向性购买） 顾客指定的货源处采购产品、材料和服务的要求
52	8.4.2.1 控制的类型和程度——补充 识别外包过程并选择控制的类型和程度，验证外部提供的产品的符合性

续表

序号	条款内容
53	8.4.2.2　法律法规要求 所有过程符合相关国家法律要求
54	8.4.2.3　供应商质量管理体系开发 供应商开发实施的条件与要求
55	8.4.2.3.1　汽车产品相关软件或带有嵌入式软件的汽车产品 软件质量保证过程
56	8.4.2.4　供应商监视 供应商绩效评价要求
57	8.4.2.4.1　第二方审核 供应商的第二方审核过程要求
58	8.4.2.5　供应商开发 供应商开发计划
59	8.4.3.1　外部供方的信息——补充 向供应商传达的特殊特性、要求
60	8.5.1.1　控制计划 针对制造现场和所有提供的产品投产前控制计划和量产控制计划
61	8.5.1.2　标准化作业——操作指导书和目视标准 标准化的作业文件
62	8.5.1.3　作业准备的验证 作业所需相关资源及条件的验证
63	8.5.1.4　停工后的验证 在计划和非计划生产停工之后，产品对要求的符合性验证
64	8.5.1.5　全面生产维护 全面生产维护系统的内容
65	8.5.1.6　生产工装及制造、试验、检验工装和设备的管理 生产工装管理体系的要求
66	8.5.1.7　生产排程 需求驱动的生产安排
67	8.5.5.1　服务信息的反馈 内部沟通服务问题信息的管理

续表

序号	条款内容
68	8.5.5.2 与顾客的服务协议 与顾客达成服务协议时的要求
69	8.5.6.1 更改的控制——补充 对影响产品实现的更改进行控制和反应
70	8.5.6.1.1 过程控制的临时更改 替代控制方法的风险分析及使用管理
71	8.6.1 产品和服务的放行——补充 按计划执行和更改的批准
72	8.6.2 全尺寸检验和功能性试验 按规定对产品进行全尺寸检验和功能性验证
73	8.6.3 外观项目 对顾客指定外观项目的管理要求
74	8.6.4 外部提供的产品和服务符合性的验证和接受 外部提供的过程、产品和服务的质量保证要求
75	8.6.5 法律法规的符合性 确认外部提供的产品进入生产流程之前应符合的相关法律
76	8.6.6 接收准则 零缺陷的接收准则
77	8.7.1.1 顾客的让步授权 获得顾客的让步或偏离的许可的管理
78	8.7.1.2 不合格品控制 - 顾客规定的过程 遵守顾客规定的不合格品控制
79	8.7.1.3 可疑产品的控制 未经标识或可疑状态下的产品被归类为不合格品进行控制
80	8.7.1.4 返工产品的控制 返工的风险分析与过程控制
81	8.7.1.5 返修产品的控制 返修的风险分析与过程控制
82	8.7.1.6 顾客通知 当不合格品被发运时，组织应立即通知顾客；初始通知应随附事件的详细文件

续表

序号	条款内容
83	8.7.1.7 不合格品的处置 不进行返工或返修的不合格品的处置
84	8.7.2 仅条款号 见 ISO 9001：2015 的要求 不合格记录的保存
85	9.1.1.1 制造过程的监视和测量 制造的过程研究、能力评价（即改进计划要求）
86	9.1.1.2 统计工具的确定 策划中明确统计工具
87	9.1.1.3 统计概念的应用 员工应了解和使用的统计概念
88	9.1.2.1 顾客满意——补充 通过绩效指标的评价监视顾客满意度
89	9.1.3.1 优先级 确定支持顾客满意度改进措施的优先级
90	9.2.2.1 内部审核方案 制定并实施涵盖整个质量管理体系的内部审核方案
91	9.2.2.2 质量管理体系审核 采用过程方案审核全部的质量管理体系过程
92	9.2.2.3 制造过程审核 采用顾客特定要求的过程审核方法，对制造过程进行审核
93	9.2.2.4 产品审核 采用顾客特定要求的方法，对产品进行审核
94	9.3.2.1 管理评审输入——补充 管理评审的输入要求
95	9.3.3.1 管理评审输出——补充 未实现顾客绩效目标时的措施
96	10.2.3 问题解决 要求及方法，包括根原因分析及系统性纠正措施的验证等
97	10.2.4 防错 防错要求与方法的使用

续表

序号	条款内容
98	10.2.5 保修管理体系 实施保修管理的过程
99	10.2.6 顾客投诉和使用现场失效试验分析 开展质量分析，针对顾客投诉和现场失效采取纠正措施
100	10.3.1 持续改进——补充 减少过程变差和浪费持续改进过程

3

面向应用
——AEC 元器件技术规范概要

3.1　AEC及其技术规范

成立汽车电子委员会（Automotive Electronics Council，AEC）的想法起源于1992年夏季的一次固态技术协会（联合电子设备工程委员会，JEDEC，Joint Electron Device Engineering Council）会议，通用汽车公司与克莱斯勒公司的代表在交流中谈到元器件鉴定方面所遇到的一些共性问题。当时的元器件市场中，汽车电子所占份额不大，不再受到元器件供应商的高度关注，相关方提出，共用鉴定技术规范可能是一种改善当时所面临状况的途径，为此可以成立一个汽车电子委员会来实施此项工作。在此后的JEDEC会议上，这个想法又被介绍给福特公司的代表，希望福特公司也能够参与。

1993年，克莱斯勒公司举办了一次会议，克莱斯勒和福特等三家公司将当时各自所用到的元器件鉴定方案拿出来讨论，最终确定采用通用的鉴定技术规范，并由此启动了Q100（集成电路应力试验鉴定）规范的编制工作。当时业界主流的集成电路供应商参与了相关论证。1994年，CDF-AEC-Q100（即现在的AEC-Q100）规范发布，该规范代表了克莱斯勒、通用汽车以及福特优选的鉴定方案，如果产品通过该规范规定的鉴定试验，可被三家公司同时认可。

该规范不涉及价格因素，也不妨碍三家公司使用其他鉴定要求。此后，其他门类，包括分立器件、元件、光电器件、多芯片组件产品的技术规范陆续发布。从1995年开始，AEC每年召开年度可靠性研讨会，在2021年举办了第27次会议。

AEC的参与成员（除三个发起公司外）被分四个层级，分别为一级用户、二级供应商、支持和服务提供者以及其他非汽车用户。每类成员的作用和地位不尽相同，比如如果得不到一级用户的支持，不得对技术规范进行更改。

3 面向应用——AEC元器件技术规范概要

AEC初期包含两个委员会：质量体系委员会和元器件技术委员会。质量体系委员会制定了QS-9000《质量体系要求》，但在IATF 16949发布后，AEC废止了QS-9000的认证活动，并解散了该委员会。

元器件技术委员会主要是一个建立技术规范的工作机构，工作目标是为可靠的、高质量的元器件建立技术规范，符合这些技术规范的元器件适合在严酷的汽车环境中使用，AEC的技术规范同时可适用于其他高质量及高可靠性元器件应用领域，比如交通运输、军事、工业、电脑、通信和信息系统等。AEC元器件技术委员会的成员只允许讨论涉及质量和可靠性技术规范的内容，不涉及保修、价格、供应、需求预测以及专利等话题。

AEC技术规范服务于汽车业，并希望达到以下目的：

- 消除生产商与采购方的理解偏差和误解；
- 促进产品间互换性和产品质量提升；
- 帮助采购方以最短的时间选择和获取非AEC成员提供的产品。

AEC技术规范力求简约，规范中规定汽车级元器件仅进行鉴定，不进行认证（即第三方机构认可）。产品鉴定可由元器件厂商自行实施，推荐在元器件承制方认可的检测机构进行检验和评估。产品通过鉴定试验后，元器件承制方即可声明该产品达到AEC产品规范要求。在实际操作过程中，元器件承制方首先应通过IATF 16949质量体系认证。基于此原因，AEC技术规范中"qualification"一词应翻译为"鉴定"，而非"认证"。

截至2021年底，AEC技术规范共有37个（另有3个已废止），按照国内元器件规范体系的分类习惯和我们的理解，可以分为元器件产品技术规范、技术支撑规范以及试验方法，其标准体系结构见图3-1，规范清单见附表3-1。相比之下，国家军用元器件通用规范有1 000个左右，详细规范达到3万个，形式上与20世纪美国军用元器件技术规范的体系相近，内容非常多。虽然AEC的技术规范不多，但基本能够解决整个汽车行业相关元器件的质量保证问题，而且对于元器件可靠性的新问题和热点问题，AEC的技术规范都能及时做出反应，提出明确的要求（例如静电问题、无铅问题、塑封器件可靠性问题、铜引线键合问题等）。

```
                        AEC技术规范体系
                       /              \
              产品技术规范            技术支撑规范
```

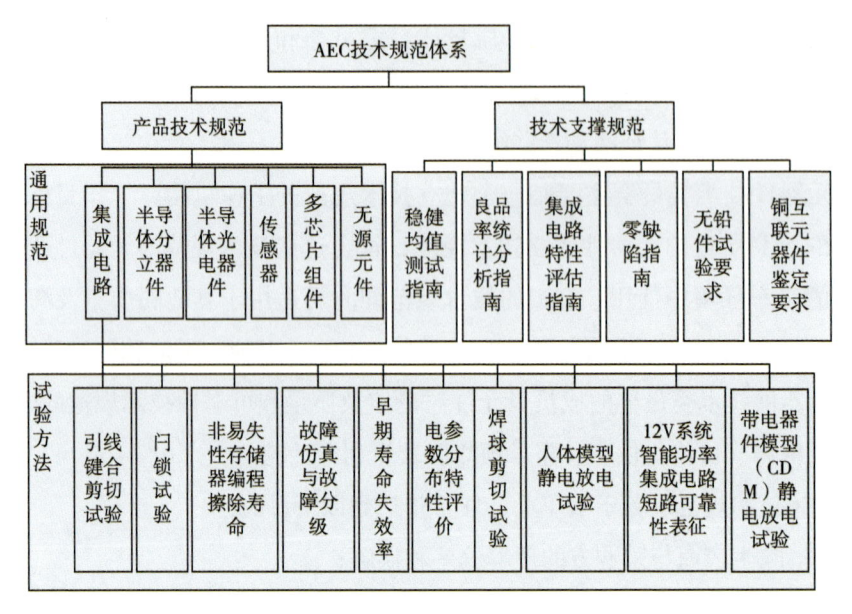

图 3-1 AEC标准体系结构（只列出集成电路试验方法）

产品技术规范下：通用规范、集成电路、半导体分立器件、半导光电器件、传感器、多芯片组件、无源元件

技术支撑规范下：稳健值测试指南、良品率统计分析指南、集成电路特性评估指南、零缺陷指南、无铅试验要求、铜互联元器件鉴定要求

试验方法下：引线键合剪切试验、闩锁试验、非易失性存储器编程擦除寿命、故障仿真与故障分级、早期寿命失效率、电参数分布特性评价、焊球剪切试验、人体模型静电放电试验、12V系统智能功率集成电路短路可靠性表征、带电器件模型（CDM）静电放电试验

3.2 技术支撑规范

技术支撑规范用来支撑产品技术规范的实施，包括落实IATF 16949的要求，并被产品技术规范引用，包括为支撑（提交或通过鉴定的）元器件稳定持续的生产而指导元器件供应商开展的产品零缺陷指南、数据分析以及统计、提高成品率等方面工作的指导原则、方法或要求；也包括一些不同门类元器件通用的技术要求，比如无铅元器件试验要求、铜互连引线元器件的鉴定要求等。

AEC的技术支撑规范较为精炼，项目不多，但应属质量控制的核心技术规范，主要包括以下6个规范。

3.2.1 AEC-Q001产品均值测试指南

AEC-Q001提出了产品均值测试（part average testing, PAT）方法，用于

剔除一批产品中的异常器件，进而提高批次产品的质量，也可用来识别工艺偏离，防止质量事故。

该指南包含两组值：元器件规范中规定的参数极限值（LSL、USL）和PAT极限值（见图3-2，图中LSL、USL分别代表产品规范中确定的参数极限下限值和上限值）。即便是某产品的电测试数值符合器件规范规定的参数极限值，也可能因超出PAT极限值而被剔除。

PAT极限值的获取手段：静态PAT通过6批以上产品确定一个确定不动的极限；动态PAT只考虑被测器件同一批次产品，动态PAT能够给出更窄的限值范围，剔除更多的可能异常产品。

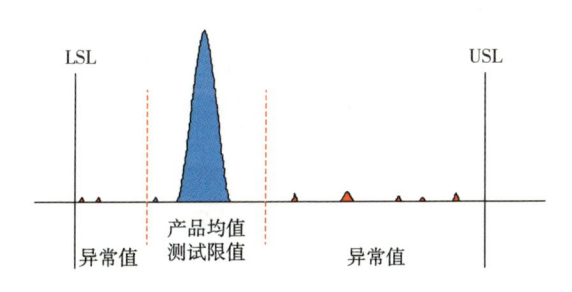

图3-2　产品均值测试极限值及异常值图示

3.2.2　AEC-Q002良品率统计分析指南

相对于AEC-Q001（剔除有风险的产品），AEC-Q002则用于检测、剔除不合格批，包括晶圆、晶圆批和封装批。

该指南指导承制方采集至少6批数据，统计出良品率基线（SYL、SBL）。生产过程中，计算每个晶圆上的良品率，同时统计每类失效的芯片数量。如果良品率和每个失效类别占比的均值和技术规范差低于良品率基线，则应剔除该批次产品，并在分析后采取纠正措施。

3.2.3　AEC-Q003集成电路特性评估指南

AEC-Q003主要针对新型或改进的集成电路，指导对其特性进行评估，最终确定产品规范（手册）中参数极限值，同时保证产品设计、流片、封装等能力满足用户要求。

该指南主要给出了确定产品参数极限值的流程以及采用的统计方法，包括采用方差分析技术开展批组间不一致性分析；采用C_{PK}统计计算规范极限和产品能力之间关系。

特性评估数据应最终形成报告，以备用户审查。

3.2.4 AEC-Q004零缺陷指南

汽车行业在电子产品供应链中推行"零缺陷"的概念，要求电子元器件故障率等级降至十亿分之一（实施ppb级的缺陷率控制），开始探索超越六西格玛的标准及应用，为此AEC编制了AEC-Q004，为汽车电子产品实现产品寿命周期内零缺陷的目标提供了一系列工具方法。该指南是一个工具箱，由承制方和用户择机选用，承制方也可以自行开发特有的方法来减少缺陷。

每个工具方法的描述包括：如何解决零缺陷问题，什么时候适用、什么时候不适用，预期的费用和效益，适用的元器件和技术，针对的缺陷类型，评价用的绩效指标。

这些方法面向设计、制造、测试、使用全寿命周期以及持续改进和问题解决两个支撑过程，不同阶段的工具方法如下：

（1）产品设计阶段或过程：设计FMEA、冗余设计、内建自测试、可测性设计、面向分析的设计、可制造性设计、面向可靠性的设计、仿真与建模、特性描述等。

（2）制造阶段或过程：过程FMEA、方差统计分析、控制计划、统计过程控制、批接收门限、审核（管理体系、制造工艺和产品）。

（3）测试和试验阶段或过程：产品均值测试、良品率统计分析、数据采集/存储/检索、筛选。

（4）应用适应能力：工业标准、环境应力筛选、应力强度分析、系统工程、产品降额等。

（5）改进过程：晶圆级工艺监控、工艺和产品改进、产品可靠性监控、缺陷监控。

(6)处理问题过程:处理问题方法、失效分析。

3.2.5 AEC-Q005无铅试验要求

AEC-Q005包括一系列试验,规定了汽车电子应用中对无铅工艺质量的最低要求。这些试验安排针对较为明确的失效模式或问题,主要围绕锡须的生长、无铅元器件焊接与解焊的兼容性实施,采用的方法包括可焊性、工艺模拟试验、耐焊接热等。

3.2.6 AEC-Q006采用铜互连工艺元器件鉴定要求

AEC-Q006规定了采用铜引线互连工艺的元器件的鉴定检验的最低应力要求。其中,针对铜与其他封装材料的热匹配问题,提出了温度循环试验考核要求;针对铜线和焊盘键合处的金属间化合物(inter metallic compound,IMC)腐蚀,提出带偏置的耐湿试验;针对Cu/Al界面IMC生长导致的开路失效,提出了高温贮存寿命(HTSL)/高温栅偏(HTGB)/高温反偏(HTRB)试验;针对铜引线与注塑材料分层,提出了分层接收试验和判据。军事/航天用产品通常不采用铜引线互连工艺。

3.3 产品技术规范

元器件产品技术规范是针对集成电路、分立器件、多芯片组件、微机电系统(MEMS)、传感器等大类元器件的具体鉴定要求,包括试验流程、方法、条件、判据等。AEC对部分门类元器件的界定如下:

第一,集成电路(IC),包括单片集成电路、多芯片组件、混合集成电路(无论是否封装或安装在基体上)。

第二,分立器件,包括但不限于半导体二极管、晶体管、晶闸管以及分立光电器件。

第三,(无源)元件,包括但不限于电容器、电阻器、谐振器等。

每大类元器件技术规范附带相关试验方法，这些方法是因无法引用其他组织发布的可用的技术规范而单独制定的（没有类似技术规范或其他组织有过类似技术规范但因流程、判据等原因无法引用），比如集成电路技术规范AEC-Q100《基于失效机理的集成电路应力试验鉴定要求》，附带发布了12项（现行10项有效，2项废止）针对集成电路的试验方法，包括键合剪切强度试验方法（AEC-Q100-001）、人体模型静电放电敏感度试验方法（AEC-Q100-002）等。

AEC产品规范未包含机电元件专业的元器件（如电连接器、继电器、开关等），在官方网站未说明原因，但部分相关门类产品成熟且已被广泛应用的标准、规范或试验方法可参考美国汽车工程师协会（SAE）、国际电工技术委员会（IEC）等相关机构的成果，比如SAE发布的关于连接器的性能标准USCAR20（Performance standard for automotive electrical connector systems）。

下面选取AEC-Q100《基于失效机理的集成电路应力试验鉴定要求》为例，对该规范的结构框架进行介绍。其他专业的产品规范的编制方法、原则、思路基本一致。

3.3.1 第一部分：概述

第一部分为概述，介绍规范的范围、目的、引用文件和定义。

（1）范围：该规范包含一系列基于失效机理的应力试验项目及鉴定要求。

（2）目的：确定器件是否有能力通过规定的应力试验，从而期望其在应用中保证一定的质量和可靠性。

（3）引用文件：包括AEC发布的标准、美国军用标准（MIL-STD-883，键合拉力试验，恒定加速度试验等）及其他行业协会标准（如JEDEC）。

（4）定义：说明了鉴定、认证以及用户验证等内容的含义。

3.3.2 第二部分：一般要求

第二部分为一般要求，将产品等级通过温度来划分。

（1）指出文件的优先级（订单、双方认可的器件规范、本文件、引用文件、供应商产品手册）。

（2）说明了对数据通用性的要求；定义产品分族（family）的原则，并指出部分数据在同一族产品间可通用。

（3）说明了对抽样的要求以及对应力试验后的要求。

3.3.3 第三部分：鉴定和重新鉴定

第三部分说明了对于新型器件的鉴定以及对有状态更改的产品的重新鉴定要求。

3.3.4 第四部分：鉴定试验（规范主体部分）

第四部分说明了试验流程以及试验细节的要求。并非所有试验项目都适用于所有类型的元器件。基于所给出的试验流程，该规范允许双方根据实际使用需求增加额外试验或加严考核条件。

鉴定试验包括7个分组（见表3-1）。

表 3-1 鉴定分组试验概况

序号	分组	分组名称	典型测试项目
1	A	加速环境应力试验	高加速应力试验（HAST）、温度循环、加电温度循环、高温存储寿命等
2	B	加速寿命模拟试验	高温工作寿命、早期失效率、非易失性存储器读写次数、数据保持、工作寿命
3	C	封装组装完整性试验	键合剪切、可焊性、物理尺寸、焊球剪切等
4	D	芯片制造可靠性试验	电迁移、与时间相关的介质击穿、热载流子注入、负偏压温度不稳定性等
5	E	电学验证测试	多种模型静电放电试验、闩锁、电性能分布、故障分级等
6	F	缺陷筛选测试	工艺均值测试（process average testing）、统计分析
7	G	空封完整性试验	机械冲击、扫频振动、恒定加速度等

3.3.5　附录

附录共有以下7个：

（1）附录1：定义产品鉴定时的分族原则（哪些产品可归为一族，鉴定数据可在族内共用）。

（2）附录2：Q100鉴定品信息表模板。

（3）附录3：对塑封产品开封指导，为开展后续键合拉力测试。

（4）附录4：鉴定计划和结果的最低要求。

（5）附录5：产品设计准则决定是否需要电磁兼容（EMC）试验。

（6）附录6：产品设计准则决定是否需要软错误率（SER）测试。

（7）附录7：AEC-Q100以及使用任务剖面（mission profiles）。

3.4　AEC技术规范的编制思路

3.4.1　补充性指导文件

AEC技术规范所规定的内容是对承制方已有鉴定程序的补充指导。规范强调"使用本规范不能豁免承制方满足其自己内部鉴定程序的责任"，因此该规范所规定的鉴定程序不可替代企业内部的鉴定试验程序，即承制方应基于已建立的企业内部质量保证程序，对标本通用规范，确认是否有不满足汽车电子鉴定试验的项目，根据查找出的不满足项，对内部已有鉴定程序进行修改、补充完善。

3.4.2　鉴定是一个优化的过程

虽然AEC技术规范名为鉴定要求，但与我国军用标准体系中鉴定的目的不完全相同，譬如，GJB 597《半导体集成电路通用规范》中的鉴定检验主要是相关方用来判断产品是否符合相关文件（产品规范）的要求，关注的重点是最终（提交鉴定）的产品；而本规范所指鉴定可由承制方自行开展，因此关注的重点不是特定的鉴定结果，而是对产品设计、工艺提供指导，促进产品状态（含生产过程）的不断完善，进而规范后续的生产供应，其关注的是对过程的指导和控制。在AEC技术规范中明确指出，"鉴定和本规范的其他方面都是为了实现零缺陷的目标"。

3.4.3 基于失效模式的鉴定和质量控制要求

以Q100为例，基于失效模式的作用主要体现在以下几个方面：

第一，明确试验设置能够模拟和加速半导体芯片和封装失效，目的是加速失效，且每个鉴定项目应检查新的、独特的失效机理，辨别在测试过程中才会出现的失效模式（实际应用中不会出现）。

第二，明确工艺更改后的重新鉴定，应针对该项更改可能引入的新的失效模式安排重新鉴定试验。

第三，明确对失效都需要分析其根本原因，只有当纠正和预防措施到位时，才可以认为该器件符合Q100标准。

第四，对新技术、新材料进行损耗相关鉴定试验时，必须对电迁移、应力迁移等失效机理进行试验。

第五，AEC-Q100以及任务剖面的使用。

基于失效机理的工作方式主要有两种：

一种方式针对失效机理（模式）已知、激发失效的方式明确的情况。例如，AEC-Q100-005《非易失性存储器编程擦除次数数据保持与操作寿命试验》中针对非易失性存储器的编程/擦除次数、数据保持时间、偏置下工作寿命三项主要的失效模式，有针对性地给出试验方法。例如，AEC-Q006《采用铜互连工艺元器件鉴定要求》明确指出，要关注铜与其他封装材料热匹配、铜线与焊盘处IMC的腐蚀、Cu/Al界面IMC生长导致的开路、铜引线与注塑材料的分层等失效模式，并有针对性地开展验证试验。这种方式主要应用于验证通用的工艺和设计方面的质量和可靠性。

另一种方式针对具体器件（成品）或生产要素（例如新工艺）的失效模式不完全清楚，需要通过力、热、电等综合应力加速的方式，使得失效模式自己暴露出来，进而分析并采取措施的情况，例如表3-1中A组的加速环境应力试验(HAST、温度循环、高温贮存寿命)、B组的加速寿命模拟试验等。

AEC-Q004《零缺陷指南》提出基于潜在失效模式及后果分析(FMEA)建立质量控制基线,依靠专家识别潜在的失效模式及其影响,确定可能的原因和控制措施,并同时强调对失效数据和经验的积累。在AEC-Q100规范表3中给出了针对每一项设计、工艺更改,应当有针对性地开展哪些验证,并确定哪些试验又是无需开展的。这些验证试验要求充分展示了对各类失效模式的深入识别,该表主要内容见表3-2。

3.4.4 基于方法和工具应用的生产过程控制

由于涉及人身安全,汽车的大批量生产很难接受由元器件失效造成的故障,为此行业明确了采取零缺陷的设计与全过程的控制,并且特别强调了工具和方法的使用、数据的控制及证据,给出生产过程质量控制的具体方法和工具的应用要求指南,使得生产过程质量控制规范化、量化,以利于措施的具体落实。

通过规范中给出的鉴定流程(见图3-3)可以明显看出,整个鉴定流程可分为对生产过程的要求和对成品的测试两个阶段。

对生产过程控制的要求从设计以及芯片制造阶段就开始了,其中包括以下内容:

第一,D组芯片制造可靠性试验,要求开展电迁移、介质击穿、热载流子注入等5项试验。

第二,F组封装缺陷筛选试验,要求利用统计的手段建立基准,剔除过程中的失效芯片或失效批次。

第三,E组电性能验证测试对故障仿真、测试程序开发、电性能评估提出了明确的要求。

此外,AEC专门编制了AEC-Q004《零缺陷指南》,从元器件设计、制造、测试、使用流程给出了零缺陷的工具或方法;明确产品的过程和综合的评价要达到C_{PK}大于1.67,即达到6σ水平,缺陷率为2ppb,即亿分之二的水平。2000年,航天一院在实施航天电子元器件可靠性增长工程时,对关键工序提出了C_{PK}大于1.33、缺陷率为3.4ppm(即百万分之三点四的水平)的要求。

3 面向应用——AEC元器件技术规范概要

表3-2 AEC-Q100中工艺更改鉴定试验选择参考

试验项目编号	A2 THB	A3 AC	A4 TC	A5 PTC	A6 HTSL	B1 HTOL	B2 ELFR	B3 EDR	C1 WBS	C2 WBP	C3 SD	C4 PD	C5 SBS	C6 LI	D1 EM	D2 TDDB	D3 HCI	D4 NBTI	D5 SM	E2 HBM	E3 CDM	E4 LU	E5 ED	E7 CHAR	E9 EMC	E10 SC	E11 SER	E12 LF	G1-G4 MECH	G5 DROP	G6 LT	G7 DS	G8 WV
有源器件设计	●	●		M		●		DJ							D	D	D	D	D	●	●	●	●	●	●	●	●						
电路布线			A	M		●														●	●	●		●	●	●	●				F		
晶圆尺寸/厚度			E	M		●			E	E								●		E	E	E	●										
设计																																	
光刻	●		●	M		●	G			●													●	●	●	●	●						
制程缩微	●			M		●	●	DJ							●	●	●	●	●					●									
扩散/掺杂	●		●	M		●	G											●					●										
多晶硅			●	M		●		DJ																●									
金属化/过孔/触点	●		●	M		●				●									●					●									
钝化/氧化层间介质	K	K	●	M		●	GN	DJ	K	●								●						●									
背面操作			●	M		●				●								●		M		M	●						H	H	H		
厂址变更	●		●	M		●		J		●								●	●	●	M	●	●	●					H	H	H		
晶圆制造																																	

77

续表

试验项目编号	A2	A3	A4	A5	A6	B1	B2	B3	C1	C2	C3	C4	C5	C6	D1	D2	D3	D4	D5	E2	E3	E4	E5	E7	E9	E10	E11	E12	G1-G4	G5	G6	G7	G8
试验项目(缩写)	THB	AC	TC	PTC	HTSL	HTOL	ELFR	EDR	WBS	WBP	SD	PD	SBS	LI	EM	TDDB	HCI	NBTI	SM	HBM	CDM	LU	ED	CHAR	EMC	SC	SER	LF	MECH	DROP	LT	DS	IW
											封装																						
芯片涂覆/填充	●	●	●	M	●	●																										H	
引线框架涂镀	●	●	●	M	●																						L					H	
凸点材质/金属系统	●	●	●	M	●	●				C																●	L						
引线框架材质	●	●	●	M	●							●	●	●												●	L	H				H	
引线框架尺寸	●	●	●	M	●							●		●												●	L	H					
引线键合			●	Q					●	●	●												M					H					
芯片划片/裂片		●	●	M		●																											
芯片准备/清洗	●	●	●	M						●																						H	
包封标志											B																						

3 面向应用——AEC元器件技术规范概要

续表

试验项目编号	A2	A3	A4	A5	A6	B1	B2	B3	C1	C2	C3	C4	C5	C6	D1	D2	D3	D4	D5	E2	E3	E4	E5	E7	E9	E10	E11	E12	G1-G4	G5	G6	G7	G8
试验项目（缩写）	THB	AC	TC	PTC	HTSL	HTOL	ELFR	EDR	WBS	WBP	SD	PD	SBS	LI	EM	TDDB	HCI	NBTI	SN	HBM	CDM	LU	ED	CHAR	EMC	SC	SER	LF	MECH	DROP	LT	DS	IWV
芯片粘接	●	●	●	M																								L	H			H	H
模塑料	●	●	●	M	●	●	●					●		●									●				●	L				H	
模塑成型工艺			●	M	●	●	●					●		●														L					
密封		H	H		H							H		H																			
新封装	●	●	●	M	●	●	●		●	●		●	T			●	●			●	●	●	●			●		L	H			H	H
基板/中间层			●	M	●	●			●	●		●	T	●														L				H	H
封装场地变更	●	●	●	M	●	●	●		●	●		●	T	●									●			●		L	H			H	H

A 仅对外围布线
B 标识返工、新固化时间、温度
C 当键合到引线键合指时
D 设计规则变更
E 仅限厚度
F 仅对MEMS元器件
G 仅对非100%老炼产品
H 仅对密封器件
J EPROM或E²PROM
K 仅对钝化层
L 仅对无铅器件
M 仅对需要功率温度循环器件
N 钝化层和栅氧化层
Q 键合引线尺寸减小
T 仅对焊球表面安装器件

79

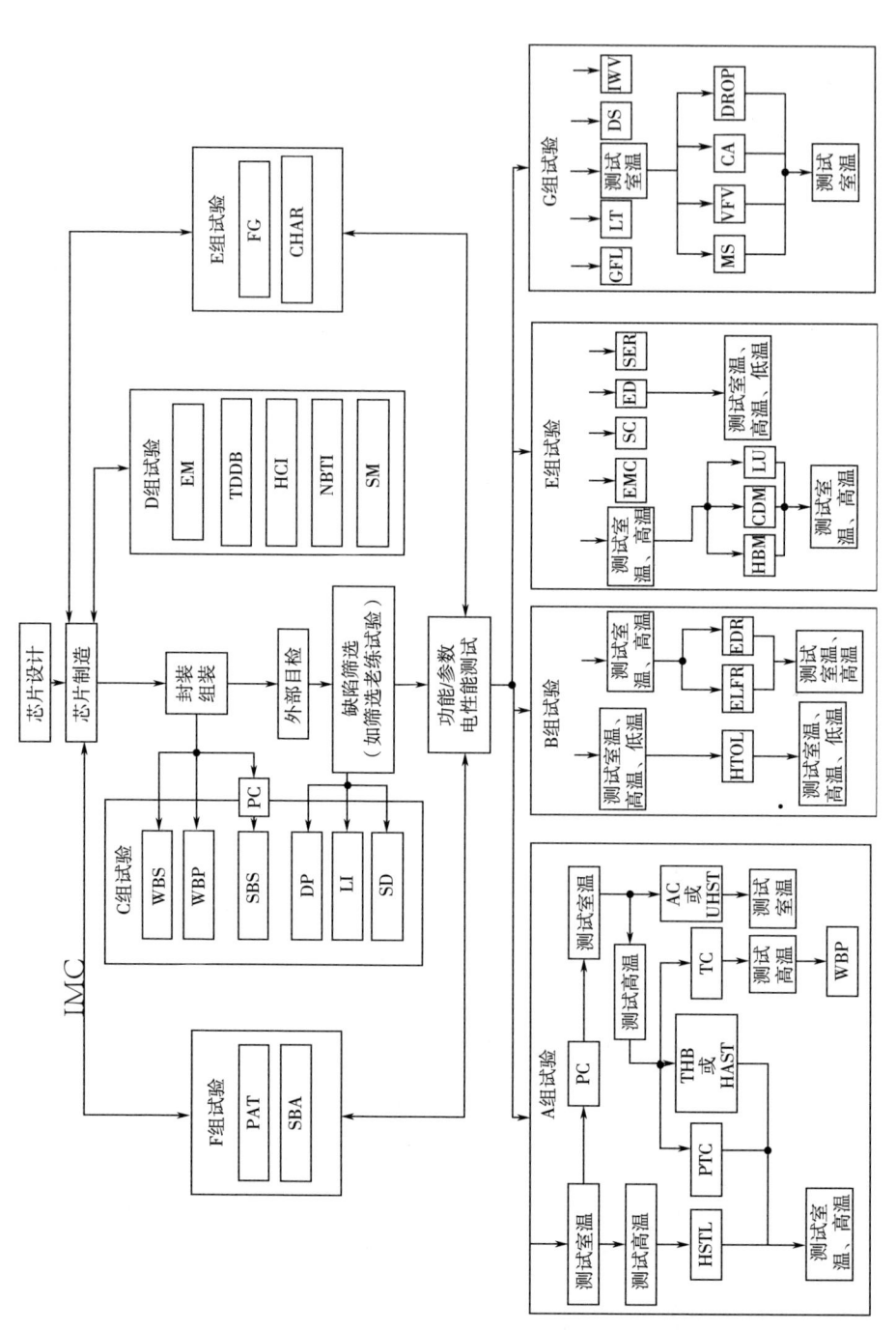

图 3-3 AEC-Q100 中规定的鉴定流程

除了传统的性能比较测试、功能测试等，针对失效模式、缺陷，AEC采取了更加有效的测试检查筛选，例如：

第一，静态电源电流的测试（IDDQ）。

第二，联合验证试验（junction verification test，JVT）。

第三，不良分布统计极限（statistical bin limit，SBL）。

第四，产品均值测试（part average testing，PAT）。

第五，动态产品均值测试（dynamic part average testing，DPAT）。

3.4.5 基于任务剖面的鉴定应力水平控制

汽车面临的环境在消费品中可能是最严酷的，包括温度、湿度等全球性的气候环境和随机的力学、热学和电冲击等因素，工作温度如表3-3所示。

表3-3 安装在汽车不同位置上元器件的工作温度

序号	元器件使用位置	工作温度（壳温）
1	安装在轮胎内	-40℃至250℃
2	在发动机或传功装置上	-40℃至150℃
3	发动机舱	-40℃至125℃
4	乘客舱	-40℃至85℃

总体比较而言，汽车电子的技术规范高于相应的工业级产品技术规范，不低于国家军用标准产品技术规范。例如，国家军用标准元器件产品技术规范规定的元器件温度范围的高温是125℃，除了辐照等特殊环境外，在价格低至少一个数量级的条件下，汽车元器件承受了比航天装备要差得多的环境（汽车电子设备的防护要远低于航天装备），因而汽车电子表现出的可靠性并不低。表3-4是汽车元器件集成电路的温度等级。

表3-4 汽车电子元器件集成电路的温度等级

序号	等级	工作温度
1	0	-40℃至150℃
2	1	-40℃至125℃

续表

序号	等级	工作温度
3	2	−40℃至105℃
4	3	−40℃至85℃

（1）明确了基于任务剖面的控制流程。AEC-Q100《基于失效机理的集成电路应力试验鉴定要求》明确了汽车电子通用的鉴定要求，然而对于一些复杂的（如多种应力的耦合）、严酷的（极端应力）或可靠性要求很高（如寿命周期长或失效率指标要求更高）的应用场景，通用鉴定要求是否适用，是否需开展额外的试验项目或采用更为严格的试验条件，需要元器件供应商、用户等进行分析、验证。

为解决上述疑问，AEC-Q100的附录7"AEC-Q100以及使用任务剖面"提出判断通用鉴定试验是否适用于新研器件，以及回答成熟元器件在新的任务剖面下如何开展经济、有效的鉴定的方案。

由于是对具体需求的剖析，为此应用了"任务剖面"的概念，即器件在使用寿命周期内所处的应用环境（relevant environmental）和功能负载（functional load）的集合。

图3-4给出了元器件供应商基于特定任务剖面，按照通用鉴定要求开展新产品鉴定是否合适的判断和实施流程。

（2）明确了严格的鉴定应力环境。汽车预期寿命超过15年，在工作过程中会经受高温、高湿、低温、温度迅速变化以及剧烈的振动等恶劣的自然环境，对关键组件（如安全气囊控制系统、刹车系统等）的可靠性要求很高，以上因素导致汽车厂商对汽车级元器件提出了极高的可靠性要求，其试验项目和应力水平远远高于普通的工业级元器件的要求。以半导体分立器件为例，将AEC-Q101规定的关键鉴定检验项目与GB/T 12560—1999《半导体器件 分立器件分规范》规定的关键检验项目进行了对比分析，详见表3-5。

3 面向应用——AEC元器件技术规范概要

图3-4 基于任务剖面的鉴定流程

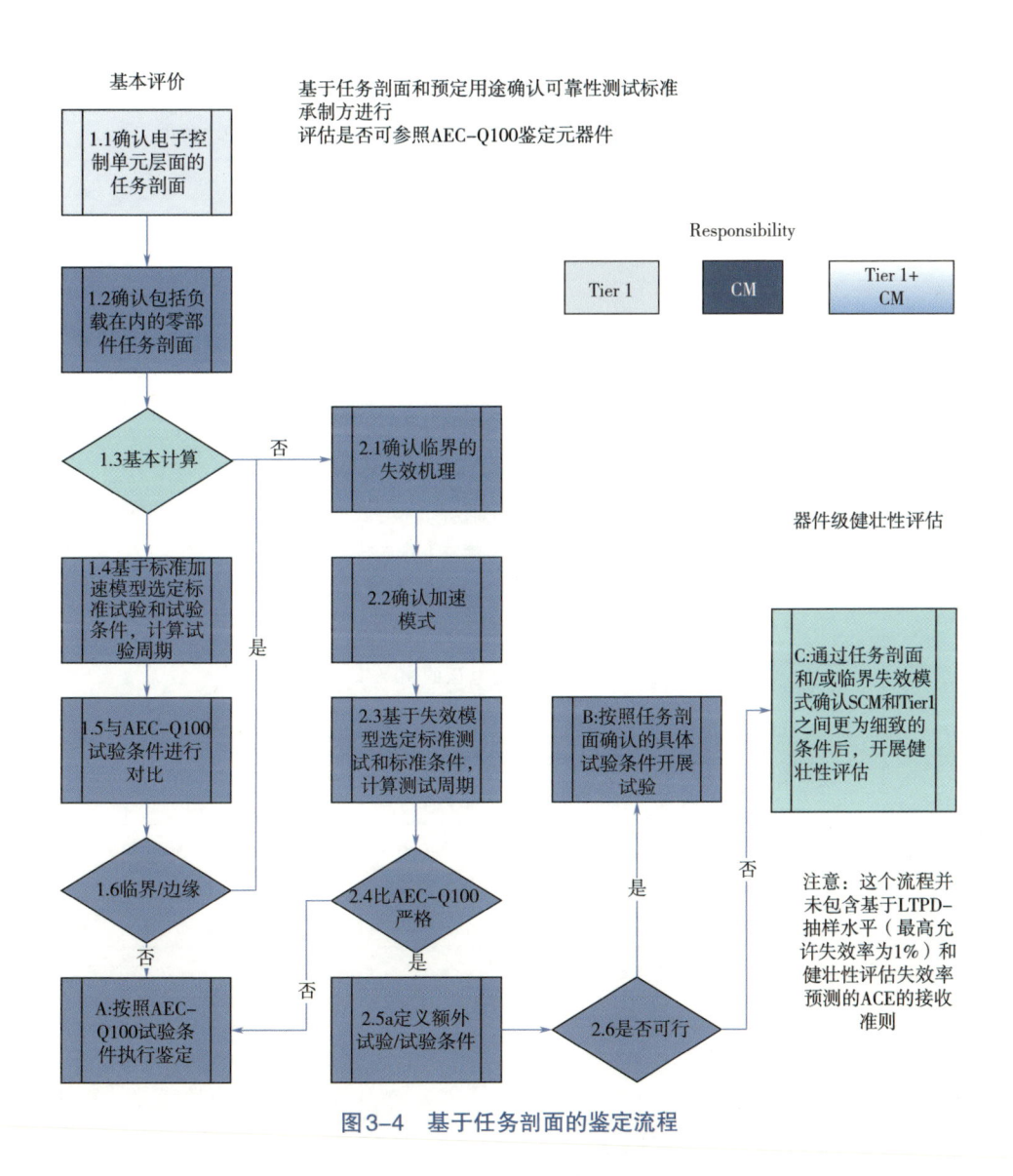

表3-5 关键鉴定检验项目对比

序号	试验项目	AEC-Q101	GB/T 12560
1	温度循环	1 000次循环	空腔器件进行10次循环，非空腔器件进行500次循环
	超声扫描	（温度循环后进行）超声扫描，对分层最严重的5只器件进行开帽并进行键合强度试验	不要求

续表

序号	试验项目	AEC-Q101	GB/T 12560
1	键合强度试验	（温度循环后进行）进行500小时的高温贮存，之后进行键合强度试验	不要求
2	非偏置强加速应力试验	环境温度130℃，相对湿度85%，96小时	非空腔器件进行稳态湿热试验；空腔器件进行加速稳态湿热试验
	高压蒸煮	环境温度121℃，相对湿度100%，96小时	不要求
3	带偏置强加速应力试验	环境温度130℃，相对湿度85%，96h，反向偏置电压为额定电压的80%	不要求
	高温高湿反向偏置	环境温度85℃，相对湿度85%，反向偏置电压为额定电压的80%（最高不超过100V），1 000小时	不要求
	正向偏置	环境温度85℃，相对湿度85%，施加正向偏置电压，1 000小时	不要求
4	间歇工作寿命	结温温升大于100℃时，15 000次功率循环；结温温升大于125℃时，7 500次功率循环	不要求
5	破坏性物理分析	要求	不要求
6	恒定加速度	15 000g	分为5 000g、10 000g、20 000g、30 000g和50 000g，承制方可根据应用情况选择
7	键合强度	要求试验	不要求
8	芯片剪切强度	要求试验	不要求

从表3-5可以看出，汽车电子技术规范在环境试验项目以及应力水平、寿命试验项目和应力水平方面的要求远高于普通民用元器件的要求。以温度循环试验为例，AEC-Q101规定进行1 000次循环，而GB/T 12560规定空腔器件进行10次循环，非空腔器件进行500次循环。再比如间歇工作寿命试验，所

要求开展的功率循环次数甚至超出部分适用于宇航及高可靠元器件相关标准中规定的一个数量级。

（3）明确了严格抽样方案。鉴定检验时，抽取的样品数量越多，越能代表被抽样批次产品的水平，试验结果的可信度越高；相应地，对被测器件的要求也越严格。AEC产品规范规定的抽样方案普遍较严。以半导体分立器件的温度循环试验为例，AEC-Q101规定的抽样方案为：从连续3批器件中分别抽取77只器件，不允许任何一只器件失效。GB/T 12560规定的零失效时的抽样数为11只器件，未规定这些器件的批次要求。航天一院早期的LMS规范也将应用的国家军用标准的Ac（有的为1或2）全部改为0。

（4）明确了严格的失效判据。电子元器件在进行各项试验（特别是寿命试验）后，电参数一般会出现变化。电参数变化率反映了产品一致性的好坏，可以从一定程度上反映出产品的长期可靠性。汽车的最低设计寿命为15年，因此对元器件可靠性有较高的要求，不允许产品试验后电参数出现较大变化。以分立器件为例，AEC-Q101规定试验后电测试（除漏电流等变化较大的参数外）的数值与初始值的变化不得超过20%。因此，即便关键参数试验后仍然满足规范要求，但如果变化量超过规定，也应视为未通过试验。GB/T 12560中没有类似的规定。

3.4.6 鉴定方式和要求具有针对性

AEC的机构比较精简，因此AEC产品规范中规定汽车级元器件仅进行鉴定，不进行认证。产品鉴定由元器件厂商实施，推荐在元器件承制方认可的检测机构进行检验，产品通过鉴定试验后元器件承制方即可声明该产品达到AEC对应产品规范的要求。在实际操作过程中，元器件承制方首先应通过ISO 9000及IATF 16949的质量体系认证。

（1）状态变更的控制。元器件的可靠性与其制造工艺有着密切的关系，工艺的变更可能影响元器件的可靠性。消费级元器件产品规范中仅规定产品的检验项目，不涉及产品的制造工艺。为保证元器件的可靠性仍能满足规范的要求，AEC产品规范中规定工艺变更后必须重新鉴定。为了降低试验成本，

AEC规定，工艺变更后不需进行全部的检验，仅需进行受工艺变更影响的检验项目。以半导体分立器件为例，AEC-Q101将工艺划分为设计（如晶圆厚度、芯片尺寸）、晶圆制造（如扩散、金属化）和封装（如键合丝的种类和直径、芯片的粘接方式）三大类共34种具体工艺项目，并明确每种工艺变更后需要进行的检验项目。例如，变更键合丝的直径或材料后，必须进行电参数验证、温度循环试验、间歇工作寿命试验、强加速稳态湿热试验、键合强度试验、键合剪切试验、短路可靠性等试验以证明新的键合丝及其工艺保证器件的可靠性满足规范的要求。

例如，AEC-Q100《基于失效机理的集成电路应力试验鉴定要求》多次强调，要针对性地制订鉴定计划；如果发生了状态更改，也详细给出了针对具体更改应开展哪些试验项目，而无需开展全流程的鉴定。另外，在附录5和附录6中也进一步凸显了这种思路。

在附录5中，明确了元器件是否需要接受电磁兼容（EMC）测试的原则：

第一，数字电路、大规模集成电路，器件内部带有振荡器或其他具有自发电磁辐射的单元，从而影响后级接收电路——该类元器件包括微处理器、高速数字集成电路、包含电荷泵的场效应管、带看门狗的电路、开关型电压调整器和驱动集成电路等。

第二，所有从早期版本改进的新研、重新认证或已有集成电路，其早期版本芯片具有自发电磁辐射单元从而影响后级接收电路。

在附录6中，给出了是否需要接受软错误率（SER）测试的原则：

第一，器件应用场景将面临显著的辐射，如航空或者更高海拔的应用场景。

第二，SER测试要求器件内部包含足够数量的静态随机存储器（SRAM）或者动态随机存储器（DRAM）单元（≥1Mbit），例如，对于130nm工艺的器件，其软错误率典型值接近1 000 FIT/Mbit，因此一个仅包含1 000SRAM单元的器件的软错误率仅约为1 FIT。

这些指导原则，有效避免了不必要的测试投入。

当前版本规范（H版）在不盲目做加法的同时，强调适时做减法。比如，由于生产工艺或操作水平的普遍提升以及对部分试验的必要性加深了理解，之前版本中的机器模型ESD测试（AEC-Q100-003）和电热致栅极漏电测试（AEC-Q100-006）被删除了。

（2）结构相似性原则的应用。汽车级元器件的鉴定检验项目多、应力水平高，因此费用高、周期长。对每种元器件都进行鉴定检验既耗时又费力，会增加产品的试验成本。为了降低产品鉴定检验成本，AEC规范中鼓励将结构相似的产品列入同一族系，利用族系中已鉴定合格产品的鉴定检验数据，将族系中其他元器件列入鉴定合格产品目录中。进行鉴定扩展时，新的元器件必须进行电参数的验证，但可根据已鉴定合格产品的数据省略其他检验。为了指导元器件承制方进行科学、合理的鉴定扩展，AEC产品技术规范中对结构相似性进行了明确的规定。例如，AEC-Q101按照晶圆制造（器件类型、晶圆制造工艺）和封装（封装类型、封装工艺）给出了可以列入同一鉴定族系的技术规范。

3.4.7 一个创新发展的体系

汽车电子的标准体系是一个开放、发展的体系，不断完善和创新，这集中表现在以下两个方面：

（1）随着汽车电子市场需求的变化以及相关技术的创新和发展，不断对原有标准进行补充或扩展编制新的标准。比如，之前微机电系统（MEMS）一直参照AEC-Q100进行产品鉴定，随着汽车"新四化"的发展，该类器件在汽车领域中的应用日益广泛，AEC针对性地发布了AEC-Q103系列标准；再比如，2020年4月发布的新版AEC-Q102中明确了针对激光器的测试注意事项及相关要求。

（2）根据工艺技术进步，淘汰了部分测试项目。比如，根据全球工艺技术水平的发展及对相关失效机理的进一步理解，废止了AEC-Q100-003以及AEC-Q100-006的实施。

3.4.8 需要供应链的协同工作

从AEC-Q100中规定的鉴定流程可知，产品的鉴定是一个相当复杂的过程，涵盖力学、热学、电学的诸多试验，涉及芯片从设计、晶圆制造到封装的整个流程，需要设计方（fabless）、晶圆代工厂（foundry）、封装厂及用户方的协同工作才能够完成产品的鉴定，只要有一方不愿意配合，相关工作就很难开展。比如，如果得不到晶圆代工厂的配合，很难想象集成电路鉴定过程中D~F组试验如何开展。

3.5 其他相关汽车技术规范

对于汽车电子质量与可靠性验证而言，除了各大车厂自己制定的规范以外，美国以汽车工程师协会（Society of Automotive Engineers，SAE）的技术规范为主，欧洲以ISO 16750系列为主，日本以日本汽车协会的规范为主，国际上则把EN 60721及IEC 605技术规范作为参考技术规范。

ISO 16750系列技术规范（主要采用IEC技术规范）是国际标准化组织（ISO）制定的针对道路车辆上的电气和电子系统（或组件）的环境试验规范，是欧系车常用的技术规范，它所涵盖的环境试验、试验方法及引用的国际技术规范已被国际较为著名的汽车制造商直接引用为企业技术规范（我国相对应的技术规范为GB/T 28046系列），成为应用比较广泛的汽车电子的环境试验规范。

ISO 16750《道路车辆　电气及电子设备的环境条件和试验》系列技术规范包括以下5个部分：

（1）ISO 16750-1：道路车辆　电气及电子设备的环境条件和试验（第1部分）：一般规定。

（2）ISO 16750-2：道路车辆　电气及电子设备的环境条件和试验（第2部分）：电气负荷。

（3）ISO 16750-3：道路车辆　电气及电子设备的环境条件和试验（第3部分）：机械负荷。

（4）ISO 16750-4：道路车辆　电气及电子设备的环境条件和试验（第4部分）：气候负荷。

（5）ISO 16750-5：道路车辆　电气及电子设备的环境条件和试验（第5部分）：化学负荷。

电磁兼容方面的测试技术规范主要由ISO 7637系列标准给出，主要由干扰源、耦合以及接收设备三个要素组成。

功能安全系列技术规范为ISO 26262—2011《道路车辆　功能安全》，主要定位于汽车行业中特定的电气部组件、电子设备、可编程电子器件等专门用于汽车领域的部件，是旨在提高汽车电子、电气产品功能安全性的国际技术规范。对应国家标准为GB/T 34590—2017《道路车辆　功能安全》。

美国汽车工程师协会（SAE）很早就制定了汽车电子的环境试验技术规范，包括至今仍在广泛使用的SAE J1211《汽车电气/模块环境试验技术规范》、SAE J1455《汽车电气试验规范》、针对电动汽车电池的环境试验技术规范SAE J2464《电动和混合动力电动汽车充电储能安全和滥用试验》和SAE J2380《电动汽车蓄电池的振动试验》等一系列技术规范。

各汽车企业对电子零部件的要求都很高，一般都有自己的企业技术规范，跟国际技术规范或者协会技术规范等通用型技术规范相比，试验项目大同小异，但是严酷等级会比通用型的技术规范要高；另外，企业技术规范也往往有一些独特的试验项目。例如：

（1）大众汽车公司的特有项目包括：①VM 80101电气电子安装部件检测条件；②VW TL 226汽车内饰喷涂件技术要求。

（2）通用汽车公司的特有项目包括：①GMW 3172电气电子零部件环境可靠性分析设计以及验证程序要求；②GMN 10083塑料喷涂件内饰可靠性。

（3）马自达汽车公司的特有项目包括：MES PW 67600电子器件技术要求。

（4）福特汽车公司的特有项目包括：FLTM BI系列技术规范。

这些规范可供我们研究汽车电子元器件环境适应性及可靠性时参考。

3.6 小结

航天装备中部分领域确有特殊性，例如高可靠、长期贮存、长期工作、辐射等特殊环境适应性等，需要特别对待；但航天装备也有并不特殊的领域，并且其份额占比并不小。通过对汽车电子规范研究发现，在较为通用的高可靠领域，采取行业质量体系认证已经成为共识，这些质量管理体系修改较为敏捷，积极吸收和利用了现代科学的工具和手段，采用了先进的管理方法和模式，并一直在不断进行更新和自我完善。同样，一些协会制定的产品规范和技术规范有效支撑了行业质量体系和行业对产品质量要求的落地，并具有修改完善速度快、紧盯热点问题、能够解决现实问题和实际问题等特点，特别是在针对性和有效性上着力颇多。

3 面向应用——AEC 元器件技术规范概要

附表 3-1　AEC 已发布电子元器件规范汇总表（共 40 个，其中 3 个废止）

序号	技术规范号	英文名称	中文名称	内容简介
0		Guidelines/指南		
0-1	AEC-Q001	Guidelines for part average testing	产品均值测试指南	按照AEC-Q100及AEC-Q101等供应的产品中剔除异常器件，以提高批次质量和可靠性的通用方法。它与AEC-Q002（良品率统计分析）规定的方法不是强制性的，当分布是非正态分布时，可以采用其他统计方法，但所采用的方法必须经过严格的统计学证明。供应商应做好对所使用的统计方法进行解释的准备。也能够用于识别工艺偏离并快速反馈，防止生产质量事故
0-2	AEC-Q002	Guidelines for statistical yield analysis	良品率统计分析指南	基于统计良品限值（SYL）及统计边界限值（SBL）的统计方法，以识别低良品率、高淘汰率的晶圆、晶圆批和封装批。通常，有上述非正常特性的晶圆和封装批往往质量水平不高。当分布是非正态分布时，可以采用与本指南不一致的统计方法，但所采用的方法必须经过严格的统计学证明。供应商应做好对所使用的统计方法进行解释的准备。应采用AEC-Q001中规定的PAT获取的测试限值，得到SYL和SBL的最好结果
0-3	AEC-Q003	Guidelines for characterization of integrated circuits	集成电路特性评估指南	指导新开发或改进的集成电路特性评估，而不是如何呈现集成电路特性的规范。为保证特性评估的可持续开展，各企业应该建立自己的工作机制和工作程序文件。特性评估的过程应能保证产品的设计、流片、封装等能力能够满足用户的要求。每一个特性的评估结果应能够形成结果评估报告

续表

序号	技术规范号	英文名称	中文名称	内容简介
0-4	AEC-Q004	Zero defects guideline	零缺陷指南	基于设计、制造、测试、使用流程给出了零缺陷工具或方法的适用时机。每个工具方法的描述都包括：如何解决零缺陷问题，什么时候适用，什么时候不适用，预期的费用和效益，适用的元器件和技术，针对的缺陷类型，评价用的绩效指标
0-5	AEC-Q005	PB-free test requirements	无铅试验要求	用于判定元器件是否能够通过特定应力试验，确保元器件在应用中可以达到预期的质量和可靠性水平。本技术规范发布时，对于包括生长模型以及加速测试方法在内的锡须生长的原理尚不完全清楚。此外，随着时间的推移，锡须的存在也不能够判定元器件或者相关系统将会失效。规范中规定的评估锡须生长的环境试验条件，包括温度、湿度和温度循环，目前认为是对镀锡和终端处锡须的生长最具恶化效果的办法。用户和承制方在敏感应用环境中使用镀锡元器件需要考虑到其使用风险
0-6	AEC-Q006	Qualification requirements for components using copper (Cu) wire interconnections	采用铜互连工艺元器件鉴定要求	规定了采用铜引线互连工艺器件的最低应力试验要求和参考试验条件。试验包括鉴定试验和分析类试验，其中分析类试验包括分层、引线键合完整性、截面分析等
1		Integrated circuits/集成电路		
1-0	AEC-Q100	Failure mechanism based stress test qualification for intergrated circuits	基于失效机理的集成电路应力试验鉴定要求	用于确定集成电路是否能够通过规定的应力试验，并由此确认集成电路的应用可靠性等级

续表

序号	技术规范号	英文名称	中文名称	内容简介
1-1	AEC-Q100-001	Wire bond shear test	引线键合剪切试验	用于确定芯片与封装键合点之间金丝球焊或铝丝楔形焊引线的强度
1-2	AEC-Q100-002	Human body model electrostatic discharge test	人体模型静电放电试验	用于AEC检定的HBM试验设备，应满足JS-001表1中每个电压应力等级的波形要求。检定或重新检定应根据JS-001 5.3节选项a、b或c进行
1-3	AEC-Q100-003	Machine model (MM) electrostatic discharge test	机器模型静电放电试验	已废止。由于人体模型（HBM）和带电器件模型（CDM）基本涵盖所有已知的静电放电失效机理，基于机器模型的试验已经过时
1-4	AEC-Q100-004	IC latch-up test	集成电路闩锁试验	用于评价CMOS集成电路抗锁定能力
1-5	AEC-Q100-005	Non-volatile memory program/ erase endurance, data retention, and operating life test	非易失性存储器编程擦除次数数据保持与操作寿命试验	用于评估独立的非易失性存储器（VNM）集成电路或包含VNM模块的集成电路（例如微处理器闪存）的能力；包括不失效情况下保持重复数据更改（编程擦除次数）、VNM寿命内数据保持时间（数据保持力）、带电偏压恒温工作的承受能力（工作寿命）。 可选的评估项目由NVM供应商提出，包含但不局限于对独立的NVM器件进行编程/擦除循环、数据保持器及温度、校验测试，并且需经过用户的同意。 对于编程/擦除耐久性循环而言，数据由1变为0或0变为1时数据发生改变。当读或写在规定时间内没有完成时，或读写完成但存储器阵列中的数据类型与预期数据类型不符时，意味着器件发生失效

续表

序号	技术规范号	英文名称	中文名称	内容简介
1-5	AEC-Q100-005	Non-volatile memory program/erase endurance data retention, and operating life test	非易失性存储器编程擦除次数数据保持与操作寿命试验	数据保持能力是测试NVM阵列中的存储器单元在没有外部偏压的情况下保持电荷状态的能力。当存储器单元丢失电荷或捕获电荷，也即存储器不再能够保持预期的状态，意味着数据保持失效发生。 比特翻转的定义是一个比特在编程或擦除后仍然保持数据状态的失效。 三种失效都可能通过工作寿命中的应力诱发，NVM可能超出其参数限制，不再能够符合器件参数要求，或不能保持预期数据状态。 一次可编程非易失性存储器属于特殊情况，本试验方法中的部分章节对其可能不适用。对于仅作为器件内嵌模块的一次可编程非易失性存储器，情况也是一样的。供应商和用户应就该类特殊器件的测试达成共识
1-6	AEC-Q100-006	Electro-Thermally induced parasitic gate leakage test	电-热致栅极漏电试验	已废止，因其不需作为鉴定试验项目
1-7	AEC-Q100-007	Failure simulation and fault grating	故障仿真与故障分级	器件质量取决于三个因素： ①故障模型的质量：故障模型是否充分模拟了制造缺陷的影响； ②故障覆盖：给定故障模型，针对这些故障测试了多少电路单元； ③环境缺陷激活条件：某些缺陷在某些激活条件（电压，温度，频率）下产生（或更突出）。因此，这些激活条件需要在测试设置中反映出来才有效。 该标准的目的是使用当前故障仿真模型确定组件的最佳故障覆盖范围，以最大限度地减少缺陷并将故障覆盖率报告给最终用户。 标准不讨论故障模型的有效性和正确的激活条件

续表

序号	技术规范号	英文名称	中文名称	内容简介
1-8	AEC-Q100-008	Early life failure rate（ELFR）	早期寿命失效率	是针对采用新的或未经验证的工艺技术、设计规则（未获得通用数据）的器件的评估早期寿命失效特征的试验方法，包括没有前期使用信息或通用数据的器件。评估结果不符合要求，器件可能需要工艺变更、设计变更、老炼、更严酷的老炼或应用统计测试限制（见AEC-Q001）
1-9	AEC-Q100-009	Electrical distributions assesment	电参数分布特性评价	用于获取集成电路的电气参数的表征、分布和参数漂移数据的方法。用于评估零件在覆盖了正常工艺变化、时间和/或预期的应用环境（例如，工作温度范围、电压等）下，能否在规范确定的参数下正常工作
1-10	AEC-Q100-010	Solder ball shear test	焊球剪切试验	用于定义测量阻挡金属层与焊球间界面剪切强度的程序。本方法还确定了该界面的最小剪切强度要求
1-11	AEC-Q100-011	Charged device mode（CDM）electrostatic discharge test	带电器件模型（CDM）静电放电试验	用于建立可靠且可重复的程序，以确定电子器件的带电器件模型静电放电灵敏度。不包括夹具的带电器件模型
1-12	AEC-Q100-012	Short circuit reliability characterization of smart power devices for 12V systems	12V系统智能功率集成电路短路可靠性表征	用于确定"受保护"驱动器在连续短路条件工作时的可靠性。不解决白炽灯应用中见到的软短路失效问题。上述应用将在单独的文档中考虑。超出本文档范围的其他保护策略和工作电压也将在以后的文档中进行评价

续表

序号	技术规范号	英文名称	中文名称	内容简介
2	Discharge semiconductors device/半导体分立器件			
2-0	AEC-Q101	Failure mechanism based stress test qualification for discharge semiconductors in automotive applications	基于失效机理的车用半导体分立器件应力试验鉴定	用于检验半导体分立器件是否能够通过特定的应力试验，以确定半导体分立器件在应用中的质量/可靠性等级
2-1	AEC-Q101-001	Human body model electrostatic discharge test	人体模型静电放电试验	依据器件对规定的人体模型静电放电所造成的损伤或退化的敏感度，建立相关的测试程序，确定分立器件人体静电放电敏感度
2-2	AEC-Q101-002	Machine Model（MM）electrostatic discharge test	机器模型静电放电试验	已废止。由于人体模型（HBM）和带电器件模型（CDM）基本涵盖所有已知的静电放电失效机理，基于机器模型的试验已经过时
2-3	AEC-Q101-003	Wire bond shear test	引线键合剪切试验	建立用于确定封装前或封装后器件的金球键合与封装焊接表面，或铝楔形键合与封装焊接表面的键合强度测试的程序
2-4	AEC-Q101-004	Miscellaneous test methods	综合性试验方法	确立执行AEC-Q101的表2（工艺变更认定试验选择指南）中提及的其他资格认证试验的程序和判据。本文件中规定的试验是：第2节：非钳位感性开关（UIS）。第3节：介质完整性（DI）。第4节：破坏性物理分析（DPA）
2-5	AEC-Q101-005	Capacitive discharge model（CDM）electrostatic discharge（ESD）test	电容放电模型（CDM）静电放电（ESD）试验	用于确定元器件的CDM ESD敏感度，不包括插座式CDM

续表

序号	技术规范号	英文名称	中文名称	内容简介
2-8	AEC-Q101-006	Short circuit reliability characterization of smart power devices for 12V systems	12V系统智能功率器件短路可靠性表征	确定在连续短路工作条件时"受保护"驱动器的可靠性；不解决白炽灯应用中见到的软短路失效；超出本文范围的其他保护策略和工作电压也将在以后的文档中进行评价
3		Discharge optoelectronic semiconductors device/半导体分立光电器件		
3-0	AEC-Q102	Failure mechanism based stress test qualification for discharge optoelectronic semiconductors in automotive applications	基于失效机理的车用半导体分立光电器件应力试验鉴定	用于检验分立光电器件是否能够通过特定的应力试验以确定分立光电器件在应用中的质量/可靠性等级
3-1	AEC-Q102-001	Dew test（DEW）	耐湿试验	评价器件在特定湿度和温度变化条件下的稳健性
3-2	AEC-Q102-002	Board flex test（BF）	板弯曲试验	评价表面安装光电器件承受印制电路板弯曲时产生应力的能力
4		Micro electro-mechanical system（MEMS）/微机电系统		
4-0-A	AEC-Q103-002	Failure mechanism based stress test qualification for Micro electro-mechanical system（MEMS）pressure sensor device	基于失效机理的车用MEMS传感器应力试验鉴定	用于确定MEMS压力传感器是否能够通过规定的应力试验，并由此推测出确认的质量可靠性等级
4-0-B	AEC-Q103-003	Failure mechanism based stress test qualification for MEMS microphone device	基于失效机理的车用MEMS麦克风应力试验鉴定	用于确定微机电系统麦克风器件是否能够通过规定的应力试验，并由此确认器件的应用可靠性等级

续表

序号	技术规范号	英文名称	中文名称	内容简介
5		Multichip module（MCM）/多芯片组件		
5-0	AEC-Q104	Failure mechanism based stress test qualification for Multichip module（MCM）in automotive applications	基于失效机理的车用多芯片组件（MCM）应力试验鉴定	用于确定MCM/多芯片组件是否能够通过规定的应力试验，并由此确认MCM/多芯片组件的质量/应用可靠性等级
6		Passive components/元件		
6-0	AEC-Q200	Stress test qualifications for passive components	元件应力试验鉴定	规定了元件鉴定检验的最低应力试验要求和参考试验条件，条件结合了试验、其他技术规范（如JEDEC、IEC、MIL-STD）和承制方鉴定技术规范
6-1	AEC-Q200-001	Flame retardance test	阻燃试验	用于确保汽车在应用蓄电池满电位下时，设备不会因自加热而起火（适用于在正常条件下，不在汽车蓄电池满电位下使用的所有装置）
6-2	AEC-Q200-002	Human body model electrostatic discharge test	人体模型静电放电试验	用于建立一个可靠且可重复的试验程序，用于确定元件HBM ESD灵敏度
6-3	AEC-Q200-003	Beam load（break strength）test	梁荷载（断裂强度）试验	规定了评估元件断裂强度的程序和技术规范
6-4	AEC-Q200-004	Measurement procedures for resetable fuses	可恢复熔断器的测量程序	包括基于正温度电阻系数聚合物材料的可恢复熔断器的试验和测量方法，其目的是为此类元件的用户提供基于聚合物正温度系数（PPTC）的可恢复熔断器，与根据既定试验方法测试的既定技术规范性能要求进行比较的方法，并提供了执行AEC-Q200表14所述试验所需的补充信息

续表

序号	技术规范号	英文名称	中文名称	内容简介
6-5	AEC-Q200-005	Board flex test	板弯曲试验	规定了确定表面安装元件终端和密封件在搬运和组装过程中承受印刷电路板上弯曲和拉力能力的程序和技术规范
6-6	AEC-Q200-006	Terminal strength (SMD) shear stress test	引出端强度（SMD）剪切应力试验	用于评估表面安装元件的终端/引线与玻璃环氧电路板上布线之间的焊料结合强度
6-7	AEC-Q200-007	Voltage surge test	电压浪涌试验	评估元件能够承受元件规范规定的浪涌电压额定值下的电压浪涌

4

核心
——基于任务剖面和失效模式的鉴定

AEC-Q100《基于失效机理的集成电路应力试验鉴定要求》明确了集成电路（在不引起混淆的前提下，下文也用"器件"指代"集成电路"）通用的鉴定要求，然而对于一些复杂的（如多种应力的耦合）、严酷的（极端应力）或可靠性要求很高（如寿命周期长或失效率指标要求更高）的应用场景，通用鉴定要求是否适用呢？是否需开展额外的试验项目或采用更为严格的试验条件呢？这些问题需要器件供应商、用户等进行具体的分析、验证。

为解决上述疑问，AEC-Q100的附录7"AEC-Q100以及使用任务剖面"提出了判断通用鉴定试验是否适用于新研器件，以及成熟器件在新的任务剖面下如何开展经济、有效鉴定的方案。

由于是对具体需求的剖析，为此应用了"任务剖面"的概念，即器件在使用寿命周期内所处的应用环境（relevant environmental）和功能负载（functional load）的集合。

4.1 流程

根据AEC-Q100附录7，在两种情况下需开展适应性验证：

第一种是针对新研器件。基于特定任务剖面，元器件供应商用来评估一个新产品按照通用鉴定要求开展鉴定是否合适。

第二种是针对已有器件。用户用来评估已有元器件是否满足新的任务剖面的要求，或元器件供应商评估已有产品是否适用于新的应用环境。

4.1.1 针对新研器件

基于特定应用任务剖面确定新器件可靠性试验条件的流程主要由器件供应商实施，针对特定用户具体需求定制的产品，或者供应商主动为迎合某类应用需求而开发的产品。

4 核心——基于任务剖面和失效模式的鉴定

如图4-1所示,该流程可粗略划分为四个步骤,每个步骤中又细分为若干环节,每一个环节的责任主体用不同的颜色加以区分[包括用户(tiers)、元器件供应商(CM)等],其中部分环节要由双方共同完成。

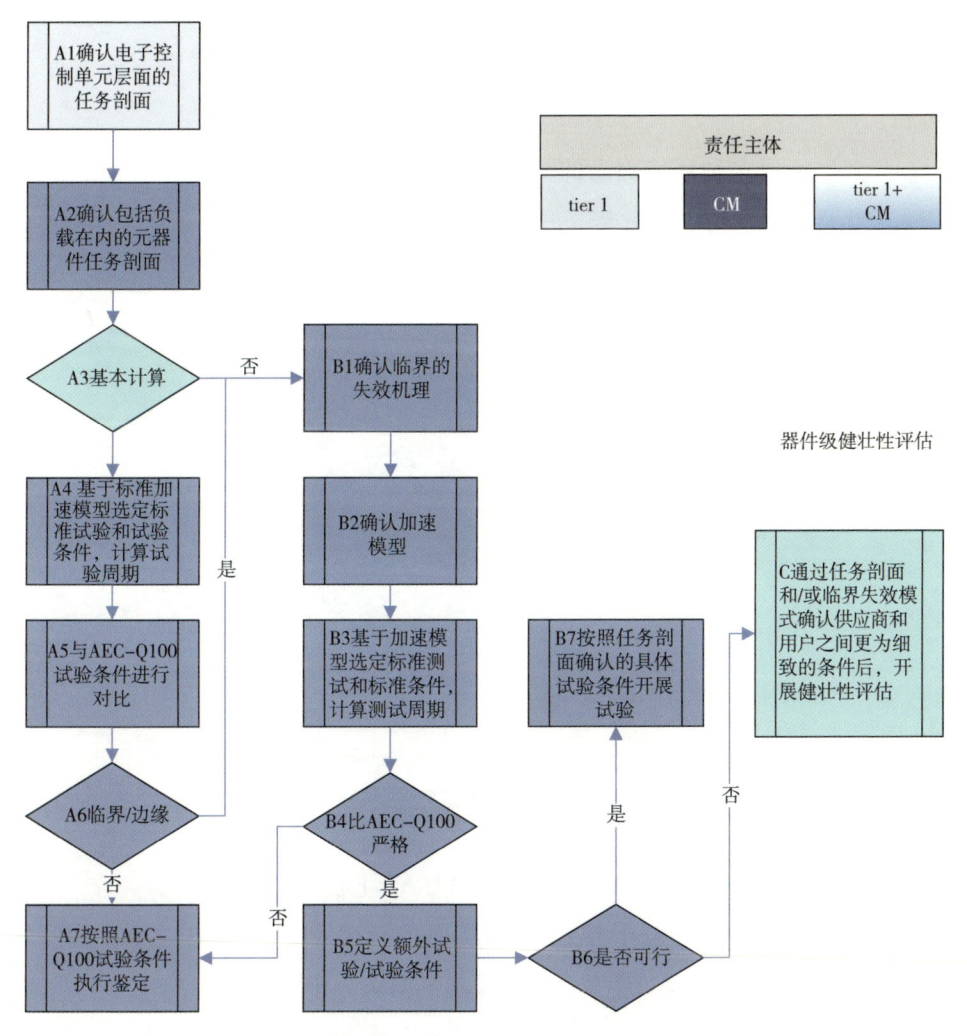

图4-1 基于特定应用任务剖面确定新器件可靠性试验条件的流程

步骤一,任务剖面的逐级分解,最终落实到对元器件的要求。

该过程需要元器件供应商通过市场调研来捕捉主要的应用需求,以获取元器件整个生命周期中的全部功能、性能和质量及可靠性的需求或期望。

质量的简约——兼议汽车电子技术规范

该步骤的起点是对汽车整体的任务剖面分析，逐层分解至系统、分系统、单机，并归结为元器件的需求，这是一个往复迭代的过程（见图4-2）。

元器件供应商需将任务剖面调研内容形成规范的报告，以便与用户沟通。对于专用器件（ASIC），所分析的应用剖面较为确定；对于通用器件，任务剖面所指的通常不是特定用户，需要对整个市场需求进行调查、分析。

任务剖面受多种环境因素的影响，比如工作寿命、安装部位等。当环境因素发生变化时，有必要重新开展分析。

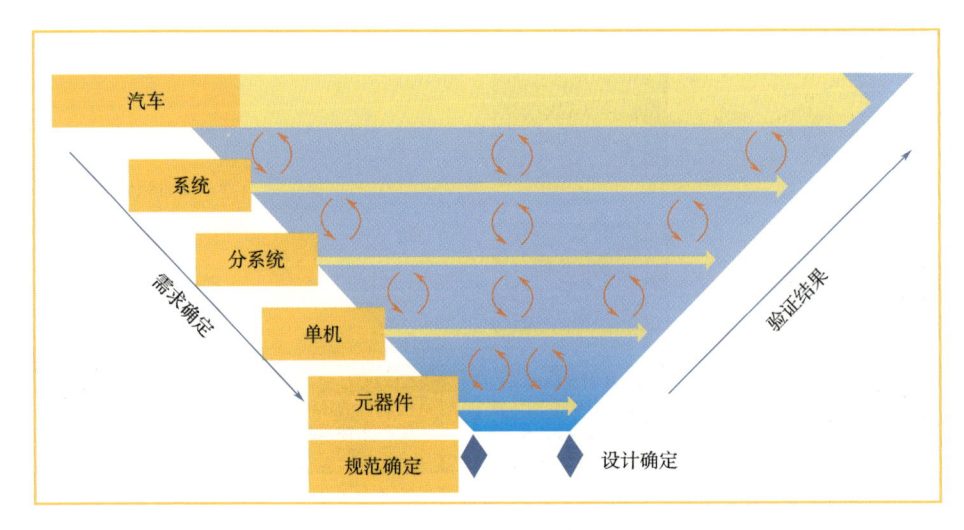

图4-2 任务剖面分解过程

在图4-1中，步骤一包括流程图中的A1~A7环节：

A1环节用于确定电子控制单元层面的任务剖面，责任主体为用户（tiers）。该环节对应图4-2中从汽车至单机的需求分析。

A2环节用于确认包括负载在内的元器件任务剖面，责任主体为元器件供应商（CM）。该环节对应图4-2中从单机至元器件的需求分析。将单机的任务剖面转换为元器件所面临的任务剖面，需要考虑不同的负载条件，包括热、热与机械、湿度与温度等。

A3环节为基本计算。基本计算能够帮助将任务剖面转换为相应的鉴定试验项目的应力水平及持续时间,用以评估特定应用的任务剖面的临界状态。该步骤只是一种粗略的计算,甚至可能只是简单的一种对比,比如:根据分解的元器件任务剖面,该器件工作环境温度范围已经超出了产品规范规定的温度范围,或者根据以往同类型、同工艺、同厂家的产品使用情况,判断产品在某些方面存在失效风险。当元器件未处于临界状态时,则选择"是",并执行流程图中的A4环节;否则应执行B1环节。无论选择"是"还是"否",都要进行进一步的模型计算与判断。

A4环节为基于标准加速模型选定标准试验和试验条件并计算试验周期。通过基本计算,任务剖面转换为标准鉴定试验项目中对等的应力条件。通常采用成熟的加速模型和参数(元器件供应商可根据自身工艺技术条件制定或参考由JEDEC发布的关于元器件失效模型及其参数选择的指导性标准——JEP122《半导体器件失效机理和模型》选取)。试验持续时间(包括时间及循环次数)根据模型进行计算。

A5环节为与AEC-Q100试验条件进行比对。A4环节中计算出的试验持续时间t_{CALC}应与标准鉴定流程中的持续时间t_{STAND}进行比较,并应考虑安全裕度t_{SM}。t_{SM}应根据应用和客户需求进行确定。

A6环节为临界/边缘。如果对比结果发现$t_{STAND}>t_{CALC}+t_{SM}$,可认为元器件未处于临界状态,该产品可按照标准鉴定流程进行鉴定;否则,认为元器件处于或超出临界状态,应按照B1环节开展失效机理分析。

A7环节为结论。通过步骤一,将得出是否按照AEC-Q100试验条件开展产品鉴定的结论。

表4-1给出一个具体应用案例:对于热学负载,使用环境中的平均结温为T_u=87℃,此时可进行基本判断(A3),如果器件规范中额定工作温度(T_j)为150℃,则认为器件未处于临界状态,因为负载类型为热学环境条件,所选择的应力试验为高温工作寿命试验(HTOL),AEC-Q100中该试验的应力条件为T_j=125℃,接下来需要将任务剖面输入转换为试验持续时间(持续时间或循环次数),选择加速模型并进行计算(A4),此处选择的是阿伦尼乌斯方程A_f,模型参数取典型值E_a=0.7eV,代入任务剖面输入条件,计算出试验持续

表 4-1 任务剖面与试验持续时间之间的转换

负载类型	应力试验	任务剖面输入	应力条件	加速模型	模型参数选择	计算试验持续时间	Q100试验持续时间
热学	高温工作寿命（HTOL）	t_U=12 000h（15年平均工作时间）T_u=87℃（使用环境中的平均结温）	T_t=125℃（试验环境结温）	阿伦尼乌斯方程：$$A_f = \exp\left[\frac{E_a}{\kappa_B}\cdot\left(\frac{1}{T_U}-\frac{1}{T_t}\right)\right]$$	E_a=0.7eV（激活能；0.7eV为典型值，实际取值取决于失效机理，变化范围为0.2V~1.4eV；k_B为玻尔兹曼常数）	t_t=1 393hr（试验持续时间）$t_t=\dfrac{t_U}{A_f}$	1 000hr
热—机械	温度循环（TC）	N_u=54 750cls（15年间发动机启/停次数）ΔT_u=76℃（使用环境中平均热循环温度变化量）	ΔT_t=205℃（试验环境中热循环温度变化为-55℃~150℃）	Coffin-Manson疲劳寿命公式：$$A_f=\left(\frac{\Delta T_t}{\Delta T_u}\right)^m$$	m=4（coffin-manson指数，指数4常用于硬质金属合金开裂，实际取值取决于失效机理，取值范围随材料性质在1到9之间变化）	n_t=1034cls（试验循环次数）$n_t=\dfrac{n_u}{A_f}$	1 000cls

时间为t_l=1 393hr,该值与AEC-Q100标准鉴定试验中高温工作寿命试验持续1 000hr进行比较(A5),发现计算试验持续时间(应进行的)比标准试验持续时间(1 000hr)要长,因此可认为按照标准鉴定试验条件通过鉴定的器件可能处于临界状态。该表中的热—机械负载类型所计算的温度循环次数(n_t=1 034cls)≥AEC-Q100标准试验持续时间(1 000cls),因此有可能认为该器件处于临界状态。

步骤二,基本判断。判断后有两个结果:一是已知产品处于临界状态;二是基于已有数据和应用,判断产品未处于临界状态。

对于处于临界状态的产品,要判断存在的失效机理,根据判断结果确认所采用的加速模型,即采用何种加速试验来计算试验条件。如果试验条件均在通用鉴定流程规定范围内,则直接开展通用鉴定流程。如果超出通用鉴定流程规定,则考虑步骤三。

对于未处于临界状态的产品,采用标准加速模型,并计算试验条件。如果试验条件未超过通用鉴定的要求,则按照通用鉴定流程。如果超出,则按照临界状态产品处理,重新判断失效机理,并开展后续工作。

对于认为处于临界状态的产品,按图4-1,应开展如下工作:

B1:确认处于临界状态产品的失效机理。推荐基于健壮性验证(相当于极限应力试验)过程中建立的"知识矩阵(knowledge matrix)"(相当于失效模式和失效机理的数据库)或JEP122进行失效机理分析。分析过程中应至少考虑三个方面的内容:一是新材料和界面;二是新设计或生产技术;三是关键使用条件。

B2:确认加速模型。加速模型用于计算试验周期。可以采用供应商正在使用的或从相关文献资料中知悉的加速模型,也可以通过经验、仿真建立这样的模型。

B3:基于加速模型计算试验周期。通过加速模型可计算或明确加速因子,进而确定证明不会发生失效所需的最低的应力持续时间(小时或循环次数)。

B4:对比根据失效模型计算的试验周期t_{CALC}与标准鉴定试验中的试验周期t_{STAND},判断是否需要额外开展试验或加严试验。需注意的是,此处不仅要比对试验环境条件和持续时间，还应确认标准鉴定是否能够覆盖敏感失效模式，比如不同失效模式对应不同的激活能、在计算比对过程中是否均已考虑等。

步骤三，对于步骤二中超出通用鉴定流程规定的试验项目或试验条件的情况，要确认传统试验项目/试验条件是否可行。如果可行，则开展相关试验；如果不可行，则开展健壮性验证（robustness validation）。此处的"不可行"通常指的是通过器件层级的试验无法证明其是否满足任务剖面的可靠性需求。

该步骤对应图4-1中的B5~B7。通过步骤三，得出标准试验是否需要调整试验时间和试验条件，比如更高的试验温度、更长的持续时间。

步骤四，开展健壮性验证。该步骤对应图4-1中的C环节。该部分将在后续章节进行介绍。

4.1.2 针对新选产品

基于指定任务剖面评估已有鉴定数据的有效性（见图4-3），该流程与第一个流程思路上基本一致，主要区别在于：

（1）评估的对象由新研产品更换为已有的、通过鉴定的产品，已有数据可用。

（2）第一个流程主要是针对新品制订鉴定方案，而本流程强调对已有数据的判读。

（3）评估实施的主体责任由器件供应商变为需求用户。

（4）强调对已有数据的继承和额外所需数据的获取。

（5）如果器件不符合要求，可以选择用其他器件替代，重新开展验证。

4.1.3 评估结果

经过评估验证，可得出以下结论：

（1）AEC-Q100给出的通用鉴定流程可用。

（2）需采用额外的试验方法和（或）加严试验条件。

（3）需采用健壮性验证。

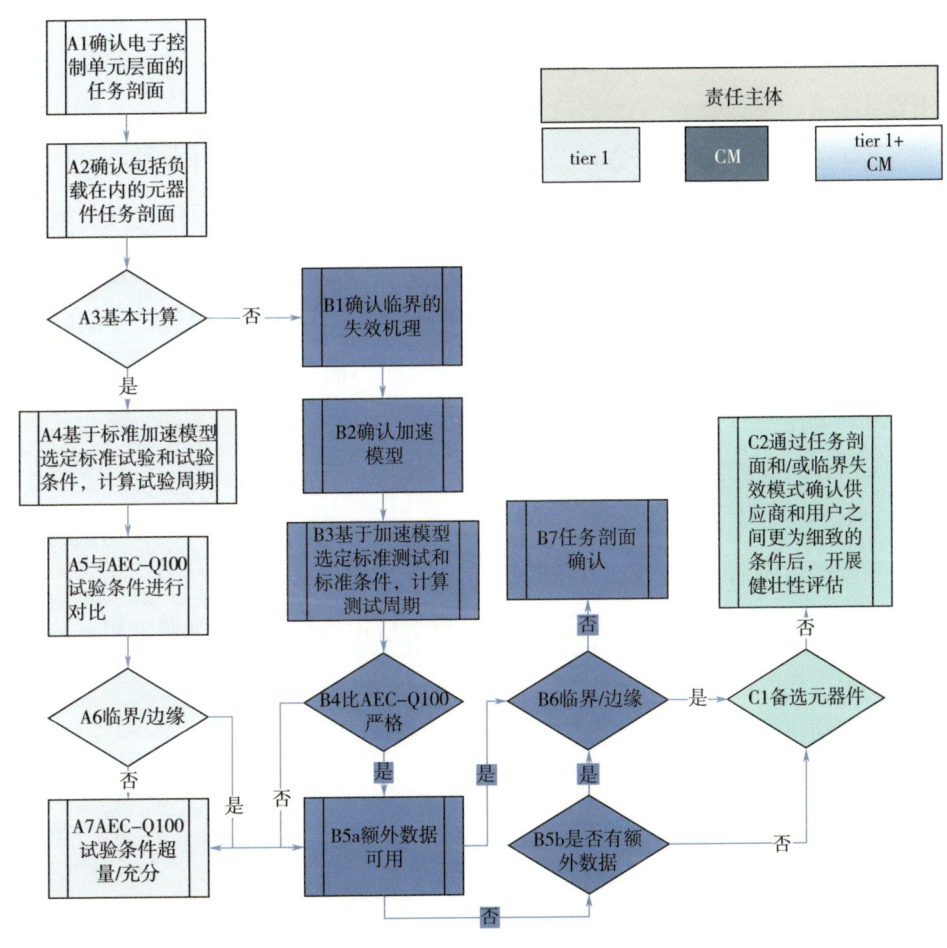

图4-3 基于指定任务剖面评估已有鉴定数据的有效性评估流程

4.2 任务剖面的因素

4.2.1 任务剖面

剖面分为任务剖面和环境剖面，通常剖面和任务剖面被当作同义词使用。对航天装备而言，环境剖面包括诱发的、自然的环境以及作战的威胁环境，例如核电磁脉冲等。这里的任务剖面指的是元器件在整个生命周期中所承受的所有相关环境及应力的集合。整个生命周期指元器件经历生产制造、交付、

质量的简约——兼议汽车电子技术规范

储存、装机、试验、使用，直到整机生命结束，包括制造、运输、贮存、应用等环节。

真实的任务剖面是十分复杂的，因此在人工系统的构造和验证过程中，通常要把复杂的任务剖面按照真实、适当、可操作和效率的原则进行典型化设计，形成预示的试验验证剖面，并按照试验充分性原则进行迭代分析和控制，试验验证剖面中被典型化的环境（或应力因素）可以理解为任务剖面的因素。汽车电子任务剖面的因素可分为以下5个方面：

（1）工作寿命：

①工作时间：汽车寿命周期。

②里程数：寿命期内，预设的里程数。

③发动机启动时间：发动机和元器件处于工作状态。

④发动机关机时间：发动机关闭，但部分应用执行时间（如收音机）。

⑤不工作时间：工作时间减去发动机启动和发动机关闭时间。

⑥发动机开/关循环次数。

（2）热学条件：

①季节/每天外部温度变化。

②单机内部环境温度。

③半导体器件的结温。

（3）电学条件：

①电压。

②电流。

③能量（瞬态）。

④电场。

⑤磁场。

（4）机械条件：

①振动。

②冲击。

③外部负载，比如张力/压力。

（5）其他条件：

①化学反应。

②湿度。

③辐射（电离辐射）。

④电磁辐射。

⑤粒子辐射。

获取深入完整的任务剖面十分困难，需要供应、生产、应用链条中所有参与者进行有效的沟通交流，反复迭代论证（见图4-2）。过程中，必须注意收集尽可能多的信息，如果信息缺失可能导致评估过程过度简化，也可能造成产品过度设计（over-design），或者选择过于昂贵的元器件。

4.2.2 失效模型选择

在完成任务剖面分解后，需要基于经验认知，识别可能的风险和失效模式，并确定失效模型。所有工作要基于以往积累的经验或者已发布的知识矩阵。

AEC的知识矩阵可从已公开发布的数据获取，包括目前阶段对失效机理的认识，并在德国电气和电子制造商协会（ZVEI）和SAE主页查找（每年更新），具体内容如下（见表4-2）：

（1）失效机理名称。

（2）失效机理产生的原因。

（3）失效机理导致的结果。

（4）失效机理对材料的影响。

（5）检测失效的方法。

（6）失效机理对应的参数。

（7）产品特性和应用。

（8）表征失效机理的装置设计。

（9）通过设计或生产过程来防止失效的方法。

（10）激发失效机理的方法。

（11）失效机理对应的加速模型。

（12）相关的物理退化模型。

表 4-2　与工作电压相关元器件级失效原因及机理

编号	材料	失效机理	失效原因	失效模式	测试方法	参数退化	影响的操作条件
37	SiO_2	额外电荷	可动离子	V_{th}漂移导致参数超差	参数测试	应力后V_{th}漂移	V、T
44	多晶硅	电荷损失	SILC ESD	位翻转或延迟失效	cell图形测试	Cell失效	V
74	高K介质	栅介质硬击穿	表面粗糙、沾污、ESD、晶格缺陷、电荷陷阱、局部栅氧偏薄、氧化物厚度变化、可移动离子、介质缺陷	漏电增加或栅极短路	栅极漏电	栅极漏电流	A、V、T
51	$SiO_2 \leq 4nm$	栅氧硬击穿	表面粗糙、沾污、ESD、晶格缺陷、电荷陷阱、局部栅氧偏薄、氧化物厚度变化、可移动离子、介质缺陷	栅极短路	栅极漏电	栅极漏电流	A、V、T
52	$SiO_2 > 4nm$	栅氧硬击穿	表面粗糙、沾污、强电场、晶格缺陷、针孔、电荷陷阱、局部栅氧偏薄、可动离子、介质缺陷、ESD	栅极短路	栅极漏电	栅极漏电流	A、V、T
66	$SiO_2 \leq 4nm$	栅氧硬击穿	表面粗糙、沾污、高压、晶格缺陷、电荷陷阱、局部栅氧偏薄、可动离子、介质缺陷、ESD	漏电增加	栅极漏电	栅极漏电流	A、V、T

续表

编号	材料	失效机理	失效原因	失效模式	测试方法	参数退化	影响的操作条件
75	$SiO_2 \leq 4nm$	热载流子注入（HCI）诱发向漏极附近栅氧中的电子注入并被俘获	栅氧厚度变化、有源区和掺杂剖面边缘粗糙	I_D、gm、V_{th}变化	I_D亚阈值特性曲线	PMOS I_{DS} vs. V_{DS}、V_{DS} vs. V_{GS}特性	V（V_{DS}、V_{GS}）；T；f
76	PMOS栅介质	热载流子注入（HCI）诱发向漏极附近栅氧中的电子注入并被俘获	氧化层厚度变化、掺杂剖面边缘粗糙	I_D、gm减小、V_{th}增加	I_D亚阈值特性曲线	NMOS I_{DS} vs. V_{DS}、V_{DS} vs. V_{GS}特性	V（V_{DS}、V_{GS}）；T；f
61	NMOS栅介质	IMD/ILD硬击穿	累积效应、CU扩散、强电场、电荷陷阱、局部氧化减薄、可动离子、ESD、边缘粗糙	G短路	栅极漏电	栅极漏电	A、V、T
89	IMD、ILD	金属残留导致潜伏缺陷	金属划痕、光刻板缺陷	漏电流增加	缺陷检测	漏电流	V
77	Cu、AiCu（Si）	NBTI，电荷陷阱	工艺流程导致或固有陷阱、氧化物厚度变化、掺杂剖面变化、表面粗糙	V_{th}绝对值增加、迁移率减小	V_{th}	PMOS I_{DS} vs. V_{DS}、V_{DS} vs. V_{GS}特性	V（V_{DS}、V_{GS}）；T；f；占空比
93	PMOS、NMOS栅介质，特别是氮化物	PBTI，电荷陷阱	工艺流程导致或固有陷阱、氧化物厚度变化、掺杂剖面变化、表面粗糙	V_{th}绝对值增加、迁移率减小	V_{th}	PMOS I_{DS} vs. V_{DS}、V_{DS} vs. V_{GS}特性	V（V_{DS}、V_{GS}）；T；f；占空比

注：表中"编号"与SAE（美国汽车工程协会）网站上公布的知识矩阵中的编号一致。下表同。

以下将通过案例介绍具体流程。

对某个需要开展分析的项目,使用矩阵将针对该类元器件所有可能的失效机理进行穷举,具体包括工艺/流程(由PFMEA支持)、器件(由DFMEA支持)、封装/组装(由DFMEA支持)、应用/环境等。

为了识别新的失效风险,有以下问题线索可供参考:

相对于熟悉的流程,新的要素指工艺流程(工艺步骤、材料)、器件(新电路设计、新的电压/电流水平、新元素,如电容)、设计(新结构、新版图、尺寸)、规范(新参数、更改的参数限制)、应用环境(新的环境应力、确定每个应力或其组合如何影响器件)等。

对于每一个额外的失效机理,要判断以下内容:

(1)上述要素的特征。

(2)至少知悉能够激发失效机理的可靠性试验。

(3)判断是否能够加速额外失效,而不引入新的失效机理,这种失效机理在正常使用时不期望发生。

以下是使用知识矩阵的介绍。

例如,围绕工作电压对可靠性的影响进行分析,具体步骤如下:

(1)找出在元器件级与工作电压相关失效原因、影响因素及对应的失效机理。

(2)从表4-2可见,其中一个需要考虑的失效机理是栅氧硬击穿(gate oxide hard breakdown,GOX hard BD)。

(3)假如所用材料是厚二氧化硅层,软击穿可被忽略,其失效原因及机理见表4-3。

表 4-3 厚二氧化硅层对应失效原因及机理

编号	材料	失效机理	失效原因	失效模式	测试方法	参数退化	影响的操作条件
52	SiO_2>4nm	栅氧硬击穿	表面粗糙、沾污、强电场、晶格缺陷、针孔、电荷陷阱、局部栅氧偏薄、可动离子、介质缺陷、ESD	栅极短路	栅极漏电	栅极漏电流	A、V、T

（4）在器件级别可能对应的失效模式是栅极—衬底短路。

（5）上述失效模式对应的可能退化以及需要验证测试的参数是栅极漏电流。

（6）从产品试验外推至应用层面，涉及电压（V）、温度（T）以及栅氧面积（A），意味着在开展栅氧可靠性试验时，除电压外，温度、栅氧面积是另外两个需要考虑的因素。

（7）试验结构的优化设计要用到晶体管阵列。对于这种试验结构，应制定栅极漏电流失效判定标准。

（8）鉴定时采用的应力是时间相关的介质击穿试验（time dependent dielectric breakdown，TDDB）。

（9）到这一步，可以确定一个综合的所有被TDDB激发的失效模型。基于这些因素可以制订一个覆盖所有失效机理的鉴定计划。

（10）对于这个案例，假如栅氧层厚度小于4nm，物理模型描述了栅氧击穿，使用的加速模型应该是E-model，额外的细节信息可在前文所述的公开发布的知识矩阵中查询。

上述方法存在一定的限制。例如，实践中可能存在如下情况：对失效模式和失效机理缺乏了解、专用试验结构不可获取、加速/加严试验所需时间/应力条件不允许或不具备、无法通过器件级试验确定适用性等。此时，可能需要开展健壮性验证试验。

4.2.3 健壮性验证

当通用鉴定流程不适用并且加严考核试验不可行时，则需要开展器件的健壮性验证。采用健壮性验证是通过直至失效应力试验（testing to failure，or end-of-life，我们通常称为极限应力试验，属于可靠性验证的范畴）了解安全隔离带（robustness margin，我们通常称之为"安全裕度"）的大小，提供器件手册中未提供的、额外的、必要的信息（见图4-4）。

与筛选或鉴定检验不同，健壮性验证要求将产品测试至失效或寿命终止，同时避免无效（不可识别/无充分事实）的失效模式，评估器件实际能力与使用要求之间的裕度空间。

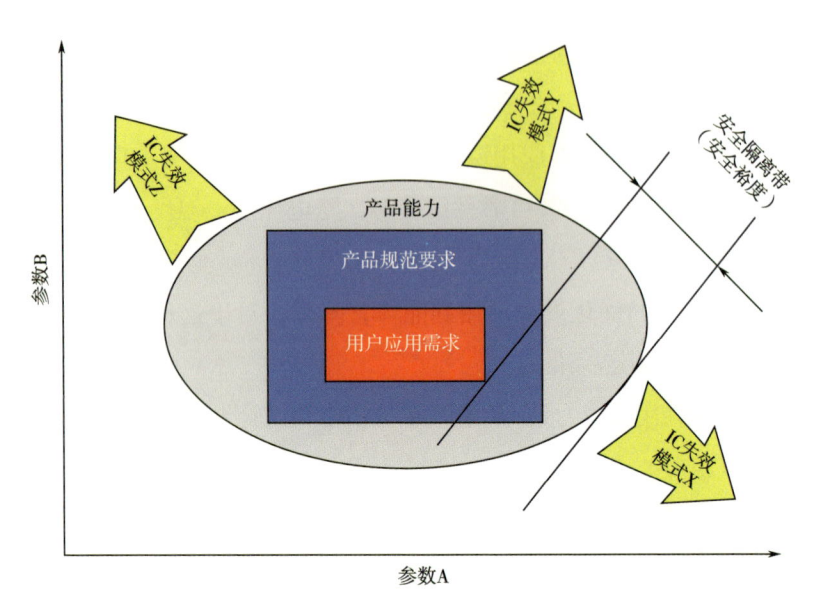

图4-4　健壮性验证的目的

健壮性验证的设计依赖经验和认知，是一个基于认知的方法，认知主要包括以下几个方面：

（1）对应用环境和条件的认知（即任务剖面）。

（2）对失效机理和失效模型以及不同失效机理之间的相互关系的认知。

（3）对失效模式对应加速模型的认知。

无论筛选还是鉴定都是"test-to-pass"（即是否符合产品规范的通过性测试）的方法，并不能提供安全裕值的信息，这就好比在黑暗中旅行且不知道距离悬崖边缘有多远。健壮性验证能够提供必要的信息，是一种更为安全的途径。

健壮性验证的目的是通过试验摸清产品特性与应用环境之间的裕度，最终得出的结论为是否"适合应用"（fit for use），而非是否"适合标准"（fit for standard），最终落脚点是确定大规模生产和相关的过程监控计划（流程见图4-5）。此外，健壮性验证还能使元器件降额设计应用的依据更为准确和清晰。

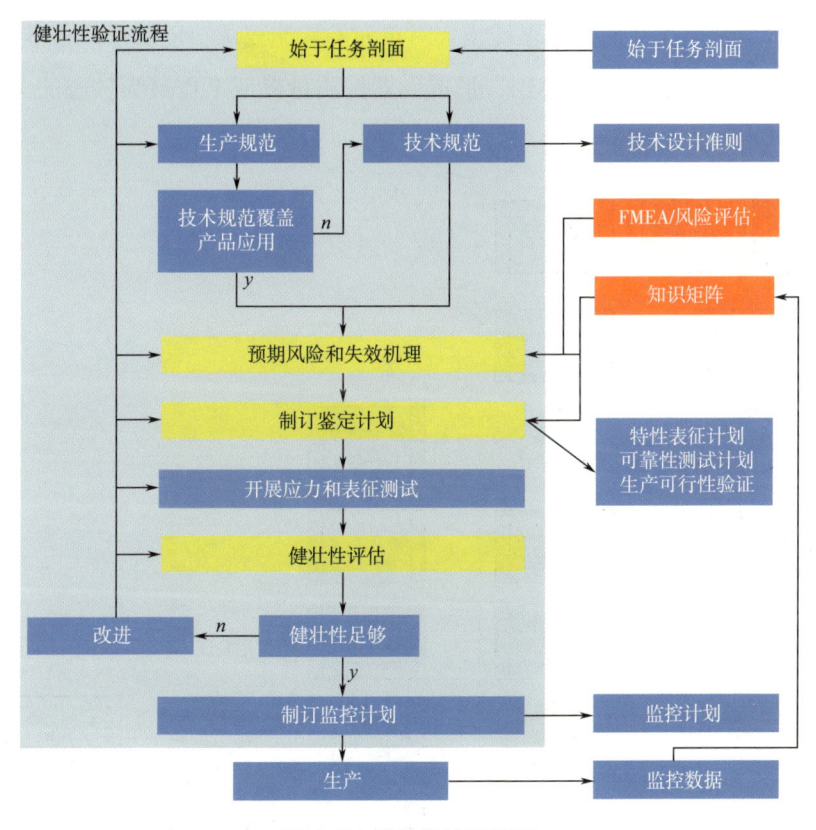

图 4-5 健壮性验证流程

4.3 基于任务剖面和失效模式的火箭元器件质量保证

在我国运载火箭的发展过程中，保障电子元器件的可靠性是一项艰巨的任务，探索的脚步从未停止。长期以来，航天一院在坚持首先选择国产电子元器件的同时，探索了基于火箭任务剖面和元器件失效模式的元器件质量保证模式，即将火箭任务剖面和质量与可靠性的要求分解、转化为对元器件的技术与质量要求，并研究元器件的现场失效，完善运载火箭元器件技术规范，通过对元器件的鉴定应力水平控制和质量保证工作来保证元器件质量与可靠性，而不是通过整机验证、分系统验证、全箭验证来给出元器件的可用结论。

基于系统任务剖面的要求转换为对单元的控制要求，能够形成标准规范，用以指导元器件的采购和使用，形成元器件质量保证工作最为核心的关键技术（其基本流程见图4-6）。

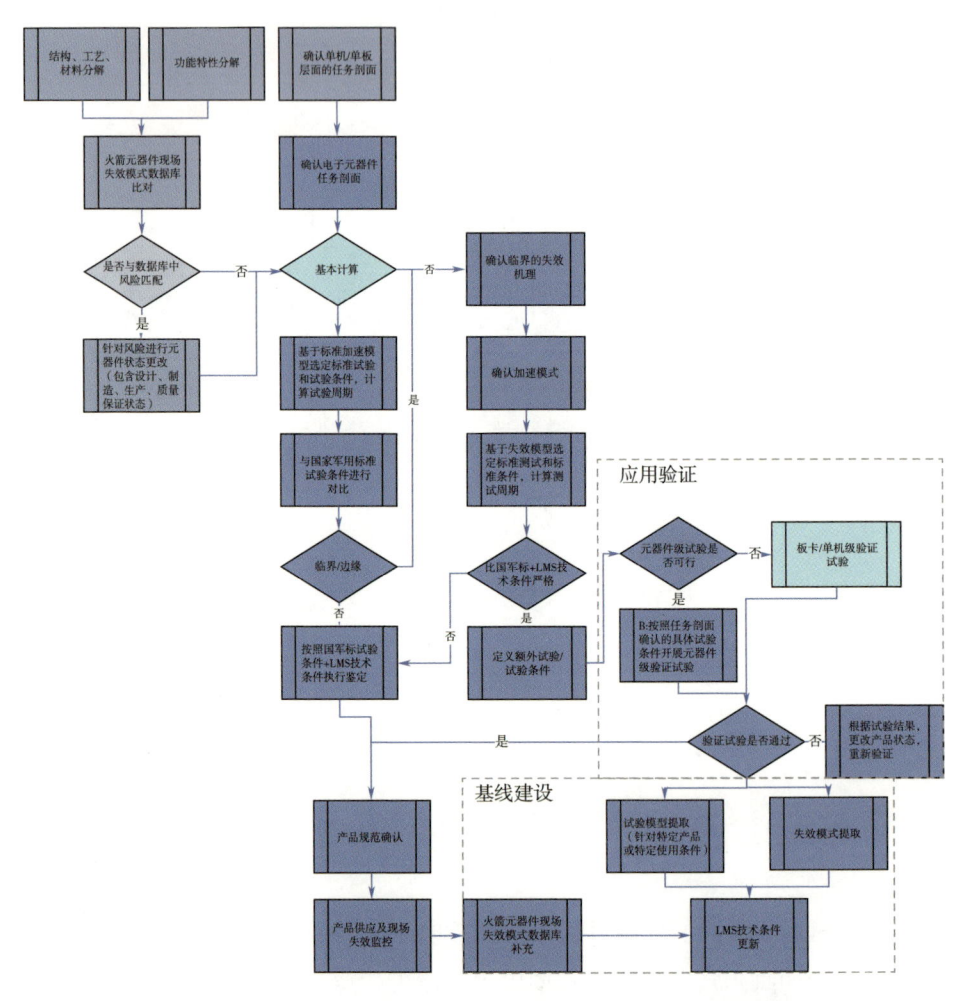

图4-6 基于任务剖面和元器件现场失效模式的火箭元器件质量保证流程

4.3.1 提出基于任务剖面和失效模式的技术要求

我国早期运载火箭研制的仿制阶段相当短暂，包括电子元器件、材料等研发很快进入完全国产化的阶段。在计划经济时期，航天工业部门提出电子元器件需求，由第四机械工业部、中国科学院以及地方企业负责研制。起初，技术要求是依据单机任务剖面确定的技术指标要求；许多元器件研制都是通过技术协议来明确技术和质量要求的，其中一部分企业有自己的企业标准，例如航天系统研制的电连接器、继电器等都执行企业的技术条件。随着可靠性工作的深入，在运载火箭的相关电气研究所和整机生产厂开始建立元器件的质量保证机构或专业，解决元器件的检验、筛选和失效分析问题，材料和工艺研究所从20世纪60年代就开始建立失效分析与检测专业。

20世纪70年代后期，针对东风五号运载火箭研制中不断暴露的元器件质量问题，航天一院向国防科工委提出建议报告：基于东风五号运载火箭电子设备在现场应用中不断暴露的失效问题，以火箭控制系统元器件为背景实施"七专"电子元器件质量控制，建立"七专"生产线，实施了"七专"电子元器件技术攻关和科学实验反馈计划，有效保证了东风五号研制。到1980年东风五号运载火箭飞越太平洋时，相关工作不仅保证了型号任务完成，而且火箭的电子元器件均为国产。航天一院作为当时的主要力量参与了国防科工委组织的"七专"7905电子元器件技术协议和8406技术条件的制定，负责将基于火箭任务剖面和现场失效纠正措施落实的要求纳入"七专"技术条件和技术攻关要求，虽然相关技术要求参考了美国军用元器件的标准，但主体思路是自主的，并由起步阶段4个7905技术协议升为25个QZJ 8406技术条件，基本解决了当时航天工程研制所面临的突出电子元器件质量问题。

随着载人航天工程的实施，为了保证载人火箭的质量与可靠性，航天一院基于"QZJ 8406技术条件+"的模式推出技术规范《LMS电子元器件技术条件》。到21世纪初，以航天一院型号为背景实施了航天电子元器件可靠性增长工程，航天一院基于"GJB+"的模式推出新版技术规范《LMS电子元器件技术条件》，并开始用于载人航天工程火箭二期工程。

《LMS电子元器件技术条件》是基于当时火箭任务剖面和元器件失效模式而构建的，其属于补充模式的元器件技术规范，与汽车电子的技术规范数量差不多，共41个，具有很强的针对性。例如，针对半导体器件键合金铝系统失效等问题，规范要求运载火箭全面推广DPA，开展特性评估，对键合等关键工序实施C_{PK}评价分析及SPC；针对长期储存任务剖面，禁用了一些内部钝化材料、封装方式、封装材料，增加了内部气氛控制，提高了密封性指标等；针对电噪声缺陷，发布了LMS 040《光电耦合器噪声筛选技术条件》等。

4.3.2 提出质量问题归零知识管理五条原则，完善数据库

《LMS电子元器件技术条件》的另外一个贡献是规范了航天型号的元器件质量保证要求，通过航天电子元器件可靠性增长工程，为航天元器件质量保证要求纳入国家军用标准提供了途径和示范，在通用规范中补充宇航质量保证条款，并以附录形式进入了元器件详细规范体系。

附录A：用户监制或强制检验检点。

附录B：用户或第三方验收。

附录C：DPA。

附录D：内部元器件、材料及零部件评价与保证。

附录E：老化或测试电路及要求。

附录F：特殊环境要求。

标准或规范是实践的结果，其来源于实践并服务于实践，并在实践中不断地完善，其基本原理就是"基于任务剖面确定控制要求，基于现场失效的纠正措施和预防措施完善控制要求"。从这个原理出发，2013年，航天一院提出了"梳理模式、提炼准则、统计分析、完善基线、积累数据"的质量问题归零知识管理五条原则：

（1）梳理模式，即梳理已经发生质量问题的故障模式或失效模式。

（2）提炼准则，针对问题，提炼在设计、工艺、试验、管理等方面应遵循的准则或禁忌。

（3）统计分析，统计故障模式的发生频度，分析深层次原因，为完善质量控制条件与模型，开展故障模式、影响及危害性分析（FMECA）等可靠性设计提供数据依据。

（4）完善基线，对一个时期的质量问题线索表，包括故障模式、故障机理和技术准则或禁忌等内容进行分析、总结，研究故障规律，指导质量保证

工作。

（5）积累数据，完善质量与可靠性数据包，包括完善技术规范、完善故障模式库和故障树库。

按照上述原则，航天一院元器件可靠性中心回溯了质量问题信息系统中的元器件失效情况，以规范的形式建立了与AEC知识矩阵类似的元器件失效模式数据库，以知识管理为基础合理确定元器件的技术规范，取得了有效结果。

4.3.3 结论

汽车和火箭都是对可靠性和安全性有明确要求的运载工具。从任务剖面看，运载火箭系统庞大而复杂，为了摆脱地球的引力，其所诱发的环境剖面极为严酷。随着智能化水平的不断提高，汽车电子系统的复杂度也在不断提升。例如，用于汽车轮胎和发动机测量的传感器所面临的环境十分恶劣。因此，从任务剖面和失效模式入手研究元器件的质量保证是最直接、最关键和效率最高的方法，这既是基本的工作原理，也是确定元器件技术规范的基本依据，或者说是元器件标准化的基本原理。

汽车电子还面临另外一个方面的问题，那就是在不断提高和保持元器件质量和可靠性水平的同时需要不断地降低成本，否则将会被市场无情地淘汰，因此，供应商需要通过不断的技术进步和方法改进来满足市场的要求。此外，质量管理体系也需要从注重方法工具、注重有效性和效率出发，去除形式化和没有效率的流程，这也是丰田精益管理模式成功的缘由。IATF 16949和AEC电子技术规范正是从这个背景出发，不断面向当前的实际问题，进行不断的完善和调整，以满足汽车行业发展的需要。

长期以来，中国运载火箭是按照自力更生的原则研制的，一开始的质量保证工作要从基本原理出发，从经验出发，因而在形式上是简单的；但航天任务的成功目标和高可靠性的要求迫使从事火箭研制人员找到最直接、最关键、最有效的办法，那就是通过任务剖面的分解、转化，实现对元器件的验证，并通过现场失效模式的分析、纠正措施的落实来完善鉴定模式，通过不断的迭代使元器件不断满足火箭的要求。

  正是经验或知识的积累使《LMS电子元器件技术条件》这一技术规范得以形成。目前，火箭电子系统发展迅速，微电子工艺技术的发展使电子系统进一步集成化、微型化，形成集软件、硬件一体化的微系统，产生了许多新的失效模式与机理，而这就需要新的物理手段，特别是大量的仿真试验和数据库支持来开展仿真验证，才能提出对元器件的质量鉴定要求和保证要求。此外，商业航天的发展提出了经济性的要求，也会进一步促进观念的变革，促进手段与方法的革命。

5

核心
——基于统计技术的一致性和稳定性评价

质量的简约——兼议汽车电子技术规范

汽车电子技术规范中有6个技术支撑规范。其中，AEC-Q001《产品均值测试指南》、AEC-Q002《良品率统计分析指南》、AEC-Q003《集成电路特性评估指南》为基于统计技术的电子元器件一致性、稳定性评估方法；AEC-Q004提供了面向"零缺陷"目标的方法应用指南，AEC-Q005、AEC-Q006提出了对无铅化和铜互连产品的试验考核要求。AEC-Q001、AEC-Q002、AEC-Q003对于大批量生产的汽车电子质量保证具有重要的现实意义。

我国运载火箭用电子元器件从通过20世纪80年代前的"大路货"加筛选的方式获取，到"七专"技术条件，再到执行以"七专"技术条件和国家军用标准为基础，基本解决了国产元器件应用的质量保证问题；但是在这个过程中，"一致性差""稳定性不好"一直是突出的矛盾，也是当前火箭电子元器件质量保证所要解决的主要问题。

实施统计过程控制（SPC）是提升元器件厂家制造水平的重要方法，GJB 3014—1997《电子元器件统计过程控制体系》（参考美国国家标准ANSI/EIA-557A《统计过程控制体系》编制）规定了电子元器件厂家的SPC体系的基本要求。GJB 2823—1997《电子元器件产品出厂平均质量水平评定方法》规定了以百万分不合格品率来评定产品出厂平均质量水平的方法，但是其仅适用于生产稳定而且连续批量生产的电子元器件，不适用于逐批验收方案下的小批量电子器件。

传统的用户评价元器件一致性和稳定性的方法主要包括以下两类：

第一类是批接收抽样检验，以此来检验该批产品是否满足产品规范要求。

第二类是可靠性寿命试验，以此来评价产品的可靠性。

随着电子元器件设计和生产技术的发展，其质量和可靠性水平有了很大提升，上述传统的评价方法已经难以经济地评价高可靠性元器件产品的质量水平。

国际电子元器件质量水平在二十多年前就已经达到每一批产品都能通过常规批抽样检验的水平，因此批接收抽样试验方法已不能区分高水平产品之间的质量差别。常规的可靠性寿命试验方法为：依据抽样理论抽取一定数量样品，进行规定时间的加速试验，然后根据试验结束时的失效样品数判断该批元器件的可靠性是否达到某一水平。试验样品数与可靠性水平密切相关，例如针对某一失效机理进行加速寿命试验对样本要求的情况见表5-1。

根据英特尔公司的统计分析，从1972年到2000年，其中央处理器（CPU）的失效率从近1 000 FIT降至10 FIT的水平。一般集成电路的失效率较CPU更低，国际上普遍已经低至0.1 FIT以下。显然，可靠性寿命试验方法所要求的试验样品数量太多，已不能继续用于评价高可靠元器件的实际质量水平。

当前国家军用标准集成电路（在不引起混淆的前提下，下文也用"器件"指代）的寿命试验采用抽样45只允许0失效的方案。这个方案下，即使按照每年10批次且已连续供应10年，其累积样本数也仅为4 500只，并不一定能有效评价产品的实际质量水平。

表 5-1 失效率与可靠性试验样品数的关系（1 000h 加速寿命试验）

失效率水平	允许0失效	允许2个失效
1 000 FIT（6级）	355	835
100 FIT（7级）	3 550	8 350
10 FIT（8级）	35 500	83 500

在从结果检验和评定转向过程控制与评价的基础上，AEC-Q001、AEC-Q002、AEC-Q003提出了基于统计技术的适用于逐批产品验收的一致性和稳定性评价方法，具有较高的工程化应用水平。

5.1 基于统计技术的一致性和可靠性评估

实际生产中，正常情况下器件的大部分参数数据服从正态分布。基于正态分布的均值和标准差的统计控制方法应用十分广泛。

5.1.1 正态分布

正态分布的概率密度函数为：

$$f(X) = \frac{1}{\sqrt{2\pi}\sigma}\exp\left[-\frac{1}{2\sigma^2}(X-\mu)^2\right] \tag{5-1}$$

正态分布概率密度函数包括 μ 和 σ 两个参数，其中 μ 为均值，σ 为标准偏差。μ 为位置参数，反映曲线的位置。σ 为形状参数，反映样本值的离散程度。对于 n 个样本的数据，μ 近似值为 n 个样本的算术平均值：

$$\mu \approx \overline{X} = \frac{1}{n}\sum_{i=0}^{n} X_i \tag{5-2}$$

σ 近似值为 n 个样本的标准方差：

$$\sigma \approx S = \sqrt{(X_i - \overline{X})} \tag{5-3}$$

式（5-1）的分布曲线如图5-1所示，数据取值在（$\mu-3\sigma$）~（$\mu+3\sigma$）范围的比例为99.73%，数据取值在（$\mu-6\sigma$）~（$\mu+6\sigma$）范围的比例为99.999 999 81%。

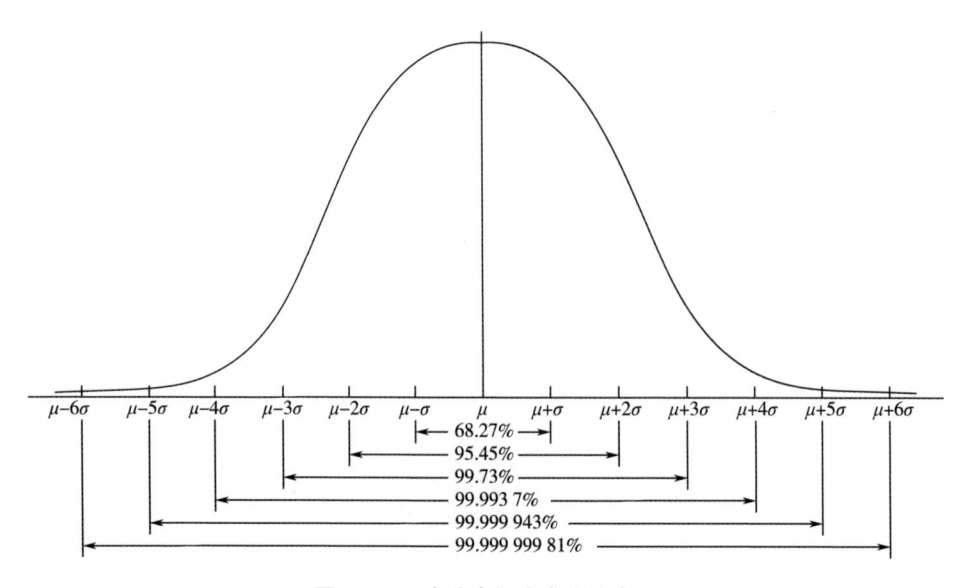

图5-1 正态分布概率密度分布图

5.1.2 不同批次产品的分布

受各种因素的影响，器件的不同批次产品的电参数测试值分布中的μ和σ两个参数必然存在一定程度的漂移，并呈现如图5-2所示的分布情况。由图可见，第2批次的产品较第1和第3批次产品的一致性更好（$\sigma_2<\sigma_1=\sigma_3$）；第1和第3批次产品的一致性相当，但是两个批次之间的产品整体发生了较大的参数偏移。对于一种产品，我们期望μ越接近越好，表明批次间一致性越高越好；对于批次内的产品，我们期望σ越小越好，表明器件的生产工艺控制水平更高。

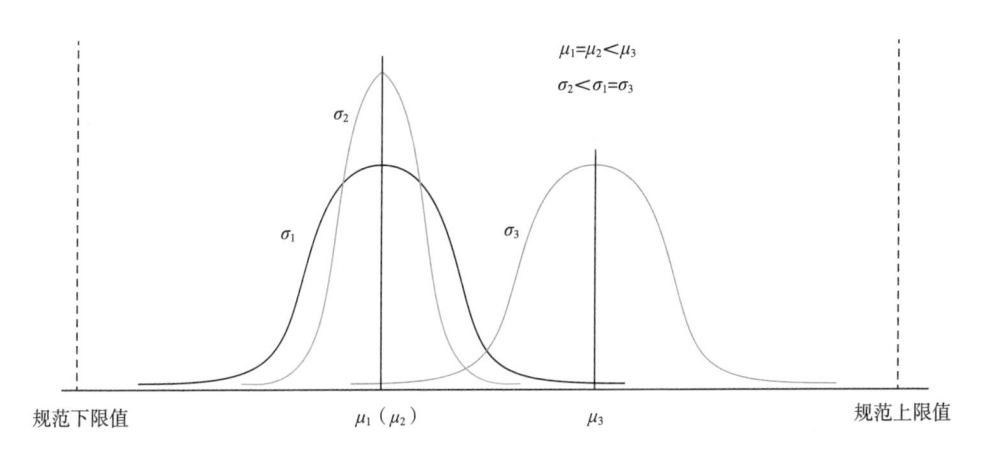

图5-2 不同批次产品的参数分布差异

5.1.3 批次内异常器件的分布

当一个生产批次的器件生产出来，按照规范或手册规定的规范极限值进行筛选测试，剔除电参数测试值超出规范极限值的不合格产品后，其电参数的测试值分布情况如图5-3所示。大部分器件的电参数测试值将集中分布在（$\mu\pm6\sigma$）的范围内，仍然会有极少部分器件分布在（$\mu\pm6\sigma$）范围外，这部分器件受到生产过程中包括偶然因素在内的各种因素影响，电参数已经发生异常漂移。

电参数发生异常漂移的器件，其测试值仍然在规范极限值范围内，但是在统计学意义上其与正常器件不一致。短期内这部分器件工作仍然是正常的，然而随着后续电应力、环境应力作用，性能继续恶化的概率很大，将提高售后服务和处理后期失效的成本，甚至发生质量事故。

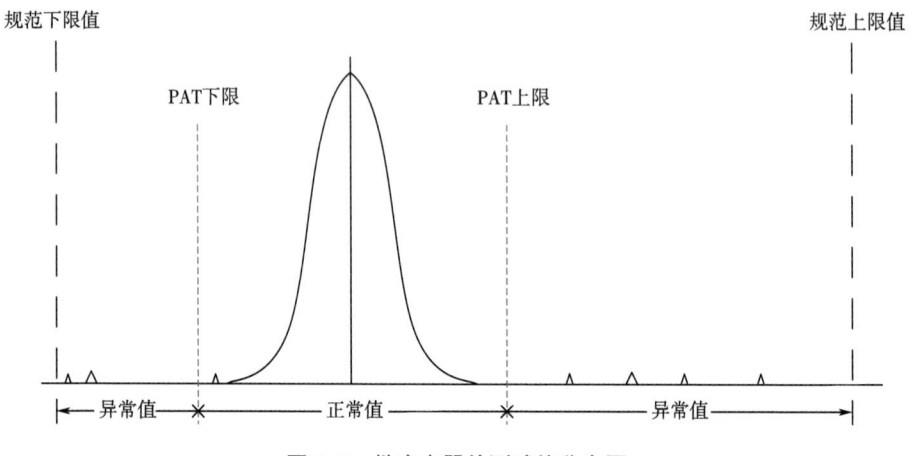

图 5-3　批次内器件测试值分布图

5.1.4　一致性和可靠性的表征

（1）一致性的表征。用户期望的产品一致性既包括批次内产品的一致性，也包括批次间产品的一致性。例如，批次内产品的特性参数一般呈现正态分布，通过正态分布的统计数 μ（均值）可以表现不同批次间产品的整体偏移，σ（标准方差）可以表现批次内产品的一致性。

（2）可靠性的表征。例如，英特尔公司通过对近 100 万个器件的试验，发现老化成品率 Yr 与中测成品率表现出很强的正相关关系。成品率越高，其中合格产品的可靠性也越高，而且数据分散性越小。只有在生产成品率很高的情况下，生产的合格产品才会具有更高的可靠性。如果成品率很低，我们虽然可以从中挑选出少数满足规范的合格产品，但是其可靠性不会高。因此，成品率的高低能够有效评价产品的可靠性水平。

5.2 一致性评价方法

AEC-Q001提出，稳健均值 μ、稳健标准方差 σ 和产品均值测试（part average testing，PAT）的优化可以有效剔除批次内和批次间的异常器件，提高产品批次间和批次内的一致性水平。

5.2.1 稳健均值与稳健标准差的确定

由于常用的均值和标准差对异常值过于敏感，因此很少直接采用式（5-2）、式（5-3）用于统计计算。"稳健"方法能够减小对异常值的敏感性。对稳健均值和标准差分析时，通过估计主体部分的位置和离散情况，可以将异常值排除在外。对于正常的正态分布，稳健均值和标准差用式（5-4）、式（5-5）得出：

$$稳健均值 = Q2（中位数） \tag{5-4}$$

式中，如果样本量是奇数，$Q2$（中位数）是处于中心位置的数据点。如果样本量是偶数，$Q2$则等于处于中间位置的两个数据的平均值。

$$稳健标准差 = (Q3-Q1)/1.35 \tag{5-5}$$

式中，当样本量小于20时，采用1.35进行计算是不精确的。$Q1$是对样本进行排序后的1/4分位数，$Q3$是对样本进行排序后的3/4分位数。

5.2.2 测试程序

（1）选取重要特性参数。首先，选取一致性控制的重要特性参数。影响器件质量可靠性的最重要特性的稳健均值控制参数选择和适用范围见表5-2。

表5-2 稳健均值控制参数选择指南

序号	电参数	适用范围
1	漏电流	确认CMOS器件的引出端与衬底和V_{DD}之间的结特性
2	静态电源电流（I_{DD}或I_{CC}）	适用于所有器件

续表

序号	电参数	适用范围
3	直接漏极静态电流（direct drain quiescent current，IDDQ）	适用于可进行IDDQ测试的MOS（MOSFET，金氧半场效晶体管）器件
4	输出击穿电压（BV_{CES}或BV_{DSS}）、输出漏电流（I_{CES}或I_{DDS}）、输出驱动电流（I_{OUT}）及输出电压电平（V_{OUT}）	适用于线性器件及BiCMOS器件
5	高压应力测试（Over-Voltage Stress Test）	用于激发硅MOS类型器件（如NMOS、PMOS、CMOS、DMOS等）在栅氧化层或其他相关方面存在的缺陷
6	低电平输入电流（I_{IL}）、高电平输入电流（I_{IH}）、低电平输出电压（V_{OL}）、高电平输出电压（V_{OH}）	用于确认晶体管功能是否符合设计要求；通过在本项目中实施PAT限值，可以发现性能较差的晶体管
7	传输延迟或输出响应时间、上升时间/下降时间	用于确认晶体管功能是否符合设计要求；通过在本项目中实施PAT限值，可以发现性能较差的晶体管
8	拓展测试： ①低温/高温电测试； ②低/高工作电压测试； ③高压时延（dwell time）测试； ④高于/低于规范要求的工作频率测试； ⑤对于功率器件，通过漏电流测试等项目确认安全工作区（安全工作范围的60%）	拓展测试是为了增强PAT效率而采取的产品规范要求之外的测试；拓展测试对更多的器件特性进行了PAT，因此能够通过器件级测试，获得更高质量和可靠性水平的器件（合格芯片）

（2）确定测试限值。测试限值可以设置为定值，也可进行动态调整。静态限值通过足够数量的测试数据确定，使用时不随时间变化。动态限值在其确定的基础上，随每一批次（或批次中的每个晶圆）测试结果进行持续修正。当有晶圆级的设计状态变化（或芯片尺寸减小、工艺变化）时，应重新确定PAT限值（无论是动态还是静态）。PAT限值适用于所有可通过统计分布进行异常值检验的电测试环节。PAT限值不应超过器件规范值的范围。

其一，静态PAT限值。采集至少6批已通过规范极限值测试的产品测试数据，从中随机选取至少30个产品子样（见图5-4），计算每种参数测试的稳健均值与稳健标准差。如果测试数据是晶圆级的，则需要从每个晶圆上选取至少5个不同位置的芯片（每批至少选30个芯片）测试数据。在生产早期，当不具备6批可用数据时，可以采用试制批的数据，并在拥有足够的可用数据后尽快更新。静态PAT限值按式（5-6）确定：

$$静态PAT限值 = 稳健均值 \pm 6 \times 稳健标准差 \tag{5-6}$$

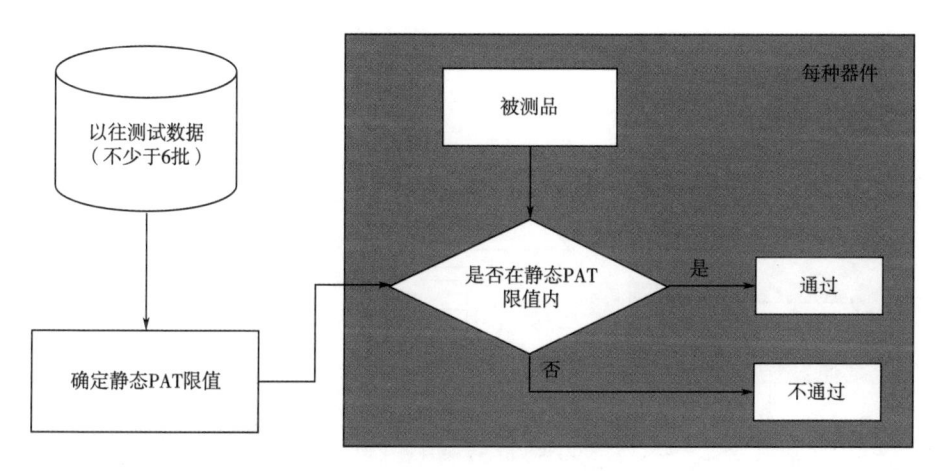

图5-4 确定静态PAT限值

在生产的前6个月或不超过8个晶圆批次时，静态PAT限值应根据最新数据及时更新，更新前的数据应予废止。

6个月之后，静态PAT限值应以半年为周期进行复核，并在必要时进行更新。

其二，动态PAT限值。由于动态PAT限值所参考的样本和被测器件样本一致，因此，相比静态PAT限值，推荐采用动态PAT限值。同时，由于动态PAT限值不需要考虑批次之间的变化，相比静态PAT限值，能够在不增加良品误判的情况下给出更窄的限值范围。动态PAT限值的确定方法与静态PAT限值确定方法一致，差别在于计算时仅考虑通过了测试的当前批次（或晶圆）的数据。应用本方法时，在完成了器件批次（或晶圆）静态PAT限值相关的测试之后，必须确保器件处于可以应用动态PAT限值的状态。对于一个批次（或晶圆）而言，动态PAT限值根据最新的测试数据统计分析得出，能够给出更窄一些的限值范围，剔除更多的异常产品（见图5-5）。动态PAT限值按式（5-7）确定：

$$动态PAT限值 = 稳健均值 \pm 6 \times 稳健标准差 \tag{5-7}$$

图5-5适用于晶圆中测或器件成品测试。对于无法追溯测试数据对应关系的器件，则需要按照更新后的动态PAT限值进行重新测试。

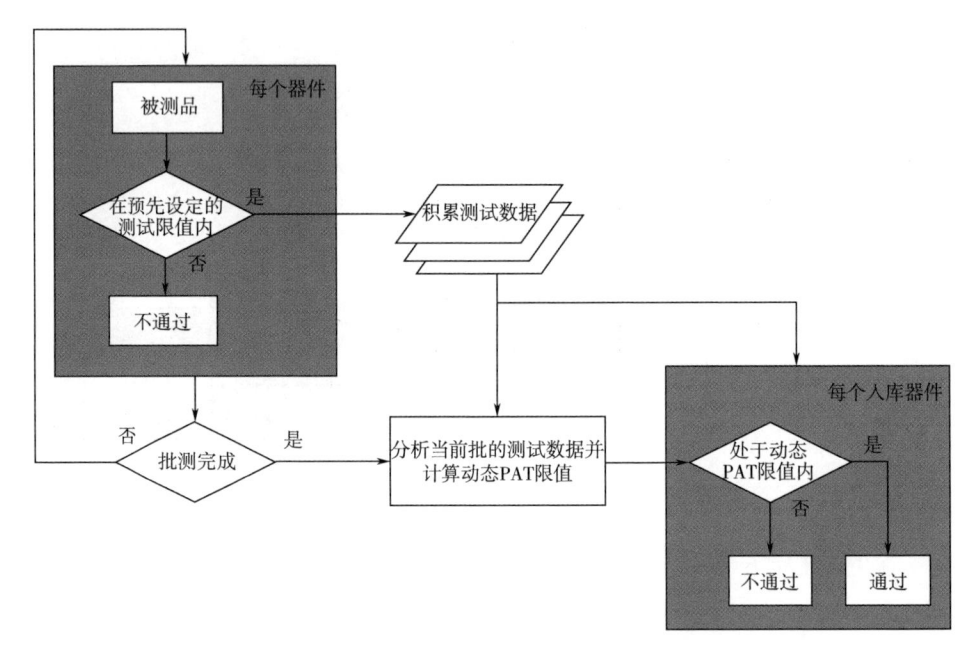

图5-5　确定动态PAT限值（中测或成测）

其三，改进的动态PAT限值。图5-6列举了一种改进的动态PAT方法，能够避免重新进行成品测试。该方法将动态PAT限值应用于除计算动态PAT限值所用的样本之外的同批产品中。

首先通过静态PAT限值测试一批产品中已经提前确定为良品的N个器件（如N=500或1 000）。通过这些数据，计算出当前批次的静态PAT限值作为新的静态PAT限值（计数器清零），用以测试本批产品中的剩余产品。一旦计数器达到N，则重复上述过程直至本批产品全部完成测试。

其他的动态PAT限值还包括从一批产品中随机选取前N个器件计算限值，作为本批产品的限值。

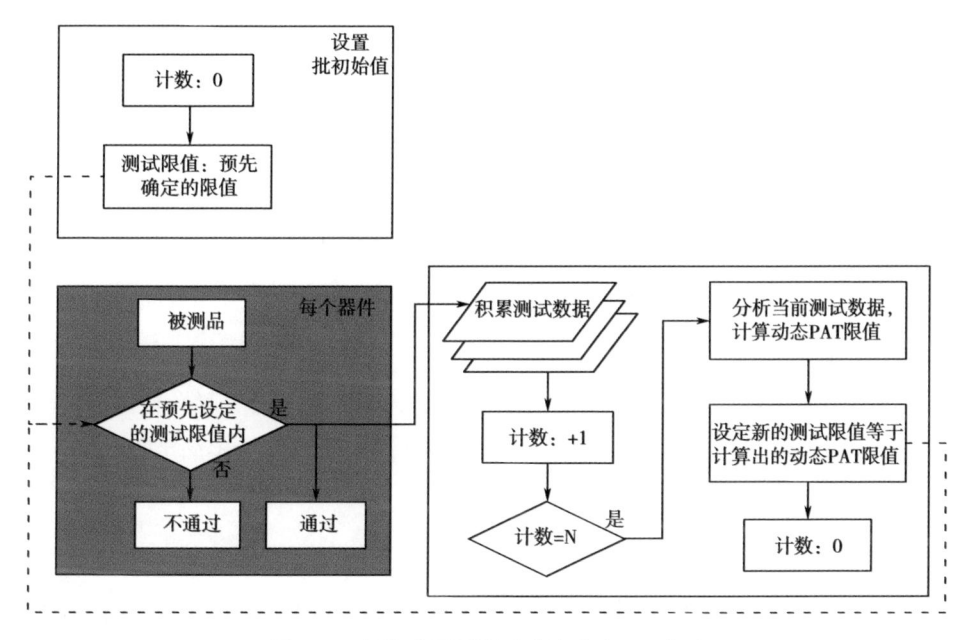

图5-6 封装成品器件测试的动态PAT方法

5.2.3 应用建议

对于用户（订购方）来说，需要根据器件研究确定电参数的选择、样本和统计模型。AEC-Q001给出了实施产品均值测试控制的电参数选取、稳健均值和稳健标准差的确定、三种PAT限值（静态PAT限值、动态PAT限值和改进的动态PAT限值）确定的程序和控制实施流程。在实施PAT控制时，应考虑以下几个方面：

（1）PAT不能从根本上提升器件的可靠性。PAT控制只是剔除异常器件的有效手段，不是提升产品可靠性的根本方法，其不能替代产品生产过程控制水平的要求。

对于工业和商用领域大批量生产的器件，实施PAT控制，在剔除异常器件的同时，会促进供应商主动提高生产过程控制水平。

对于军用器件，实施PAT的主要目的是剔除交付产品的异常器件。对于小批量的不连续性生产状态，合格品率的影响对器件供应商提高生产过程控制水平的动力不足。因此，军用器件用户（订货方）采用PAT控制的时候，不能放松对供应商的生产过程控制能力的要求，并应该保有额外的控制要求和措施。

（2）PAT可以完善军用元器件的参数指标体系。PAT不仅适用于器件，也适用于元件，而军用元器件的产品指标体系研究也有待深入。元器件的特性量化表征和判据都是基于设计原理的，而不是依据别的标准的，尤其是反向设计的产品，PAT一方面使用户掌握产品的实际特性分布，另一方面促进研制方合理完善元器件的指标体系。

（3）三种PAT限值的选择。静态PAT限值对于批次间的关联性较高，对于控制批次间产品的一致性具有显著的作用，且数据统计和分析的工作量较小，只需要周期性地统计和分析其PAT限值。

动态PAT限值在静态PAT限值的基础上，与当前批次的影响因素关联度更高，但是有关数据统计和分析的工作量较大，并会影响元器件的测试/筛选效率。

改进的动态PAT限值是在动态PAT限值的基础上，面对大批量生产的元器件，为提高测试/筛选的效率，进行统计和分析样本的方案优化。

对于军用元器件小批量的不连续性生产状态且产品的技术状态固化和管理严格的情况下，建议选择静态PAT限值，能够降低工作量并确保历史批次、当前批次、后续批次产品的一致性。但是，静态PAT限值的确定需要在产品设计定型之前具有足够的连续批次（至少6批），以确保静态PAT限值确定的有效性、合理性。

5.3 批次性质量的评价方法

相对于AEC-Q001主要是为了实现批次间和批次内产品的一致性以及剔除异常的个别产品，AEC-Q002则用于评价产品的批次合格率水平，用于识别批次性风险。

5.3.1 边界条件的确定

实践中，需要采集至少6批数据，分析良品（每个晶圆上的合格芯片）的统计分布和由供应商及用户共同确定的所有失效分级（每类失效原因的失效芯片数量）的统计分布情况。如果良品和失效分级的分布服从正态分布，则直接由此确定每批器件（晶圆、晶圆批、封装批）的合格/失效判据的均值和标准差。

在产品生产早期，当不具备6批可用的数据时，可以将鉴定批、以往相似产品和设计仿真的数据设定为初始限值。初始限值应在新的生产数据可用后尽快更新。在生产的前6个月，应采用最新的生产数据定期复查和更新限值，复查和更新的频率以每两个晶圆批或每30天的产品数据斜率为基础。

实际使用的最新数据应为最近一次更新的可用数据或至少8个最新批次的数据。旧版本的数据应及时废止。在持续生产6个月以后，数据更新的频率以用户和供应商协商结果为准，或保持每年至少两次。采用上述数据计算晶圆、晶圆批、封装批等的SYL（统计良品极限）和SBL（统计分类极限）：

$$SYL1 = \mu - 3\sigma$$

$$SBL1 = \mu + 3\sigma$$

$$SYL2 = \mu - 4\sigma$$

$$SBL2 = \mu + 4\sigma$$

5.3.2 非良品的隔离和分析

对任何低于SYL1或超出SBL1的晶圆或批次，应进行标记，并进行复核。此外，低于SYL2或高于SBL2的批次应进行隔离，供应商应完成被隔离批次的风险评估，并采取必要措施以降低用户方风险。低于最低限值或具有高可靠性风险的晶圆/批产应予废弃。对于大的偏离，供应商应确定问题发生的根本原因、纠正措施和预防措施。对于所有超出限值范围的交付批次，应完整记录供应商和用户之间的所有决策意见。

5.3.3 应用建议

当需要采用良品分布控制方法时，应关注以下内容：

（1）良品统计分析方法是针对批次整体质量状态的评估。AEC-Q002提供的控制方法是针对晶圆或封装成品的批次整体质量状态的评估，其不是针对个别芯片或封装成品器件的好坏进行检测/筛选的措施。分析结论可以提供产品的改进方向，也可以用于向用户（订购方）提示该批次产品的质量状态，也可以用作用户（订购方）对产品的批次接收/拒收的判定依据。

（2）需要确定良品率的指标。用户（订购方）需要采用良品率控制方法时，如果需要作为批次接收/拒收的判定依据，用户（订购方）与供应商需要协商一致，明确落在（$\mu-3\sigma$，$\mu+3\sigma$）范围内良品率的百分比指标要求。

（3）非正态分布的情况。如果每个晶圆上的合格芯片率或每类芯片/晶圆失效情况不符合正态分布，供应商可以采用其他统计方法，如通过数学方法将数据转换为正态分布，或采用其他适合的分布类型（威布尔分布、伽马分布、泊松分布等）。若采用其他分布类型计算SYL/SBL限值，应保证对应的风险可能性与正态分布的3σ或4σ的风险可能性一致。任何其他的方法都必须经过严格的统计学证明，供应商应做好对所使用的统计方法进行解释的准备。

5.4　产品特性评估方法

AEC-Q003基于参数的分布统计提出了产品的电参数特性评估方法。该方法主要用于新器件或发生重大技术状态变化的器件，获取产品性能的质量，其结果也可以用于确定产品规范/数据手册的参数极限（specification limit）。

在2014年H版AEC-Q100《基于失效机理的集成电路应力试验鉴定》中，鉴定试验C分组的键合剪切强度、键合拉力、物理尺寸、焊球剪切试验中新增了按照AEC-Q003方法进行数据分析的要求，E分组的电参数分布评估明确新产品的数据手册电参数极限值通过AEC-Q003方法进行评估确定。

5.4.1　需开展特性评估的情况

当集成电路存在下列情况时，应该开展特性评估：

（1）新的产品设计。

（2）重新电路布局或其他影响电特性的更改。

（3）新的单元结构的应用。

（4）新工艺或新材料。

（5）新的工作偏置条件（重新评估偏置极限）。

（6）新的工作环境（如电压、温度等）。

5.4.2 集成电路特性评估的方法

（1）样本的选择。其一，矩阵批（matrix lot）设计。在开展特性评估之前，应开展样本方案设计，采用矩阵批（matrix lot）的样本组成方式。矩阵批的组成方案包括矩阵单元数量、每个单元的样本数量、数据分析方法，矩阵单元的划分和选择见图5-7。

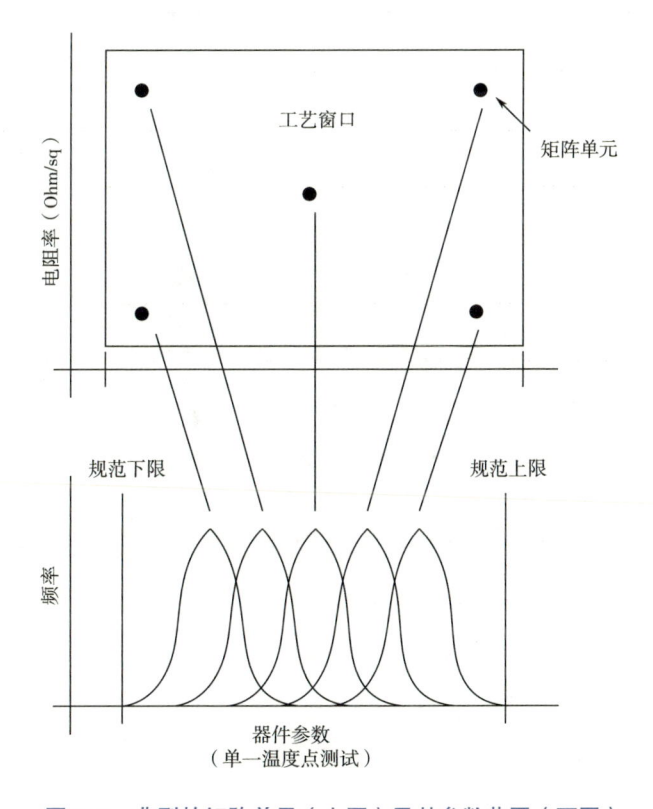

图5-7 典型的矩阵单元（上图）及其参数范围（下图）

其二，样本数量的选择。在特性评估的时候，样本是随机选取的，样本的选择直接决定了测量结果与标准正态分布的中心值和极限范围的偏差。更大的样本规模将会有助于减小偏差/误差。因此，置信区间、置信度是决定样本规模时应该考虑的两个重要因素。

如果数据遵从正态分布，双边置信区间按式（5-8）和式（5-9）计算：

$$置信下限 = \bar{x} - 1.96s/\sqrt{n} \tag{5-8}$$

$$置信上限 = \bar{x} + 1.96s/\sqrt{n} \tag{5-9}$$

式中，$\bar{x}$ = 样本均值；s = 标准差；n = （随机）样本数量；1.96是对应正态分布的95%的置信水平。

样本分布均值的误差量级是 $2 \times 1.96s/\sqrt{n}$。当限值范围中 C_{PK}=1.33 时，不同采样规模的置信区间外的预期百分比的分布点图见图5-8。

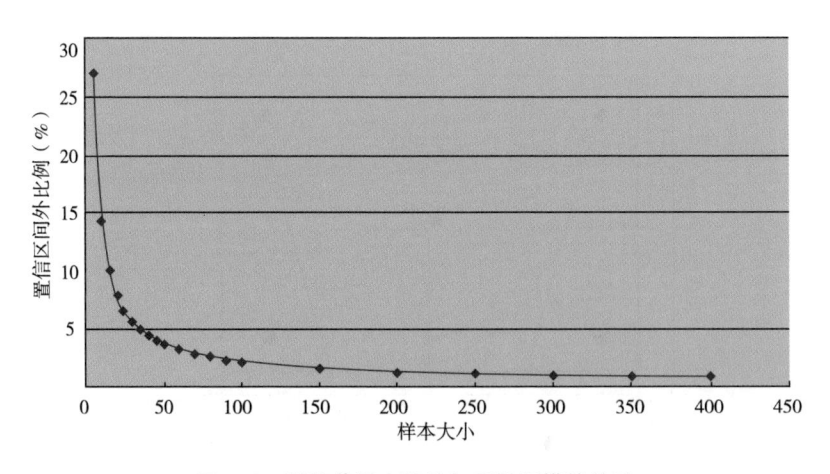

图5-8　限值范围内误差与采样规模的关系

该图借助 t 分布生成，当采样规模较小时，该分布要求具备统计准确性。随着采样规模变大，t 分布法与正态分布的近似。

（2）评估流程。元器件特性评估的流程见图5-9。

其一，特性评估方案。特性评估的方案应该包括以下主要内容：

①特性评估的检查清单：

- 是否覆盖了产品中的所有单元结构？

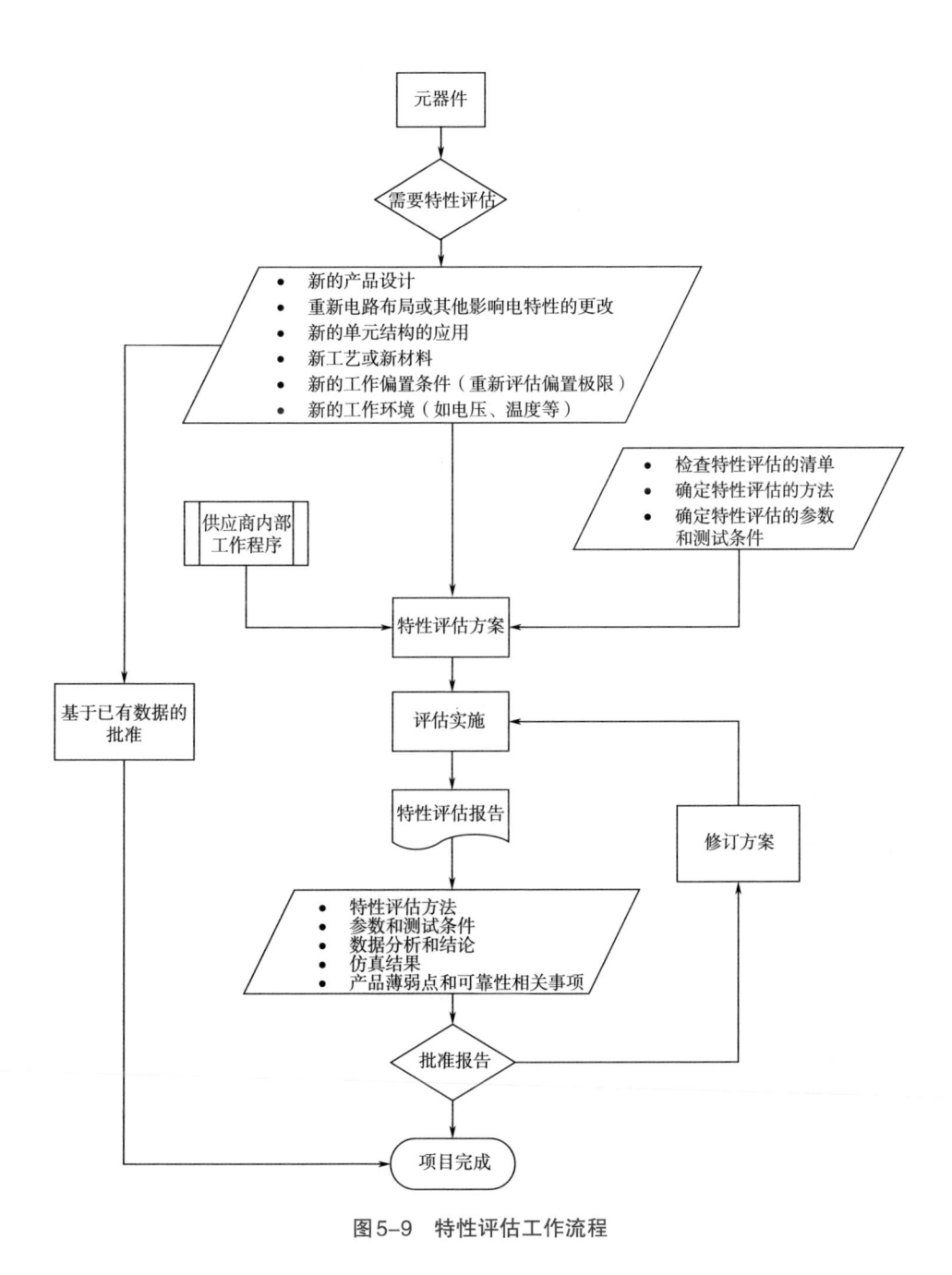

5 核心——基于统计技术的一致性和稳定性评价

```
                    ┌─────────┐
                    │  元器件  │
                    └────┬────┘
                         ▼
                   ╱─────────╲
                  ╱ 需要特性评估╲
                   ╲─────────╱
                         │
                         ▼
        ┌────────────────────────────────────┐
        │ • 新的产品设计                      │
        │ • 重新电路布局或其他影响电特性的更改 │
        │ • 新的单元结构的应用                │
        │ • 新工艺或新材料                    │
        │ • 新的工作偏置条件（重新评估偏置极限）│
        │ • 新的工作环境（如电压、温度等）     │
        └────────────────────────────────────┘
```

图中流程（文字内容）：

- 供应商内部工作程序
- 检查特性评估的清单
- 确定特性评估的方法
- 确定特性评估的参数和测试条件
- 特性评估方案
- 基于已有数据的批准
- 评估实施
- 特性评估报告
- 修订方案
- 特性评估方法
- 参数和测试条件
- 数据分析和结论
- 仿真结果
- 产品薄弱点和可靠性相关事项
- 批准报告
- 项目完成

图5-9 特性评估工作流程

- 晶圆厂工艺是否发生变化？
- 当晶圆厂工艺发生变化时，是否针对所有的工艺变化采用了特性评估的模型仿真？

• 如果需要选择矩阵样本器件（matrix devices），这些矩阵样本器件需要覆盖哪些工艺窗口？这些工艺窗口的最坏情况变量是什么（注意：应该基于连续六个月或预期的正常生产的一段时期内的产品，对工艺变化带来的最坏情况进行观察）？哪些人员应该参与做出上述决定？

• 是否考虑了矩阵单元之间的关系？

• 如何通过仿真模型以简化和完善特性评估？仿真模型的有效性、置信度如何？所采用的仿真模型的有效性风险是什么？

• 是否已开展单元结构的特性漂移的特性分析？在产品的特性评估过程中是否需要对某个参数的特性漂移进行分析？

• 是否存在与封装相关的应力，将影响产品初始和后期电参数？

• 如果矩阵单元是硬性要求，那么每一个矩阵单元的样本数量是多少？有多少个工艺变量需要开展特性评估？是否需要在产品规范基础上开展极限摸底（如更高或更低的温度、更高或更低的频率、更高或更低的偏压等）？特性评估过程中采用的软件是否有效？

• 作为特性评估必须评价的项目，产品的结温范围是否明确？是否考虑了测试系统自身的热特性？

• 特性评估的矩阵样本器件是封装级还是晶圆级？特性评估的方案是否覆盖封装要求？

• 在产品开发的早期是否对ESD和抗栓锁（latch-up）能力进行评价？

②确定矩阵批（matrix lot）的组成。

③确定特性评估的方法。

④确定特性评估的参数和测试条件。

⑤确定特性评估报告的格式。

其二，特性评估报告。特性评估报告包含以下内容：

①特性评估工作计划的副本。

②对特性评估所使用方法的详细解释。

③特性评估的参数和测试条件的列表。

④特性评估数据分析和结论。

⑤仿真结果数据，包括对参数仿真所采用方法的简要说明。特别是对于只能通过设计仿真的不可测参数的仿真结果数据。

⑥识别出的元器件的薄弱点、可靠性相关的注意事项及其改进措施等。

（3）数据分析：

①矩阵单元的数据分析：

第一，统计学模型的选择。按照图5-7设计的矩阵批方案中，选择了5个矩阵单元，不同矩阵单元的参数分布如图5-7（下图）所示。在分析矩阵批的性能特性时，必须建立一个统计学模型。这个模型中应确定本地参数和与模型相关的变量，并用于评价全生产周期内的工序能力。该评价通常利用方差分析技术（ANOVA）建立模型并采用C_{PK}计算的方式。通常可以采用以下统计学模型进行分析。

一是单元均值模型。该模型可应用于假定工艺角（process corner）单元处于稳定状态的情况，该稳定状态包含全生产周期内的工艺漂移，并保持该状态（除非发生硬件的调整）。单元均值模型是一种单向的方差分析技术（ANOVA）的形式，并且假定所有单元均具有同类型的变量。单元均值模型可以确定一个置信度为95%的C_{PK}。基于C_{PK}，单元均值模型关注最差性能的单元，以最差性能的工艺角单元作为典型。如果以最差性能的工艺角单元作为典型仍能保证规范极限，那么整个生产工艺是可行的。如果不同的单元具有不同类型的变量，那么应该对每一个单元的数据独立地进行分析。每个单元的C_{PK}应该按照所选择的C_{PK}标准进行评估。

二是混合型模型。该模型应用于工艺角单元存在工艺长期漂移等不稳定状态的情况。混合模型方差分析技术（ANOVA）涉及多于一个变量。变量包括表现同一单元内部的变量和表现不同单元之间关系的变量。这两个变量在混合模型中存在独立的作用。

三是随机因素线性模型。利用方差分析技术（ANOVA）评估批次内一致性、批次间一致性以及批次内一致性和批次间一致性的综合影响，当有多个晶圆和/或晶圆矩阵包括在内时，该方式适用于数据分析的一般应用。

四是其他适用的模型。实际上常会出现比上述模型更适用的模型，若统计人员有更好的数据统计方式，那也可采用该方法。

第二，设计系数。由于采用了矩阵批的样本方案，在数据分析时，需要保证分析结果能够确保即使工艺变量处于最坏情况时，器件性能仍能维持在规范极限范围内。然而，不同矩阵单元的器件的参数的测量值是存在差异的，每一个器件参数都有一个性能范围，不同矩阵单元的测量结果也不同。假定来自每一个矩阵单元的样本器件的参数总体上呈现彼此独立的正态分布，可以引入设计系数（DI）来进行分析。

DI与C_{PK}指标的定义非常相似。C_{PK}基于单个正态分布（将所有矩阵批组合为一个分布），而DI则基于几个独立的矩阵分布的最坏情况（见图5-10）。

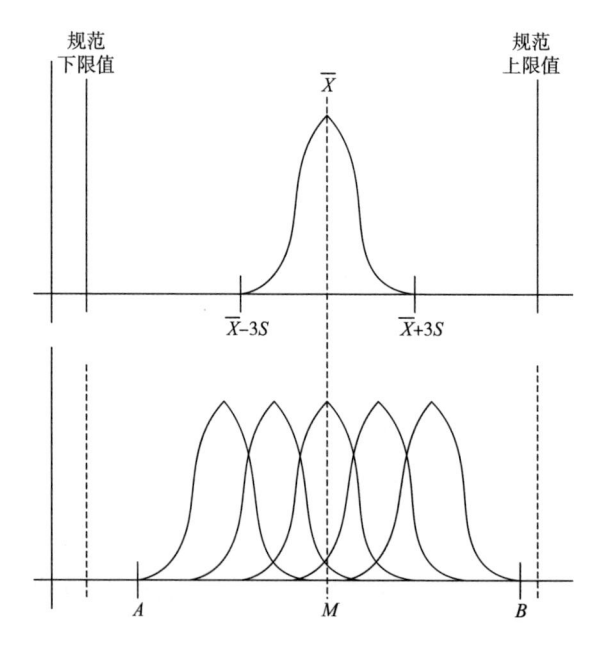

基于单个正态分布
C_{PK}=（规范上限值-均值）/3S
=（USPL-$\overline{X}$）/3S

将所有矩阵批组合为一个分布
DI=（规范上限值-M）/（W_U-M）
M=（A+B）/2
A=最坏情况W_L
B=最坏情况W_U

图5-10　C_{PK}与DI的关系

DI（元器件的每一个参数的最大值和最小值）由以下内容定义：

针对每一个矩阵单元、器件参数、测试温度的电参数分布特性的统计分析，包括算术平均值、分布的最坏情况边界及其置信区间（ci）（见图5-11）。例如，如果有5个矩阵单元（见图5-7）和三个测试温度，那么每个器件参数

5 核心——基于统计技术的一致性和稳定性评价

将有15个分布曲线（见图5-12）。

通过极限值W_L（A）和W_U（B）计算平均值[$M=(A+B)/2$]（见图5-12）。

然后对每一个参数确定DI值（包括DI下限值和DI上限值）（见图5-12）。

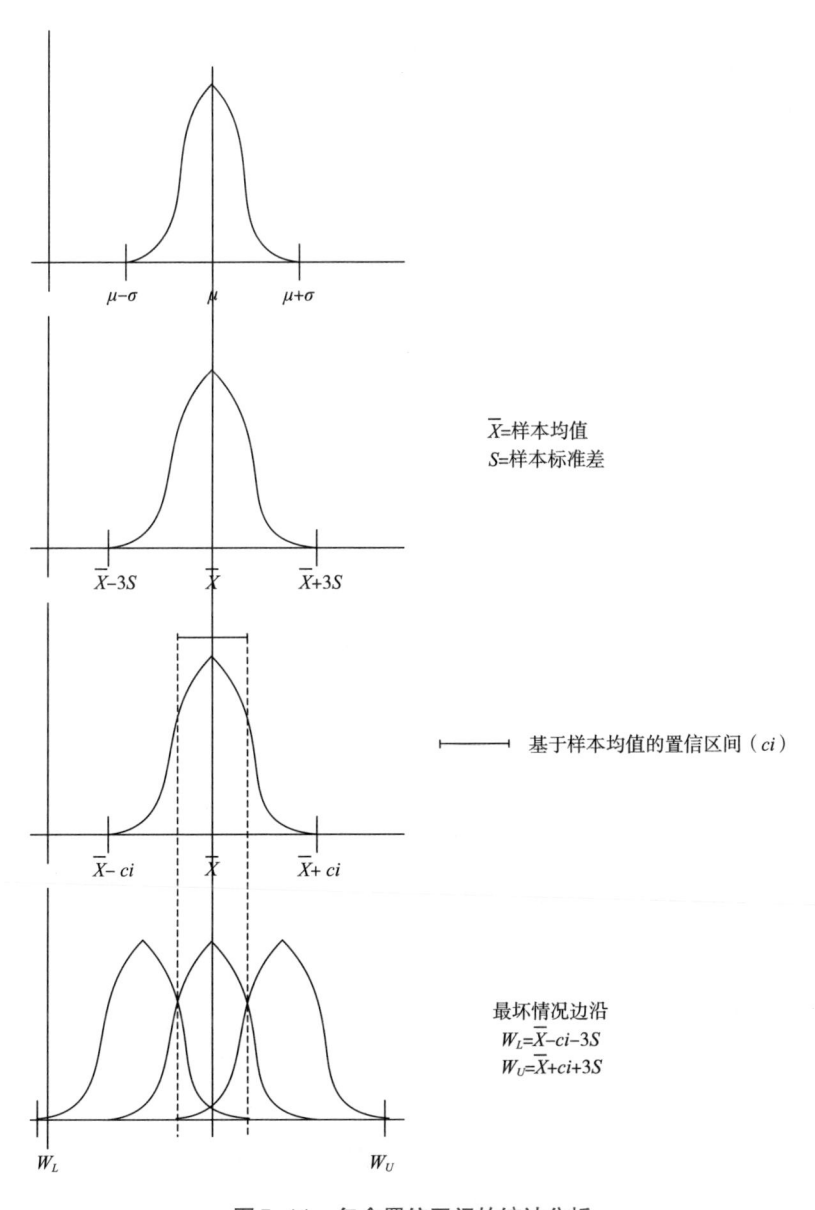

图5-11 包含置信区间的统计分析

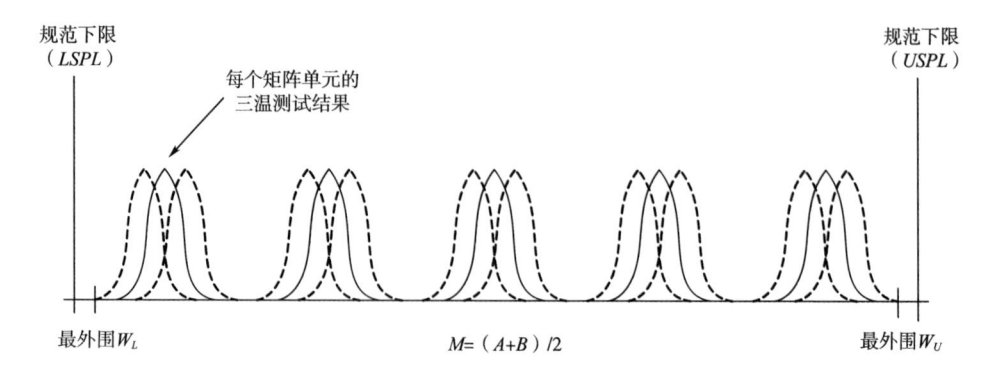

[图表：五个矩阵单元和三个温度点测试数据分布图]

规范下限（LSPL） 规范下限（USPL）

每个矩阵单元的三温测试结果

最外围 W_L　　　　$M=(A+B)/2$　　　　最外围 W_U

DI 下限 $DI_L = (M-LSPL)/(M-A)$
DI 上限 $DI_U = (USPL-M)/(B-M)$

图5-12　五个矩阵单元和三个温度点测试数据的 DI 计算方法

②总体数据分析。可以用很多种统计学方法来进行数据分析。当数据符合正态分布的时候，通常采用 C_{PK} 方法。

第一，短期 C_{PK} 与失效率（PPM）的关系。在一定时期内（短期），生产的产品均值可能处于双边极限（规范上限值/下限值）的中间，此时 C_{PK} 与 PPM 之间的关系见图5-13。

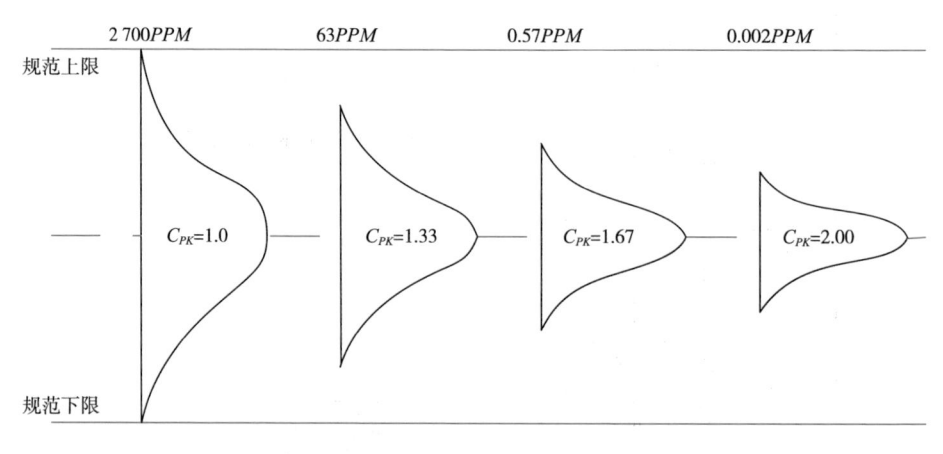

[图表：不同 C_{PK} 值对应的正态分布图]

2 700PPM　　63PPM　　0.57PPM　　0.002PPM

规范上限

$C_{PK}=1.0$　　$C_{PK}=1.33$　　$C_{PK}=1.67$　　$C_{PK}=2.00$

规范下限

图5-13　C_{PK} 和超出器件规范可能性（呈现中心对称的正态分布）的关系图

在这个假设条件下，$C_{PK}=1.00$ 预示着制造的元器件中有 2 700PPM（0.27%）的比例（可能性）超出规范极限值；$C_{PK}=1.67$ 预示着制造的元器件中有

0.57PPM（0.000 057%）的比例（可能性）超出规范极限值。具有双边极限（规范上限值/下限值）的参数产品，其典型的C_{PK}与PPM对应关系见表5-3。

表5-3　短期C_{PK}和PPM的估计值

C_{PK}	Sigma	PPM
0.67	2.00	45 500
1.00	3.00	2 700
1.33	4.00	63
1.67	5.00	0.57
2.00	6.00	0.002

第二，长期C_{PK}和PPM的关系。在大多数情况下生产线工序能力会发生偏移。当生产的产品均值与双边极限（规范上限值/下限值）的中间值发生1.5倍标准偏差σ的偏移时，C_{PK}与PPM之间的关系见图5-14。

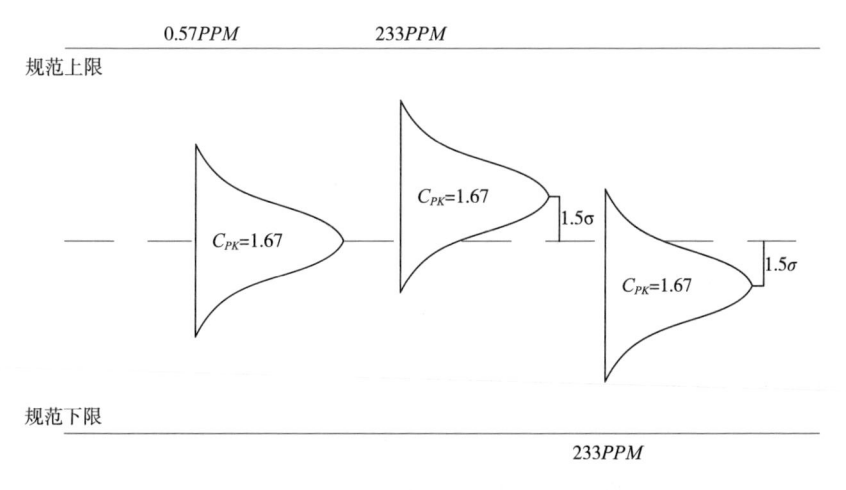

图5-14　C_{PK}等于1.67在产品均值发生1.5σ偏移后的等效C_{PK}

与没有发生偏移相比，发生1.5倍标准偏差σ偏移的元器件参数超出规范极限的比例（可能性）将大大增加。带有长期1.5倍标准偏差σ偏移的典型C_{PK}和PPM的对应关系见表5-4。对比可知，C_{PK}和标准偏差σ不能有效表现产品均值与双边极限（规范上限值/下限值）的中间值发生的偏移。在这种情况下，$C_{PK}=1.67$ 实际等效（恶化）为 $C_{PK}=1.16$，对应的 $PPM=233$，而不是 $PPM=0.57$，详见表5-4。

表5-4 C_{PK} 和 PPM 的估计值（带有1.5σ的工艺偏移）

短期		1.5σ的工艺偏移下的长期评估		
C_{PK}	Sigma	Sigma偏移量	偏移后等效C_{PK}	PPM
0.67	2.00	0.50	0.17	308 538
1.00	3.00	1.50	0.50	66 807
1.33	4.00	2.50	0.83	6 210
1.67	5.00	3.50	1.17	233
2.00	6.00	4.50	1.50	3

（3）考虑产品测试裕量的C_{PK}和PPM。当产品的规范极限在6σ以内（即$C_{PK}<2.0$），为保持较低的PPM，必须对产品进行100%测试以筛除参数超出规范极限的不合格品。因为测量误差、参数温度漂移及寿命值漂移的存在，应采用适当的统计学模型确定测试极限值，相对规范极限具有一定的裕量，以确保产品经过运输等传递过程之后仍然能够符合用户的PPM要求。

5.4.3 应用建议

特性评估方法应用时需要关注的几个问题。

（1）非正态分布的情况。上述特性评估的工作流程是普遍适用的，但是数据分析的数学模型和方法只适用于参数测试数据符合正态分布的情况。在整理参数测试数据后，首先应采用直方图等方法对数据进行统计分析并确定其分布，再根据实际的分布模型和C_{PK}或PPM要求确定参数的极限值。

（2）参数的选择。不需要对器件的每个电参数进行特性评估，开展评估的参数应是那些可能影响输出质量和/或可靠性的参数，或那些对器件的正常工作至关重要的参数。一些单纯用于表现器件能力的单边参数并不需要开展特性评估；一些对用户的使用影响不大，但能很好地表现芯片制造、封装质量的参数可以作为特性评估的参数（例如漏电流、开关/延迟时间等）。

具体的参数选择可以根据供应商基于技术、流程、设计和用户应用范围的知识，也可以在用户和供应商之间进行协商，如果一组参数对预期的用户应用很重要，也可以通过用户器件规范进行协商。

（3）样本的矩阵设计。样本的矩阵方案设计应覆盖对所有要素及各要素间关联性的评估。边界单元划分和选择的覆盖性直接决定了样本方案的覆盖性。样本矩阵设计的覆盖性直接决定了统计分析数据的覆盖性，影响了统计分析确定的极限值在后续批量生产时的测试/筛选有效性、合理性，既能够实现对异常器件的剔除，又能够保证不发生良品误判的情况。

（4）确定C_{PK}或PPM。特性评估的数据统计分析结果要用于确定产品规范/数据手册的参数极限（specification limit），需要取决于用户（订购方）对器件的C_{PK}或PPM的要求。

C_{PK}或PPM最终由用户（订购方）与供应商协商确定。航天一院在航天电子元器件可靠性增长工程中首先提出，对一部分关键特性进行特性评估的要求，即C_{PK}=1.33。目前C_{PK}=1.50是国际基本要求，C_{PK}=1.67是国内先进水平，C_{PK}=2.0是国际先进水平。当然，也有传统的工业生产质量控制认为，C_{PK}大于1.67时为能力过剩，是一种资源的浪费；但是，汽车电子工业已将其作为基本的要求，并开始向超越六西格玛的标准努力。

6

核心
——基于零缺陷的质量保证方法

与动力和结构相比较，汽车领域变化最大的是电子系统。随着电子产品在汽车核心功能中发挥的作用越来越大，自动化、智能化和安全性的不断提高，需要将电子产品故障风险最大限度地降低，保证电子产品质量和可靠性。汽车行业开始在电子产品供应链中推行"零缺陷"概念，要求电子元器件故障率等级降至十亿分之一（实施ppb级的缺陷率控制），探索超越六西格玛的标准及应用。为推进这一目标的实现，美国汽车电子协会编制AEC-Q004《零缺陷指南》技术规范，为汽车电子产品实现产品寿命周期内零缺陷的目标提供了一系列工具方法。这些方法组成的工具集，面向电子元器件设计、制造、测试、使用全寿命周期过程，以及持续改进和问题解决两个支撑过程，结合电子元器件的复杂性、创新性、低成本等特征以及技术状态控制、特性评估、问题处置等质量保证技术的应用，明确了每个方法的适用性及要点。

6.1 零缺陷管理框架

零缺陷管理框架是汽车电子产品质量管理体系的组成部分。零缺陷管理框架运用统计方法，涵盖了ISO 9000系列标准和IATF 16949确定的零缺陷方针、FMEA、审核、生产件批准程序、技术状态控制委员会（CCB）、产品更改通知单等方法和手段，通过设计准则、DFM/DFT/DFX、仿真、材料选用、装配过程流程、SPC/C_{PK}、测试与试验覆盖性等方法和手段，面向产品、工艺、制造和试验的应用以及产品鉴定、小批量试制、批量化生产等流程的控制，全面保证产品满足客户规范和产品规范。零缺陷管理框架与质量管理体系的关系如图6-1所示。

6 核心——基于零缺陷的质量保证方法

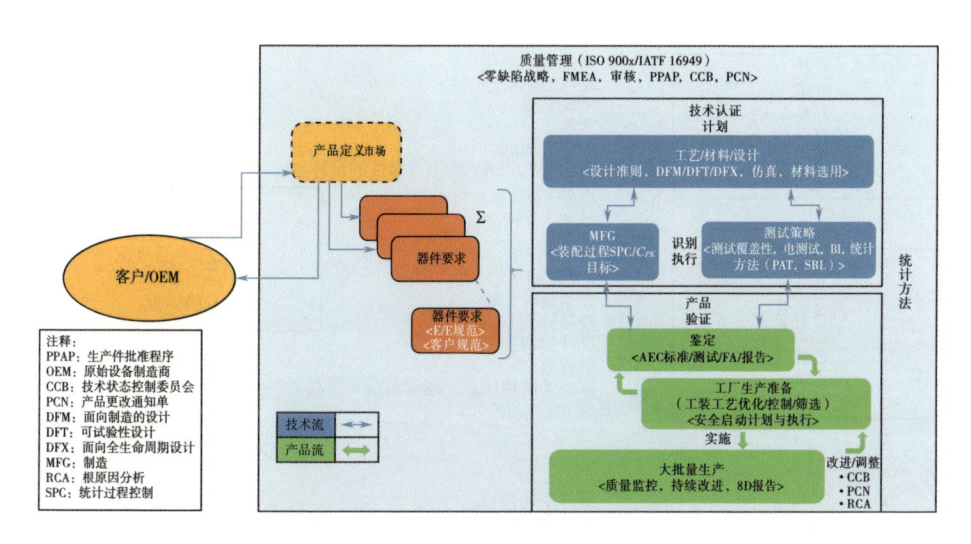

图6-1 零缺陷管理框架功能流程图

汽车电子产品通用的零缺陷实现过程如图6-2所示，分为设计、制造、测试、应用四个全寿命周期过程以及改进和解决问题两个支撑过程。该框架涉及：设计过程中市场的先入研究、零缺陷概念的确定、产品的电路设计、仿真和设计零缺陷的实现；制造过程中制造工艺的选择、制造设备的相关技术参数的验证、零缺陷制造工艺的特性的分析、制造工艺的最终确认、零缺陷制造工艺的实现验证；测试过程中产品的软件的开发、对产品相关的测试参数的范围划定、智能测试设备的选取、智能测试的能力的分析；应用过程中汽车电子产品的应用系统的系统整体设计、元器件的选择、产品的配套体系的研发、相关测试环境的开发、对设计的内容和产品测试验证、将零缺陷的产品投放市场、实际使用。在全寿命周期过程开展晶圆级监控、产品监控，实施产品/工艺改进；通过应力强度分析，数据采集、分析、利用，提供行业标准和环境应力试验规范以及产品全寿命周期过程能力支撑；出现问题后开展设计分析，以规范的问题解决流程和失效分析、故障树分析来支撑问题的快速解决。

零缺陷管理框架的基本理念是在产品大批量生产制造之前通过科学、系统地应用一系列工具方法，消除产品本质缺陷和工艺过程缺陷，以便将产品缺陷稳定地控制在较低的水平。实现零缺陷目标的零缺陷管理框架如图6-3所示。

质量的简约——兼议汽车电子技术规范

设计
- 市场
- 方案
- 电路设计
- 平板印刷
- 仿真/设计确认

{ 质量功能展开 / 设计FMEA / 系统工程 / 冗余 / 内建自测试 / 面向测试/装配/制造/可靠性的设计 / 仿真

改进
- 圆片级监控
- 工艺/产品改进
- 产品可靠性监控
- 缺陷监控

制造
- 工艺选择
- 设备确认
- 工艺细化
- 工艺改进
- 工艺确认
- 产品鉴定

{ 工艺FMEA / 方差统计分析 / 控制计划 / 统计过程控制 / 批验收 / 审核（管理体系，制造过程和产品）

测试
- 软件开发
- 极限测试
- 自动测试设备（ATE）
- ATE能力

{ 器件平均测试 / 统计良品率分析 / 数据采集/存储/检索 / 筛选

解决问题
- 面向分析的设计
- 问题解决技术
- 失效分析过程
- 故障树分析

应用
- 系统设计
- 元器件选用
- 组装开发
- 测试开发
- 设计/产品确认
- 发布
- 现场使用

{ 行业标准 / 环境应力试验 / 应力强度分析 / 系统工程 / 降额

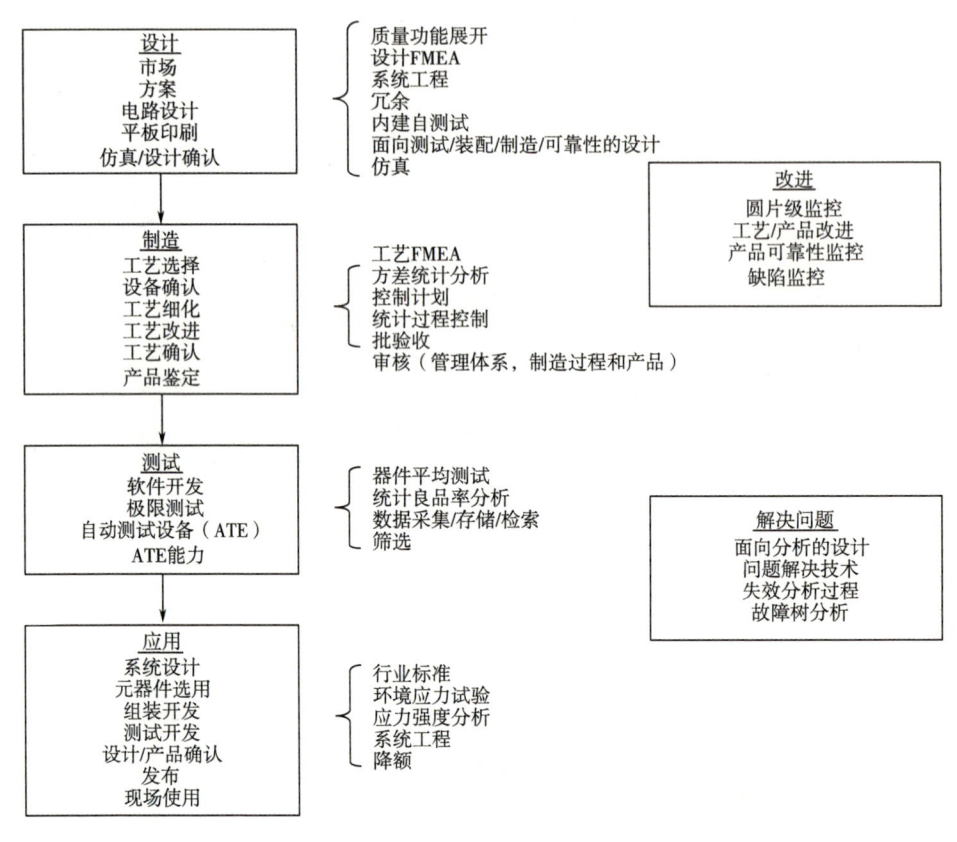

图6-2 零缺陷流程图

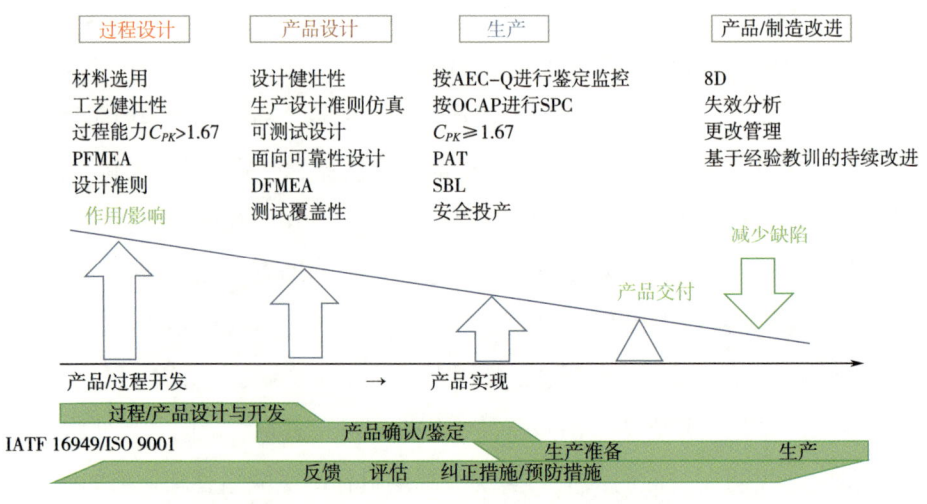

过程设计	产品设计	生产	产品/制造改进
材料选用	设计健壮性	按AEC-Q进行鉴定监控	8D
工艺健壮性	生产设计准则仿真	按OCAP进行SPC	失效分析
过程能力$C_{PK}>1.67$	可测试设计	$C_{PK} \geq 1.67$	更改管理
PFMEA	面向可靠性设计	PAT	基于经验教训的持续改进
设计准则	DFMEA	SBL	
	测试覆盖性	安全投产	

作用/影响 ↑ ↑ ↑ 产品交付 ↓ 减少缺陷

产品/过程开发 → 产品实现

IATF 16949/ISO 9001 — 过程/产品设计与开发 — 产品确认/鉴定 — 生产准备 — 生产
反馈　评估　纠正措施/预防措施

图6-3 零缺陷管理框架撬动零缺陷目标

支撑产品设计的零缺陷工具有设计FMEA、系统工程、冗余设计、内建自测试、面向测试/装配/制造/可靠性的设计、仿真等方法；产品制造过程要用到工艺FMEA、方差统计分析、控制计划、统计过程控制等方法；产品测试/试验过程要用到产品均值测试、良品统计分析、筛选等方法；产品应用过程则要用到器件降额设计、系统工程设计等方法。这些方法应用都有一系列标准支撑，同时，AEC的规范是个开放的体系，不仅采用汽车电子协会自身的标准，还采用了AIAG、EIA、IATF、ISO、JEDEC、SAE等组织的标准以及美国军用标准，零缺陷框架相关方法及其支撑的标准如表6-1所示。

表6-1 零缺陷方法引用标准表

标准号	标准名称	分类
汽车电子委员会（Automotive Electronics Council，AEC）		
AEC-Q100	基于失效机理的集成电路应力试验鉴定要求	环境应力试验
AEC-Q101	基于失效机理的车用半导体分立器件应力试验鉴定	环境应力试验
AEC-Q102	基于失效机理的车用半导体分立光电器件应力试验鉴定	环境应力试验
AEC-Q103-002	基于失效机理的车用MEMS传感器应力试验鉴定	环境应力试验
AEC-Q103-003	基于失效机理的车用MEMS麦克风应力试验鉴定	环境应力试验
AEC-Q104	基于失效机理的车用多芯片组件（MCM）应力试验鉴定	环境应力试验
AEC-Q200	元件应力试验鉴定	环境应力试验
AEC-Q100-007	故障仿真与故障分级	可测试性、仿真与建模
AEC-Q100-009	电参数分布特性评价	特性评估
AEC-Q001	产品均值测试指南	产品均值测试
AEC-Q002	良品率统计分析指南	良品统计分析
AEC-Q003	集成电路特性评估指南	特性评估
AEC-Q006	采用铜互连工艺元器件鉴定要求	工艺鉴定

续表

标准号	标准名称	分类
汽车工业行动小组（Automotive Industry Action Group，AIAG）		
AIAG APQP	先期产品质量规划&控制计划	控制计划，系统工程
AIAG SPC	统计过程控制	统计过程控制
AIAG FMEA	AIAG&VDA FMEA手册	DFMEA与PFMEA
AIAG PPAP	生产件批准程序	统计过程控制
美国电子工业协会（Electronic Industries Alliance，EIA）		
EIA 632	系统工程过程	系统工程
国际汽车特别工作组（International Automotive Task Force，IATF）		
IATF 16949	汽车生产件和相关服务件组织质量管理体系要求	审核
国际标准化组织（International Organization for Standardization，ISO）		
ISO 26262	道路车辆功能安全	冗余设计、系统工程
ISO/IEC/IEEE 15288	系统寿命周期过程	系统工程
固态技术协会（JEDEC）		
JEP 122	硅半导体器件失效机理与模式	仿真与建模
JEP 131	工艺失效模式与影响分析	PFMEA
JEP 148	基于失效风险机理和应用的半导体器件可靠性鉴定	环境应力试验
JEP 150	组装固态表面贴装器件应力试验鉴定及失效机理	环境应力试验
JESD 16	每百万（PPM）零件平均检出质量等级评价	批合格率，筛选
JESD 22	试验方法	环境应力测试
JESD 46	半导体供应商产品/工艺更改告知	过程和产品改进
JESD 50	异常产品剔除的特殊要求	批合格率 器件均值测试 良品统计分析、筛选

续表

标准号	标准名称	分类
JESD 74	电子元器件早期寿命失效率计算程序	批合格率，筛选
JESD 88	JESD 固态技术术语词典	
JESD 94	采用基于知识的试验方法进行特定应用鉴定	产品鉴定
JESD 557	统计过程控制体系	批合格率
JESD 659	失效机理驱动的可靠性监控	产品可靠性与缺陷监控
JESD 671	器件质量问题分析与纠正措施要求	解决问题技术
美国军用标准		
MIL-PRF-19500	半导体器件性能通用规范	产品规范
MIL-STD-883	试验方法标准-微电路	试验方法
美国汽车工程师协会（Society of Automotive Engineers，SAE）		
SAE-ARP 6338	限寿微电路早期耗损评估与减轻	可靠性设计
SAE-J1211	电子/电气模块健壮性验证　第8部分　建模分析与仿真	可靠性、仿真与建模
SAE-J1879	车用半导体器件健壮性验证手册	环境应力测试
SAE-J3083	基于现场返还数据的车用电子产品可靠性预计	可靠性、仿真与建模
其他		
	汽车软件过程改进与能力评价（SPICE）-VDA QMC SPICE过程评价模型	系统工程
	设计结构矩阵方法及其应用，S.D. Eppinger and T.R. Browning（201环境应力测试）	系统工程
	设计更为安全的世界：安全性系统思考（2012）	系统工程
	INCOSE系统工程手册（2015）	系统工程
	MITRE系统工程指南（SEG）	系统工程
	NIST/SEMATECH 统计方法手册	方差统计分析
	电子产品冗余设计综述（Gurudatt Kulkarni and Lalita Wani, International Journal of Engineering and Computer Science, Nov., 2013）	冗余设计

6.2 零缺陷管理框架的应用

AEC技术规范特别强调零缺陷方法的应用，并给出了具体的应用建议，电子产品的供应商和用户可以根据实际选用最合适的方法，也可以补充一些新方法。供应商和用户选用零缺陷管理框架方法时，要综合考虑方法的适用性、易用性、可用性、有效性、培训及成本。

表6-2给出了每种方法的适用场合和时机，在选择具体的方法时除了需要掌握方法的基本原理、应用过程，还要考虑产品和生产工艺的成熟性、复杂性、应用的可靠性等因素，考虑方法所针对的缺陷类型是持续性缺陷还是间歇性偶发缺陷。

表6-2 零缺陷方法的适用性分析

序号	工具	设计阶段的新器件	复杂器件	简单器件	极其成熟或接近淘汰的器件	昂贵的器件或应用	设计或工艺更改	出现问题或发生失效	可靠性低的应用	高可靠性或安全性重要应用
1	FMEA	√	○	×	×	○	√	√	×	√
2	冗余设计	○	√	×	×	×	×	×	×	√
3	内建自测试	○	√	×	×	×	×	×	×	√
4	可测试性设计	√	√	×	×	×	×	×	×	√
5	可分析性设计	○	√	×	○	×	○	√	×	√
6	可制造性设计	○	○	×	×	×	√	√	×	√
7	面向可靠性的设计	○	○	×	×	○	○	○	×	√
8	仿真与建模	√	√	○	○	○	√	○	√	√
9	特性评估	√	√	×	×	○	√	○	×	√
10	方差统计分析	○	√	○	○	○	√	√	○	○
11	控制计划	○	○	○	○	○	√	○	○	√
12	统计过程控制	√	√	√	√	√	√	√	√	√

6 核心——基于零缺陷的质量保证方法

续表

序号	工具	设计阶段的新器件	复杂器件	简单器件	极其成熟或接近淘汰的器件	昂贵的器件或应用	设计或工艺更改	出现问题或发生失效	可靠性低的应用	高可靠性或安全性重要应用
13	过程/产品均值测试	√	○	○	×	○	○	○	×	√
14	良品率统计分析	√	○	○	×	○	○	○	×	√
15	数据采集、存储和检索	○	○	○	√	○	√	√	○	○
16	筛选	√	√	√	√	√	√	√	√	√
17	批合格率	○	√	√	√	√	√	√	√	○
18	应力强度分析	○	√	√	×	×	√	×	×	√
19	数据分析	√	√	√	√	√	√	√	√	√
20	行业标准	√	√	√	√	√	√	√	√	√
21	环境应力试验	√	√	√	√	√	√	√	√	√
22	元器件降额	√	×	√	√	√	○	√	√	×
23	晶圆级失效机理监控	√	○	○	○	×	○	○	○	√
24	工艺/产品改进	○	○	○	×	×	√	√	○	√
25	生产件监控	○	○	○	×	×	○	√	×	√
26	解决问题技术	○	○	○	○	○	√	√	√	√
27	失效分析	○	○	○	○	○	√	√	√	√
28	故障树分析	○	○	○	○	○	√	√	√	√
29	系统工程	√	○	○	×	×	×	×	×	○

注：√表示必做；○表示选做；×表示不做。

方法的选用也应针对具体的应用情境,从增值的角度来选用方法,不能为了应用而应用。例如,AEC针对新产品设计提供了四种应用情境,包括基于全新技术的新产品设计、基于行业验证过的技术的新产品设计、基于其他行业验证过的新产品设计以及直接选用其他行业的产品;结合方法的适用性以及每类产品的特点和风险,从价值的角度给出了推荐的方法、建议,结合实际选用的方法以及不适用或者不会带来增值的方法(如表6-3所示),供具体方法选用时借鉴。

情境1:基于全新技术的新产品设计。

情境2:基于行业验证过的技术的新产品设计。

情境3:基于其他行业验证过的新产品设计。

情境4:直接选用其他行业的产品。

表6-3 基于应用情境的零缺陷方法选用分析

类别	方法	情境1及情境2	情境3	情境4	备注
产品设计	设计FMEA	R	R	U	情境4:建议开展设计风险评审/评估,以发现车用时相关的潜在的薄弱环节,从而采取其他措施
	冗余设计	U	U	N	情境4:需要考虑系统级的冗余
	内建自测试	R	R	N	情境4:如果以前没有考虑,现在考虑也没有什么价值
	可测试性设计	R	R	N	同上
	可分析性设计	R	R	N	同上
	可制造性设计	R	R	N	同上
	可靠性设计	R	R	N	情境4:如果以前没有考虑,现在考虑也不会增加价值;建议开展可靠性评估,以发现车用时相关的潜在的薄弱环节,从而采取其他措施;其他工具更加重要
	仿真与建模	R	R	U	情境4:基于新规范的仿真可以发现潜在的可靠性薄弱环节;其他工具也可以用来发现潜在的薄弱环节
	特性评估	R	R	R	

续表

类别	方法	情境1及情境2	情境3	情境4	备注
制造	工艺FMEA	R	R	R	
	方差统计分析	U	U	U	
	控制计划	R	R	R	
	统计过程控制	R	R	R	
	批合格率	R	R	R	
	审核	R	R	R	
测试	器件均值测试	R	R	R	
	良品率统计分析	R	R	R	
	数据采集、存储和检索	R	R	R	数据保留期限需要用户和供应商达成一致
	筛选	R	R	R	
应用与能力	行业标准	R	R	R	情境1：只有现有标准覆盖新技术时才适用；如果不能覆盖，需要供应商和用户之间达成一致（正编制的标准可作为指南）；情境2、3：一旦不能满足汽车标准，供应商和用户需要就如何处理不满足标准的情况达成共识
	环境应力试验与鉴定	R	R	R	情境1：只有现有试验和要求覆盖新技术时才适用；如果不能覆盖，需要供应商和用户之间达成一致（正编制的标准可作为指南）；情境2、3：一旦不能满足要求，供应商和用户需要达成共识如何处理不满足要求的情况；各种情况下，最佳实践是使用大家认可的或者标准化的任务剖面

续表

类别	方法	情境1及情境2	情境3	情境4	备注
应用与能力	应力强度分析	R	R	U	情境4：应力强度评估对发现车用时相关的潜在的薄弱环节非常有用，从而采取其他措施；其他工具也可以用来发现潜在的薄弱环节
	系统工程	U	U	N	情境1、2、3：只适用于非商品化产品；如果要应用，要清楚在什么条件下设计仍将实现零缺陷；情境4：从系统的观点评价缺陷有哪些潜在的风险，需要采取哪些风险降低措施（并适用于商品化产品）
	产品降额	U	U	U	降额要基于用户和供应商对具体应用条件和参数的共识
改进	晶圆级过程监控	R	U	U	
	工艺与产品改进	R	R	R	重大更改都要有产品更改通知单
	产品可靠性监控	R	R	R	
	缺陷监控	R	R	R	
问题解决	问题解决技术	R	R	R	
	失效分析过程	R	R	R	

注：R表示推荐使用；U表示可以选用；N表示不适用。

零缺陷管理框架与运载火箭零缺陷系统工程（见图6-4）存在以下四个方面的共同特征：

第一，强调全过程、全要素控制。面向产品设计、生产、试验和使用全过程都有针对性的方法支撑。

第二，源头抓起，预防为主。在设计阶段就要开展风险分析，并开展面向全寿命周期的设计（可测试性设计、可分析性设计、可制造性设计），生产过程强调对过程稳定性的监控。

第三，基于产品质量本质特征和失效规律的控制，例如开展元器件晶圆级过程监控、环境应力测试、应力强度分析和产品降额使用。

第四，持续改进，问题闭环控制。持续开展产品可靠性监控、产品工艺改进，实施问题解决闭环控制和失效分析。

2014年，航天一院在多年实施零缺陷管理的基础上提出了精益质量保证的概念，虽然两者的思路、目标、逻辑存在一致性，但后者更强调质量的效率，即质量工作本身质量的零缺陷或产品质量保证的最佳科学路径。此部分工作需要考虑几个方面的问题：一是适应市场和任务的变化的内部流程和职责分工的必要调整；二是适应内部技术发展，特别是数字化带来的管理体系的优化；三是知识体系的自我完善，不断显性化、数字化和工具化的应用。这些都需要理念和模式的变革。

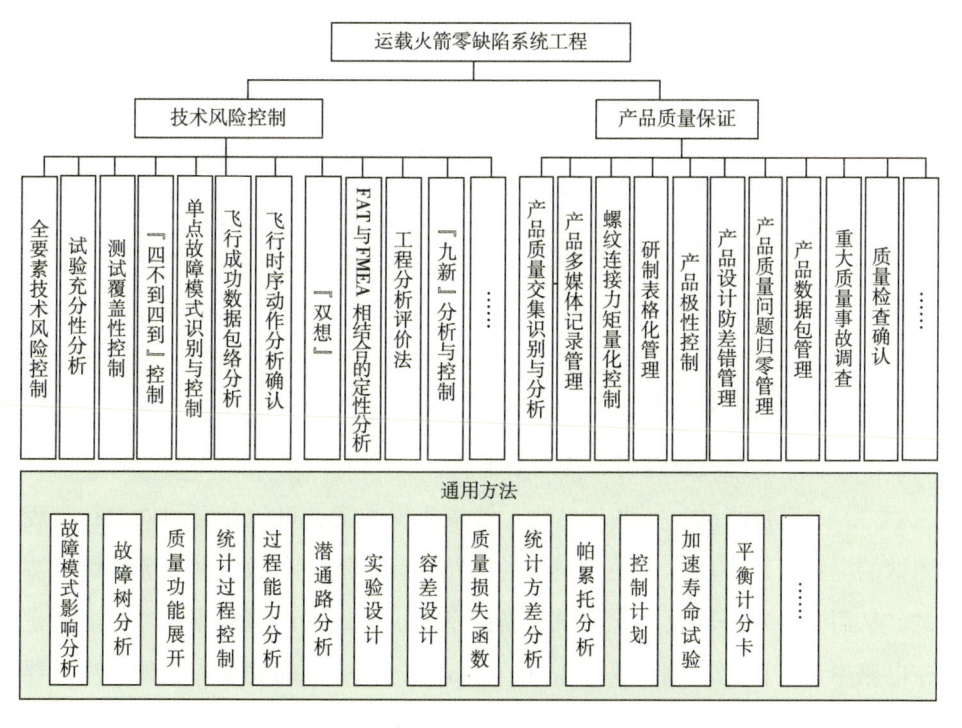

图6-4 运载火箭零缺陷系统工程方法体系

6.3 零缺陷设计方法

6.3.1 通用方法

（1）设计FMEA。设计过程失效模式影响分析由专家来识别产品潜在失效模式及其对系统、最终应用的影响，确定失效模式的严酷度、发生频度、检测度，并确定可能原因和控制措施。设计FMEA识别了产品生产过程中可能发生错误（超出技术规范的缺陷）的风险，明确了应在生产过程的哪些阶段采取哪些措施来发现缺陷。FMEA本质上是相关生产过程和产品使用过程中积累的经验教训的应用。在电子产品设计或生产工艺确立之前，都应进行失效模式影响分析，而且失效模式影响分析要随着经验教训的积累不断更新。

（2）特性评估。特性评估（characterization）的目的是分析收集产品、制程的数据，了解设计、制造属性，生成产品、封装的规格书，同时确定产品特性参数随温度、电压、频率变化的性能。产品在使用过程中，由于热、电等各种应力的作用，特性参数不可避免地会发生漂移，如果初始参数分布比较集中，则允许参数漂移的范围相对比较高，在应用中表现出来的可靠性也比较高。可靠性与参数的分布有相关关系，产品特性参数不能只满足于产品合格，而应该要求参数越集中越好。同时，从工艺角度考虑，只有工艺过程稳定（即工艺参数的起伏波动没有异常），才能持续生产出质量好、可靠性高的产品。在特性参数测试过程中，需要用到质量工具中的C_{PK}（过程能力指数）值，通过特性数据的正态分布以及C_{PK}值。在估计产品的缺陷率时，参数越集中表明产品的质量越高、缺陷率越低。

（3）内建自测试。一些产品中，输入逻辑方案就可以让元器件进行自我测试的电路设计方法，即使用自身的电路进行功能、参数或功能参数综合测试，从而减少对外部自动化测试设备的依赖。提高测试覆盖率的方法通常是在电路中设计内建自测试（build in self test，BIST）的功能。这种方法需要在电路中设计额外的硬件以及相应的软件，完成包括功能、参数的芯片自测试，减少对自动测试设备（ATE）的依赖，降低测试成本；同时，还能够诊断ATE所不能测试出来的工序或设计中存在的问题，从而帮助实现零缺陷的目标。

（4）可测试性设计。可测试性是指在规定时间内确认被测试元器件功能是否正确的能力。可测试性设计适用于复杂的电子产品，要求设计时为元器件提供尽可能多的测试能力，实现测试过程中最大限度地覆盖电子产品失效状况，能够迅速定位及隔离故障。

（5）可制造性设计。应当在设计时为产品批量化生产留足设计裕度，通过可制造性设计减少工艺过程缺陷对产品的影响。

（6）可靠性设计。应当在不牺牲性能的前提下提升可靠性，具体包括：利用失效物理确定设计和材料的边界；在设计的早期使用有限元分析、流体动力学、热分析、集成的可靠性预计模型等计算机辅助工程分析和仿真工具开展结构化可靠性和健壮性分析与主动改进，充分分析产品性能和工艺参数对产品可靠性的影响以及参数之间的相互影响。

（7）冗余设计。冗余设计是指重复配置某些关键设备或部件，当系统故障时，这些冗余的配置介入工作并完成已损坏设备或部件的功能，为系统提供服务，减少宕机事件的发生。冗余设计具有两面性，一方面可以提高系统的可靠性，但另一方面增加了系统的复杂性，重量与体积也会增大。一般情况下，只有当采用裕度设计、热设计等措施后仍不能满足系统可靠性要求时，才考虑冗余设计。

通常来说，在层次较低以及比较关键的环节使用冗余设计，效果会比较好。需要注意的是，采用部分冗余技术时需增加对冗余状况下故障的检测，并增加通道切换装置，只有当其失效率比原冗余部分小得多的时候，才能体现冗余的优势（即要求切换装置具有更高的可靠性）。

（8）可分析性设计。可分析性设计是一种现代设计方法，其主要思想是在产品设计时充分考虑产品的可分析性，这种同步考虑分析与设计的设计过程，为下游的制造和产品性能仿真等复杂分析提供了更多的信息与数据支持，也提高了产品的一次通过率，增强了产品的生存和竞争能力；具体包括产品信号完整性分析、电磁兼容性分析、抗干扰性分析等电气性能分析，强度分析、刚度分析、应力分析等机械分析，产品的振动分析、温度场分析、电磁场分析、多场耦合分析等环境分析。

6.3.2　火箭应用的典型零缺陷设计方法

（1）故障树分析法（FTA）与FMEA相结合的定性分析方法。FTA-FMEA结合法，针对发射、飞行任务剖面，识别发射、飞行过程中影响飞行成败的灾难性、成败型两类故障模式，参照FTA的思路，细化、分解并找出可能发生故障的Ⅰ级、Ⅱ级子模式（如有必要可进一步分解Ⅲ级、Ⅳ级等子模式），从而进一步识别出影响发射、飞行任务的风险。在此基础上，分析各种故障可能发生的原因，识别设计中的薄弱环节，制定应对措施。该方法体现了风险识别、风险分析、风险应对等风险管理过程。

该方法主要针对以往开展的FMEA分析，并围绕产品或某一功能进行。FTA在大多数情况下是就某一局部的失效建立故障树进行分析，对于解决单机和局部的问题比较有效。汇总全系统的FMEA时，往往只是简单叠加，缺乏从总体和全系统的高度查找影响成败的技术风险。

（2）飞行时序动作分析与确认。主要以发射准备、点火到飞行结束的飞行时序过程为出发点，以每一个飞行时序动作为牵引，对每个动作或影响成败的关键环节（项目）的输入条件、输出（相应）结果、设计指标及满足情况、设计余量、可靠性措施、环境及相关影响、试验验证或仿真、计算等工程分析情况进行系统梳理，通过逐个动作的检查确认，最终得出从设计要求、设计结果到飞行实现能够完整闭合的推演分析结论。

（3）单点故障模式及关键特性分析与控制。单点故障模式是会引起系统故障且没有冗余或替代的操作程序作为补救的产品故障模式。该方法是按照系统的产品树和事先约定分析层次准则和过滤准则，运用相关的分析方法，找出那些可能出现的单点。通常，火箭的单点故障模式分析的结构层次划分为全箭（弹）、分系统、单机（组件）、元器件/零部件四级，分析范围至少涵盖各分系统的箭（弹）上组件。影响任务完成的Ⅰ、Ⅱ类单点故障模式要分析到元器件/零部件级。

对于存在单点失效模式的产品或单元进行特性分析和分类,识别关键特性、重要特性、次要特性和一般特性,并提出相关特性的检验控制单元,明确检查和验证方法,包括直接检查、实证、旁证及其他检查验证方式,保证引起单点失效的所有产品的特性能够得到充分的检查和验证。

(4)技术状态更改量化控制。在一般技术状态技术控制流程的基础上,对技术状态更改实施更加量化的控制,明确遵守"论证充分、各方认可、试验验证、审批完备、落实到位"的五项原则,以及逐级审批、逐级评审把关、逐级试验验证和闭环管理的具体程序和要求。

6.4 零缺陷制造方法

6.4.1 通用方法

(1)过程FMEA。过程FMEA(PFMEA)是在国外汽车行业发展起来的可靠性分析技术,指分析产品在生产、制造等工艺过程中对准备实施或正在实施的加工、装配、检测工艺的潜在或已发生的失效模式,以及其对产品、生产设施、生产人员、生产环境的影响,明确其危害,并采取相应的措施,减少或消除失效影响的技术和过程。汽车行业PFMEA作为与设计FMEA同等重要的技术方法受到重视,并在行业中进行推行应用。

利用FMEA流程控制表将各工序、失效模式、严重度等因素列出,通过风险级别指数和危害度衡量该过程对顾客产品质量不良造成的风险大小,并制定相应的对策,见图6-5。

(2)批合格率。批合格率(lot acceptance gates)是衡量生产工艺过程的指标,为批合格数量占总检查总批次数的百分比。生产总批次数修订为起始的批次数,从起始投料批次进行统计计算更有利于从源头对物料使用情况进行监管。

项目名称/代号：_____ 工艺设计单位/部门：_____ 引证文件：_____ 版本：_____
编写：_____ 校对：_____ 审核：_____ 批准：_____

标识号	工艺名称	工艺描述	失效模式	失效影响			失效原因	严酷度	已有措施	发生度	检测度	风险优先数	建议措施	责任单位或人	预期完成日期	措施及效果				备注
				对工装设施	对环境	对人员	对最终产品										采取的措施	完成时间	严酷度	发生度	检测度	风险优先数	

图6-5 工艺FMEA分析记录表单

（3）统计方差分析。该分析的基本思想是分析研究不同来源的变异对总变异的贡献大小，从而确定可控因素对研究结果影响力的大小。统计方差分析通过数学统计，确定对特定制造过程产品输出特性影响最大的过程参数。

（4）控制计划。控制计划是控制产品/工艺过程特性和相关的过程参数确保产品能力（在目标值或名义值附近）和稳定性的计划。例如，通过工艺关键特性的C_{PK}值度量过程稳定性。

（5）统计过程控制。统计过程控制（SPC）是使用统计技术测量和分析过程波动的方法。SPC的目的是监控产品质量，将过程稳定维持在目标值附近。SPC常用于监控过程的一致性，确保按设计要求制造产品，其目的是确保过程稳定受控。

6.4.2 火箭应用的典型零缺陷制造方法

（1）多媒体记录法。针对一些关键、重要的工序，特别是不可逆的工序，明确多媒体记录特征要求，及时采用多媒体记录相关要素或过程，并进行系统的质量检查确认。

（2）易错难操作控制。在关键过程和特殊工序控制一般要求的基础上，针对技术状态变化、小批量生产、手工作业，特别是总体装配工序，依据以往出错、操作困难得出的经验、教训，实施的特殊的量化控制过程。

与汽车行业不同，这些方法针对了火箭小批量生产及制造的复杂性，特别是装配的复杂性。

6.5 零缺陷测试方法

6.5.1 通用方法

（1）产品均值测试。产品均值测试（part average testing，PAT）是将异常器件从产品中剔除，从而改进器件的质量和可靠性的方法。PAT 需要根据工艺生产能力的不同而在测试项中加入更严格的测试控制限，将可能会造成早期失效的外缘点（outliers）通过 PAT 的方法筛选出去，从而避免存在潜在质量问题的器件交付客户。PAT 的测试控制限是根据长期大量的自动数据采集以及工程研究来确定的。PAT 的数据会定期收集并更新测试控制限的限定值。图 6-6 说明了外缘点被剔除的原理。

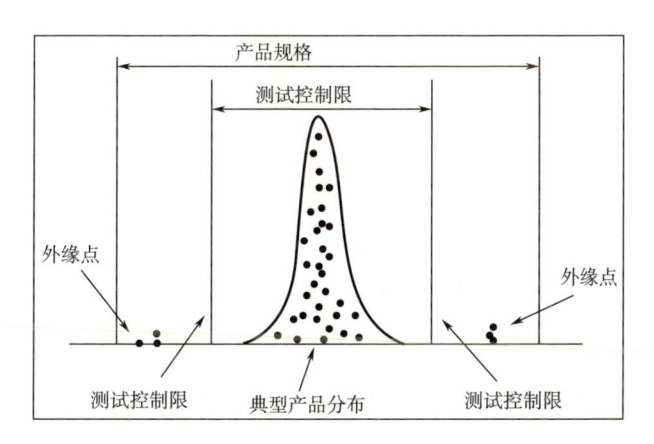

图 6-6 典型产品分布图

（2）良品统计分析。为了达到产品的零缺陷目标，AEC-Q002 基于统计原理，提出统计良品率及统计 BIN（statistical bin limit/statistical yield limit，SBL/SYL）的指导原则，即识别异常低良品率及异常高失效 BIN 的批次，因为这些异常批次通常会导致质量和可靠性问题。

元器件经过ATE测试后会按特性参数规格要求给出PASS或FAIL的结果，PASS表示产品达到规格要求，FAIL则相反。通常在测试过程中将芯片判为PASS和FAIL的过程也称为分BIN，以BIN的序号来对被测芯片的测试结果进行分类，这种分类不但对合格产品进行，对不合格失效产品也同样进行。合格产品也会由于产品本身性能的细微差别进行分BIN，失效表现相同的产品会被分为同一个BIN。当一批产品测试结束后，SBL/SYL系统会对这个批次的良品率以及失效BIN分类进行统计，并将计算出来的值与系统中事先设定好的值比较，如果良品率高于设定值或某个失效BIN低于设定值，则认为失效可控制，不需要采取任何措施；反之，如果良品率低于设定值或某个失效BIN高于设定值，则这批产品会被全部扣留，进行进一步分析，以判断该批次中的其他合格品是否存在缺陷风险。它可以起到缺陷的早期预警作用。

SBL/SYL是为确保潜在失效的产品在测试的步骤中被筛选出来而确定的判据，它在电测试阶段起到了特殊的监控功能。这些方法通过对关键测试参数的测量来建立一套分析和控制生产变量的系统，可用来监控高于正常失效比例的批次，保证最终产品的质量和可靠性。

（3）数据采集、存储和检索。对数据进行计算机采集、归档、分类和快速检索，可用于对问题分析和可靠性指标的确认的快速响应，快速解决现场零件相关的问题以及分析问题的趋势，快速进行风险评估，为质量改进提供基准。

（4）筛选。按照元器件规范对生产的每一元器件进行功能或参数符合性测试，包括IDDQ漏电检测、高电压测试（high voltage stress test，HVST）、低压测试（very low voltage test，VLVT）等。在完成关键工艺过程后对每一元器件进行非破坏性试验并验证参数和功能符合性，可为工艺过程或工艺改进提供直接反馈。

（5）批次性接收标准。对一批产品取样进行测试或应力测试，以确定该批产品是否可继续生产或交付给客户。该方法常用于最终测试，也可用于晶圆级测试（例如晶片筛选），以及需要对以前发现的和纠正的问题进行特别监控时。其目标是使不合格的产品在流入下一流程前能够被及时检测标识出来。

6.5.2 火箭应用的典型零缺陷测试与试验方法

（1）测试覆盖性分析。测试覆盖性指火箭产品测试检查项目覆盖产品设计任务书或技术要求规定的功能和性能指标的程度、火箭产品地面试验状态满足产品实际使用测试状态的程度。测试覆盖性分析与控制方法适用于单机，分系统，总体在单项、专项或系统级的试验。从方案阶段开始到定型，该方法会在整个生命周期内被应用。

（2）试验充分性分析。试验充分性分析与测试覆盖性相互关联。从方案阶段开始，型号产品各单机、分系统、总体在安排单项及系统级的地面试验时，充分考虑地面试验项目设置的合理性、试验内容的充分性和试验结果的有效性。特别是系统级大型地面试验中，要求地面试验的状态与天上飞行的状态一致，覆盖天上飞行的工况和环境条件；对于确实无法通过实物试验来验证、覆盖的项目，通过分析、仿真试验和旁证等措施来保证，从而降低技术认知未知领域的风险。

试验充分性分析与控制方法适用于单机、分系统、总体各个层次的产品，试验项目可以是单项试验、专项试验或系统级试验。从方案阶段开始到定型，该方法在整个生命周期内适用。

（3）"四不到四到"分析与控制。针对产品交付以及火箭飞行前的靶场测试，各级产品必须做到"测试不到要验收到、验收不到要工序检验到、工序检验不到要工艺保证到、工艺保证不到要人员保障到"（简称"四不到四到"）。对于对照测试不到的项目，按照产品形成的生产流程，逆向追溯到产品验收、工序检验、工艺保证和人员保障过程等环节，分析和查找是否存在隐患和风险，进而提出控制和应对的要求，保证产品质量，并通过持续改进提高过程保证能力。

6.6 零缺陷应用方法

6.6.1 通用方法

（1）产品降额。降额设计的目的是通过限制元器件使用过程中所承受的应力，将元器件在低于其额定应力值下使用，以降低元器件失效率。例如，根据半导体器件的成熟理论，器件工作温度每升高10℃，工作失效率提高一个数量级。因此，在工作过程中要控制半导体器件的工作温度。

降额设计的等级由整机或分系统的可靠性要求和降额设计要求转化而来，此外，还可以根据系统环境和元器件自身特点选择降额参数和降额因子。降额设计的关键是针对元器件进行工作应力分析，主要包括电应力、温度应力和机械应力。通过工作应力值与额定值进行比较，确定降额设计的要求是否达到，并输出元器件降额校验的结果清单。

（2）应力强度分析。对器件开展应力-强度概率分布分析，分析器件失效概率。应力强度分析可以确定特定应用的设计或工艺裕度，明确失效的可能性。

（3）数据分析。数据分析具体是指根据器件随时间或应力失效分布的数学公式和图形表达，对试验或生产过程的数据进行量化分析评价，给出实际或可能的失效率。

（4）行业标准。器件供应商之间形成的协定为供应商和用户提供了统一通用的标准，也提供了适用于多种器件、工艺过程和材料的性能基准。

（5）环境应力试验。这是指保证产品同时满足生产单位和用户长时间的质量与可靠性要求的统一试验方法。此处，可以用加速试验建立评价器件长时间使用耗损和缺陷率的基线，也可评价单个器件自然环境以及实际使用环境下的抗老化能力（使用环境包括物理、机械、电子和环境方面的应力），并在器件的鉴定过程中识别设计、工艺或封装中的内部缺陷。

6.6.2 火箭应用的数据分析方法

火箭应用的数据分析方法主要指飞行成功子样数据包络分析。数据包络范围是指采集经过飞行试验或地面试验验证成功的若干产品数据所构成的数据范围。将待分析产品数据与对应的包络范围进行比对，判定待分析产品数据是否落在包络范围内，由此得到待分析产品数据包络状况。这是一种判定产品质量偏差、进一步识别风险、评估产品是否满足执行任务能力的分析方法。

6.7 零缺陷改进方法

6.7.1 通用方法

（1）晶圆级失效机理监控。例如，可以在晶圆的切片槽中设计满足晶圆生产过程中不同目的的结构，包括晶圆加工时用于光刻对齐结构及测量层间厚度的结构，以及对工艺进行物理分析的结构，以进行"建构"分析以及测量掺杂分布。对加工过程进行电性能分析的结构也要在晶圆级进行描述。这些结构可用于测量薄层电阻和晶体管参数。切片槽也包含监控晶圆级可靠性的结构，能在生产的早期阶段快速进行失效机理测试，从而修正或调整错误晶圆或晶圆批。

（2）工艺/产品改进。这是指改进器件的设计、制造工艺、材料和试验方法，不断提升产品的功能性能、可制造性、可测试性和可靠性。

（3）生产过程监控。这是指定期对器件进行可靠性采样试验，监控试验过程中是否发生了导致使用缺陷的过程偏移，验证过程是否受控。此方法持续评价器件的可靠性能力，并通过及时处理问题确保产品不再发生重复性问题。

6.7.2 火箭应用的零缺陷改进方法

（1）多余物防控。设计单位要针对运动部件（如活门、接插件等）、连接结构（焊接、铆接、胶接等）、贮箱、管路、电子和机电产品、器件等重点产品进行再分析、再确认,梳理易产生多余物的环节和不易检测、不易清除多余物的部位;分析多余物可能造成的影响,通过改进设计有效控制多余物的影响域,降低产品对多余物的敏感性,提高产品的质量;完善多余物防控的可靠性设计准则。生产单位、总装总测单位要明确产品生产、装配、测试、试验、运输等全过程的多余物控制要求和环境洁净度控制要求,特别是对电装、总装等关键生产过程的要求。型号试验队要将多余物防控要求有效传递到发射场操作岗,确保防控措施落实到位。

(2)禁限用工艺治理。严令禁止选用和使用在产品研制生产中不能保证产品质量、危害生产安全、严重污染环境的工艺;限制选用和使用在研制生产中对产品质量保证难度大或对环境保护有影响的工艺;加强禁(限)用工艺治理,制订禁(限)用工艺治理计划,持续开展替代工艺技术研究,坚决杜绝禁用工艺,逐步减少限用工艺使用。同时,要贯彻绿色发展理念,加强环境污染和影响职工健康安全的禁(限)用工艺治理,促进航天制造工艺高质量、绿色、安全发展。

6.8 问题解决方法

6.8.1 通用方法

(1)8D解决问题方法。8D(8 Disciplines)是八个分析和解决问题的标准化步骤,即:面向产品、工艺问题,组建团队,识别问题根原因,剥离问题,纠正问题,验证问题解决措施,使问题得到全面分析和解决,防止问题重复发生。应用此方法可以系统识别并纠正问题的真正的根原因,并将分析和纠正结果应用到相似器件或过程。

(2)失效分析。这是指对失效的器件进行试验、观察和物理分析并确定失效根原因的过程,即:通过试验验证失效模式,通过观察确定器件失效位置,通过物理分析明确失效机理,通过进一步的定位剥离和化学及结构分析,确定问题的根原因。

6.8.2 火箭应用的零缺陷问题解决方法

（1）质量问题归零。质量问题归零是对在设计、生产、试验、服务中出现的质量问题，从技术上、管理上分析产生的原因、机理，并采取纠正和纠正措施，以避免问题重复发生的活动。质量问题归零是实现质量问题闭环控制的一种方法，在质量问题归零过程中，通过对标准规范和规章制度的不断完善、人员意识的不断提升、条件的逐步改进，实现质量管理的升华。在火箭质量管理体系中，质量问题归零的做法已延伸到供应链体系中，要求供应商针对出现的质量问题，按照"双五条"归零标准开展归零工作。

（2）关联性分析。关联性分析属于质量问题举一反三的范畴，与信息来源和发生问题时的风险控制相关，具体包括两方面的内容：一是接收的外部质量问题信息，判断与本单位产品的关联性和应采取的预防措施；二是本单位发生质量问题，在来不及归零的情况下，对于外场即将执行发射任务的产品开展风险分析与评估。

6.9　小结

鉴于电子产品在汽车安全功能中的核心作用，在汽车行业电子产品供应链中，应以IATF 16949质量管理体系的贯彻为基础，进一步推行"零缺陷"管理。为此，AEC制定了AEC-Q004《零缺陷指南》，面向电子元器件设计、生产、测试和使用全过程提供了一系列零缺陷工具方法，通过设计失效模式影响分析、工艺失效模式影响分析、测试性设计、制造性设计、可靠性设计、内建测试、统计过程控制、缺陷监控、应力强度试验等方法，从源头抓起，实现过程控制。该方法具有以下关键特点：

一是明确"零缺陷"目标：将电子元器件失效率等级控制为十亿分之一。

二是坚持体系化工作理念，将"零缺陷"框架纳入单位的质量管理体系之中，通过体系的有效运行支撑零缺陷目标的实现；同时将30个方法按照六大过程形成方法体系。

三是坚持"适用"的选用理念，基于产品实现过程、具体的应用情境从增值的角度选择最合适的方法，实现方法效用最大化。

四是坚持用标准，以开放的方式应用成熟的标准和行业最佳实践。

7

比较
——单芯片半导体器件

单芯片半导体器件包括半导体分立器件、光电器件和单片集成电路，其中关于单片集成电路的规范AEC-Q100在第三章做了一些介绍，且其内容要求与半导体分立/光电器件类似。限于篇幅，本章不再展开描述。本章重点对半导体分立/光电器件进行比较。AEC-Q101及AEC-Q102为车用半导体分立器件、光电器件鉴定技术规范，AEC-Q101现行版本为2021年3月发布的E版。AEC-Q101包含分立器件（如晶体管、二极管等，不含光电器件）鉴定检验的最低应力试验要求的定义和参考试验条件。AEC-Q102现行版本为2020年发布的A版，包含分立光电器件（发光二极管、光敏二极管、发光二极管、激光器等）鉴定检验的最低应力试验要求和参考试验条件，对光电组件，除需要通过AEC-Q102的考核外，还需通过相关规范考核。

除鉴定技术规范外，AEC-Q101发布了5项支撑规范，AEC-Q102发布了2项支撑规范，主要为相关的试验方法，如静电放电试验（人体模型和电容放电模型）、引线键合剪切试验、综合性试验、12V系统智能功率器件短路可靠性表征试验、耐湿试验和板弯曲试验，改变了现行可引用试验方法规范（如美国军用标准分立器件试验方法MIL-STD-750或工业规范如JEDEC规范）无相关试验（如引线键合剪切试验、综合性试验、12V系统智能功率器件的短路可靠性表征、板弯曲试验）或试验方法适应性不够（如静电放电试验、耐湿试验）的情况。这几类试验为模拟车用分立器件、光电器件在应用中面临的应力，是出于对器件考核的必要性而提出的。

现行军用半导体分立器件通用规范GJB 33B—2021是针对密封高可靠分立器件的，目前国内尚无针对军用塑封分立器件的通用规范的发布。美军发布了MIL-PRF-19500，以附录J的形式明确对军用塑封分立器件的质量评价。

国内军用半导体光电器件通用规范主要有五种，包括针对发光二极管的GJB 2146A—2011，针对光电器件（发光二极管、光敏二极管、发光二极管、激光器）的GJB 8119—2013，针对光电模块的GJB 8119—2013，针对光电组件的GJB 8120—2013；在国家军用标准相关规范发布前，通常也采用分立器件总规范GJB 33B—2021。

由于是不同的规范体系,本章仅就试验要求和鉴定应力水平进行比较分析。

7.1 基本要求

在鉴定检验的试验项目、抽样方案、试验应力、鉴定扩展要求以及重新鉴定的要求方面,前述规范的对比见表7-1。

表7-1 各类规范的范围差异

要求	AEC-Q101及AEC-Q102	GJB 33B—2021	MIL-PRF-19500附录J	GJB 8119—2013
设计、结构、材料要求	无（要求通过试验考核且需按照固定格式提交设计、结构和材料要求信息）	有（针对高可靠密封器件,从管壳材料、内部气氛含量要求、内部金属、半导体材料设计、钝化层材料及厚度、镀层材料及厚度、有机材料使用等进行限制）	无具体要求。针对非密封器件,要求通过试验考核	有。针对高可靠密封器件,从管壳材料、内部气氛含量要求、内部金属、半导体材料设计、钝化层材料及厚度、镀层材料及厚度等进行限制
质量等级	未明确规定质量等级,通过相关考核试验即为"汽车级"器件,但对工作温度进行了明确定义;分立器件的工作温度范围应为-40℃~125℃,光电器件的工作温度范围为-40℃至器件的最高工作温度;根据塑封器件特点,要求进行潮湿敏感度分级	两档四级,宇航档为JY级,在可追溯性、筛选质量一致性检验（QCI）和鉴定考核试验等方面要求严格;军用档从高到低分为JCT、JT、JP三级,其中JP不筛选,JT和JCT的区别仅是筛选中是否进行内部目检	一档三级,无宇航档,军级档从高到低分为JANPTXV、JANPTX、JANP	二档三级;G3不要求筛选,类似于GJB 33B—2021规定的普军级;G2类似于GJB 33B—2021规定的特军或超特军级;G1类似于宇航级

177

续表

要求	AEC-Q101 及 AEC-Q102	GJB 33B—2021	MIL-PRF-19500 附录J	GJB 8119—2013
筛选	不要求	要求（从内外部结构检查，电、热、机械应力、气密性检查等方面筛选，适合小批量生产）	普军级不要求，其他要求	G3不要求，其他要求。进行内外部结构检查，进行电、热、机械应力等方面筛选，适合小批量生产
质量一致性检验（QCI）	不要求	要求逐批或周期性考核。分为A组（逐批电性能）、B组（逐批封装及短期寿命）、C组（周期试验）、D组（辐射考核试验）、E组（仅鉴定开展的试验）	要求逐批或周期性考核。分为A组（逐批电性能）、B组（逐批封装及短期寿命）、C组（周期试验）、D组（辐射考核试验）、E组（仅鉴定开展的试验）	要求逐批或周期性考核。分为A组（逐批电性能）、B组（逐批封装及短期寿命）、C组（周期试验）、D组（辐射考核试验）
鉴定检验	要求（旧版为单项试验，各试验间不进行试验应力叠加）。最新版按照试验性质和目的分为五个组：A组为加速环境应力试验，B组为加速寿命试验，C组为封装组装特性试验，D组为芯片制造可靠性试验，E组为电性能验证试验。针对光电器件增加G组，为腔体封装完整性验证试验。主要为单项试验（同一样品只需经受一种应力试验项目）	要求逐批或周期性考核。分为A组（逐批电性能）、B组（逐批封装及短期寿命）、C组（周期试验）、D组（辐射考核试验）、E组（仅鉴定开展的试验）；除A组仅针对电性能外，各分组既有针对封装的可靠性评价试验，也有针对芯片可靠性评价试验，且主要为复合应力试验，即同一样品需要经受不同的应力试验项目	要求逐批或周期性考核。分为A组（逐批电性能）、B组（逐批封装及短期寿命）、C组（周期试验）、D组（辐射考核试验）、E组（仅鉴定开展的试验）；除A组仅针对电性能外，各分组既有针对封装的可靠性评价试验，也有针对芯片可靠性评价试验且主要为复合应力试验	要求逐批或周期性考核。分为A组（逐批电性能）、B组（逐批封装及短期寿命）、C组（周期试验）、D组（辐射考核试验）

续表

要求	AEC-Q101 及 AEC-Q102	GJB 33B—2021	MIL-PRF-19500 附录J	GJB 8119—2013
稳健性验证	要求。从任务剖面分解出考核试验项目和试验应力	不要求。通用性试验条件	不要求。通用性试验条件	不要求。通用性试验条件
抗辐射要求	不要求。分立器件及光电器件芯片相对较大，对地面环境及塑封料的辐射性不敏感	适用时要求	不要求	适用时要求

从表中对比出的主要差异如下：

第一，AEC产品技术规范对设计、结构、材料等不作要求，且不要求进行筛选和质量一致性检验。车用半导体器件主要采用自动化程度较高的塑封器件生产线，产品具有PPM级别的缺陷率，不要求进行筛选和质量一致性检验，降低了试验成本；但要求提交认定分立器件的设计、结构、工艺、材料等信息，便于判断是否可以采用已经受试验考核的器件的通用数据。

军用规范对元器件的材料、工艺、结构进行了相对具体的规定，不仅要求元器件应通过鉴定考核试验，还需逐批或周期性抽样复核产品的质量是否依然满足考核试验的要求。

第二，AEC产品规范并未规定明确的质量等级，通常称工作温度范围为−40℃~125℃（LED为40℃到85℃）并通过相关考核试验即为"汽车级"器件。同时，根据塑封器件特点，针对塑封表面安装类器件，要求进行潮湿敏感度分级。不同湿敏等级的器件车间寿命不同，需要采用相应的防护措施。例如，当塑封表面安装类器件在空气中充分暴露导致器件吸潮，在焊装时经受回流焊应力可能出现分层扩展甚至"爆米花"现象。

军用规范的质量等级划分体现在质量保证要求上，例如，JY级器件在筛选和B组检验中要求更多的试验项目［如增加晶圆批验收、恒定加速度、颗粒碰撞噪声检测（PIND）、不稳定性冲击、X射线检查等项目］、更长的试验时间（如老炼时间要求更久）、更高的试验应力（如B组中的加速寿命试验）等。

而JP等级不要求筛选，鉴定及质量一致性检验同JT和JCT等级要求。质量等级的划分依据的是考核试验的多少与应力的持续时间或应力的大小。

第三，汽车电子提出了稳健性验证的要求，通过分解汽车电子的应用环境和应力，形成任务剖面，依据模型推算规范试验条件下的试验条件和试验周期，形成鉴定试验环境条件、功能应用条件和用户寿命要求，是一种覆盖应用环境的验证性考核要求。例如，发光二极管（LED）使用寿命与应用场景密切相关，当通用试验条件不能覆盖需求时，可按需要扩展试验周期（如表7-2所示）。

表7-2 AECQ-102稳健性验证附表

AECQ-102试验条件	超长寿命验证	长寿命验证	日常应用场景验证
高温工作寿命	10 000h	4 000h	1 000h
功率温度循环	2 500次循环	2 500次循环	1 000次循环

GJB 33B—2021给定了满足军用、宇航用器件的基本要求，这是一种通用性试验要求，并不结合更具体的应用场景。MIL-PRF-19500附录J的规定思路和GJB 33B—2021差不多，仅没有对设计、结构、材料等提出要求。

第四，鉴定检验要求方面，AEC技术规范为单项试验（每项试验仅包含一项应力试验，无多项试验应力的叠加）。最新版按照试验性质和目的分为五个组（光电器件为6个分组）：A组为加速环境应力试验，B组为加速寿命试验，C组为封装组装特性试验，D组为芯片制造可靠性试验，E组为电性能验证试验（针对光电器件，增加G组，为腔体器件封装组装特性试验）。

国家军用标准从电性能、封装、芯片等对器件开展逐批或周期性考核，分为A组（逐批电性能）、B组（逐批封装及短期寿命）、C组（周期试验）、D组（辐射考核试验）、E组（仅鉴定开展的试验，针对分立器件）五组。除A组仅针对电性能外，各分组既有针对封装的可靠性评价试验，也有针对芯片可靠性的评价试验，且主要为复合应力试验。AEC产品规范清晰地给出了器件制造工艺与对应的单项鉴定试验的关系；如采用复合试验，该关系将会变得复杂，不利于结构相似的器件借用试验数据。

第五，由于应用环境的关系，汽车电子对辐射考核未作要求。与存储器可能对塑封料中α粒子敏感而导致的单粒子效应不同，分立器件及光电器件芯片相对较大，不足以产生影响，对此类辐射源不敏感，故汽车电子对辐射考核未作要求。

7.2 鉴定试验对比

7.2.1 鉴定试验原则对比

鉴定检验原则对比见表7-3。

表7-3　AEC产品规范与军用规范的试验原则差异

项目规范	AEC-Q101	GJB 33B—2021及GJB 8119	MIL-PRF-19500附录J
合格判定数	零失效	GJB 33B—2021零失效，GJB 8119部分零失效，部分按批量容许不合格品率（LTPD）	零失效
最小参数测试要求及失效判据	针对不同的器件类型以附录的形式给出了最小参数测试要求，对试验后参数的变化量有要求	GJB 33B—2021未针对具体的器件需要考核的最小参数和参数的变化量做出规定，GJB 8119给出了参数测试项，但未对变化量做出规定	未针对具体的器件需要考核的最小参数和参数的变化量做出规定
抽样方案	针对不同试验采用不同抽样方案：对电学应力、环境应力试验等采用3个连续批77只样品的抽样方法	按检验批考核，要求试验样品为同一批，针对不同试验采用不同抽样数：除电性能测试外，最大的抽样数为45只	按检验批考核，要求试验样品为同一批，针对不同试验采用不同抽样数：除电性能测试外，最大的抽样数为45只
试验应力和要素	依据任务剖面分解确定试验应力和要素，确定试验条件	不要求。通用性试验条件	不要求。通用性试验条件

续表

项目规范	AEC-Q101	GJB 33B—2021 及GJB 8119	MIL-PRF-19500附录J
试验方式	除机械应力分组存在复合应力试验（同一样品需要经受不同的应力试验项目），其他分组均为单项试验	单项试验和复合试验并存	单项试验和复合试验并存
试验数据获取方式	可采用通用数据	采用结构相似性器件数据	未规定

表7-3所列的主要差异如下：

（1）合格判定数。AEC技术规范的合格判定数只允许零失效，而部分军用标准部分试验项目允许按LTPD。LTPD适用于小批量、孤立批的抽样试验。GJB 33B—2021及航天一院《LMS电子元器件技术条件》也采用零失效方案，实际为降低不合格批被接受的风险。

（2）失效判据。AEC技术规范对每类器件需要测试的最小参数做出了规定，对参数的变化量进行了细化，具有较好的可操作性，也便于不同产品在同一平台下进行比较。这在军用标准体系中并未体现。

（3）抽样方案。AEC技术规范对于加速环境应力试验和加速模拟寿命试验等关键试验，要求从3批器件中分别抽取77只器件，不允许任何一只器件失效。军用标准中规定的最大样本量为45只（不包含A组等可以交货的参数测试试验项目）。我国军用标准或美国军用标准体系采用的是鉴定加质量一致性检验（QCI）的质量保证体系。通过鉴定确保产品达到考核要求、通过QCI确保产品每批次的可靠性，实质上是一种按批考核的产保理念，因此在鉴定时要求样品为同一批器件。汽车电子不采用QCI，为保证批次的代表性，要求部分试验采用三个连续批。

（4）试验项目的设置。AEC技术规范的鉴定试验除机械应力试验外，多为单项试验（一组样品只经历一项试验应力）。军用标准中两种方式均存在。或许是基于利用结构相似性借用试验数据的考虑，AEC技术规范采用单项试验的方式考核。AEC技术规范清晰地给出了器件制造工艺与对应的单项鉴定试验的关系；如采用复合试验，该关系将会变得复杂，给结构相同或相似器件的试验数据的借用带来困难。

（5）试验应力和要素。例如稳健性验证，汽车电子鉴定应力水平和控制要素是通过任务剖面分解而来的，而要素是针对失效模式的。军用标准划定了满足军用、宇航用器件的基本要求，是一种通用性试验要求，不结合更具体的应用场景。

（6）通用数据的借用存在差异。AEC技术规范对结构相似性进行了明确的规定。例如，AEC-Q101按照晶圆制造（器件类型、晶圆制造工艺）和封装（封装类型、封装工艺）给出了可以列入同一鉴定族系的规范。我国军用标准虽然规定了可以采用结构相似性进行鉴定的扩展，但对结构相似性的规定较为模糊，缺乏如何利用结构相似性的数据进行鉴定扩展的指南。美国军用标准针对结构相似性的规定与我国军用标准类似，从美方公开的鉴定扩展资料中，可发现其采用了结构相似性的原理。但部分器件似乎并未严格执行MIL-PRF-19500的规定，具有较大的随意性。例如，曾出现过通过结构相似性将整流二极管的鉴定结果扩展到同类封装的电压调整二极管的案例。

7.2.2 鉴定试验项目

由于GJB 33B—2021主要针对高可靠密封封装的分立器件的失效模式，AEC-Q101主要针对车用塑封分立器件的失效模式，两者不具备可比性，故分立器件试验条件对比主要采用MIL-PRF-19500附录J进行，主要试验项目的不同点见表7-4（详细试验项目对比见附表7-1）。

表7-4 AEC-Q101与MIL-PRF-19500附录J的主要差异

项目	AEC-Q101	MIL-PRF-19500附录J
温度循环	1 000次，-55℃~150℃；试验后按要求进行声扫，如无分层，可以不要求键合拉力及键合剪切力试验	500次，-55℃~150℃；试验前后要求超声扫描及电性能测试

续表

项目	AEC-Q101	MIL-PRF-19500附录J
玻璃转化温度	不要求	每批进行
结构分析	不要求	鉴定要求
真空热释气	不要求	鉴定要求
潮湿敏感度分级	鉴定不要求，但具体等级需要提供数据	要求，但未规定可接受的敏感度等级
短路可靠性	仅适用于小功率器件	未规定
无铅	适用于可焊性、耐焊接热和锡须生长等相关试验	不允许无铅镀覆
安全工作区试验	只针对动态非钳位电感开关（雪崩耐量）	功率器件必须进行直流安全工作区验证，钳位和非钳位的开关安全工作区适用时进行
盐气	未规定	要求
热冲击	未规定	要求
铜键合丝	需要经过AEC-Q006的评估	原则上不允许使用

军用光电器件无对应的塑封器件通用规范，下面采用AEC-Q102与GJB 33B—2021、GJB 8119—2013对比，主要试验项目的不同点见表7-5（详细对比表见附表7-2）。

表7-5　AEC-Q102与军用电子规范的主要差异

项目	AEC-Q102	GJB 33B—2021	GJB 8119—2013
高温高湿工作寿命	仅对LED和激光器，试验前预处理；1 000h，85℃/85%RH（相对湿度），并依据降额曲线选择合适的驱动电流使结温T_J达到器件规范规定的最大值。间歇寿命的时间间隔为开通30min/关断30min，或采用规范规定的最小驱动电流，如未规定最小驱动电流，则选择的驱动电流不产生3℃以上的结温升，试验后进行DPA	无此项目，一般进行耐湿试验	无此项目，一般进行耐湿试验

7 比较——单芯片半导体器件

续表

项目	AEC-Q102	GJB 33B—2021	GJB 8119—2013
高温高湿反偏	针对光敏二极管及光敏晶体管，试验前进行预处理；1 000h，85℃/85%RH，器件反偏，光敏二极管：V_R=0.8倍器件规范中规定的最大反向电压；光敏晶体管：V_{CE}=0.8倍器件规范中规定的最大集电极-发射极电压无光环境；在试验前后进行测试，试验后进行DPA	无此试验项目，一般进行耐湿试验	无此试验项目，一般进行耐湿试验
温度循环	1 000次，最低额定温度至85℃或100℃或110℃或125℃，温循前后都要进行电参数测试；试验后进行键合拉力试验，不合格需要说明原因	至少500次，-55℃~150℃（或最大贮存温度范围，取小者）	G1：500次；G2、G3：100次（最高存储温度至最低存储温度）
功率温度循环	仅对LED和激光器，试验前预处理；1 000次；根据降额曲线，选择合适的驱动电流，使结温达到详细规范规定的最大结温T_J，通电断电各5min；低温按规范规定的最低温，高温从以下条件中选择：功率温循条件1：高温T_S=85℃；功率温循条件2：高温T_S=105℃。功率温循条件3：高温T_S=125℃。功率温度循环条件的选择依据为：该条件不超过器件的规范规定的工作温度范围，功率温循条件需在试验报告中明确；对于某些特殊应用条件，可能需要更长的试验周期以满足整个应用周期的可靠性。试验前后测试，试验后进行DPA	无此试验项目，近似试验为间歇寿命试验，壳温升85℃或结温升100℃，循环次数按用户要求，一般为6 000次	无此试验项目
间歇工作寿命	仅对光敏二极管及光敏晶体管；仅对环境温度25℃时施加功率不超过绝对最大额定值，且功率足够产生60℃结温升的器件进行；T_A=25℃，试验次数=6 000/（x+y），其中x=从环境温度升至规定结温升的最小时间，y=结温冷却到环境温度需要的最小时间；试验前后测试，试验后进行DPA	壳温升85℃或结温升100℃，循环次数按用户要求，针对单管一般为6 000次	无此试验项目

续表

项目	AEC-Q102	GJB 33B—2021	GJB 8119—2013
低温间歇寿命	1 000h，T_S取最低贮存温度；根据规范规定的降额曲线选择最大的驱动电流，通断各30min	无此试验，类似试验为间歇寿命试验，壳温升85℃或结温升100℃，循环次数按用户要求，针对单管一般为6 000次	无此试验项目
脉冲工作寿命	仅对LED和激光器 T_S = 55℃；1 000h，占空比为3%，开通时间为100μs，最大脉冲幅度按规范，试验前后电测试	无此项试验	无此项试验
硫化氢腐蚀	40℃，90% RH；336h，H_2S浓度为15×10^{-6}，试验前后进行电测试。试验后进行DPA	无此项试验	无此项试验
混合气体吹拂	25℃，75% RH；500h，H_2S浓度为10×10^{-9}，SO_2浓度为200×10^{-9}，NO_2浓度为200×10^{-9}，Cl_2浓度为10×10^{-9}；试验前后电测试，试验进行DPA	无此项试验	无此项试验
无铅	需通过耐焊接热和锡须生长考核	要求必须含铅	无要求
盐气	不要求	要求	要求
热冲击	不要求	10次循环，条件B（0℃~100℃）	要求

表7-5中的主要差异如下：

（1）部分试验项目不适用或可替代。例如：AEC认为对塑封器件没必要进行盐气考核；采用温度循环试验替代热冲击试验项目更能适合塑封器件，并将温度循环次数增加至1 000次；另外，要求在试验后检查分层状况，根据是否对键合产生影响，决定是否需要进行键合拉力试验。美国军用标准要求试验前后均进行超声扫描，针对分层情况直接判断是否合格。

（2）新增部分试验。新增的试验主要针对以下情况：

①开关应用的晶体管，验证其在感性负载下和断路状态下的可靠性。

②针对无铅器件的可靠性验证（民用考虑环保）。

③光电器件针对特定工作模式的高温高湿工作寿命、高温高湿反偏、功

率温度循环、间歇工作寿命、低温间歇寿命、脉冲工作寿命等情形。

④针对光电器件特有失效模式的硫化氢腐蚀、混合气体吹拂。

(3)未采用部分试验。这主要指MOSFET的直流安全工作区。从安全工作区的原理上看，直流安全工作区主要由导通电阻、热阻、击穿电压和最大电流四个参数组成，该参数在其他试验项目中均有验证，不进行安全工作区验证具有一定的合理性。

(4)美国军用标准附录J相对旧版美国军用标准及AEC技术规范新增了试验项目，例如玻璃转化温度、真空热释气和结构分析等。玻璃转化温度和真空热释气是针对塑封料的考核项，一般塑封原料的制造商会提供相关数据。结构分析要求通过一系列的结构检查和分析手段，根据芯片、引线框架、塑封材料等确定产品的结构和材料的合理性、可靠性。

此外，针对塑封器件的考核规范，仅从试验项目上看，AEC与美国军用标准MIL-PRF-19500附录J均有针对塑封器件的环境试验考核项目，例如高压蒸煮、温度循环组别、强加速稳态湿热等。下面就塑封器件考核中最为重要的环境试验考核项目（高压蒸煮、温度循环、强加速稳态湿热）三项试验进行对比（见表7-6）。

表7-6　AEC-Q101与美国军用标准的环境试验详细对比表

项目	AEC-Q101	ML-PRF-19500附录J
高压蒸煮	预处理（含吸潮及3次回流焊）；高压蒸煮121℃，96h	超声扫描；预处理（含吸潮及3次回流焊）；超声扫描；高压蒸煮121℃，96h或非偏置强加速；稳态130℃/85RH，96h；电测试；
温度循环	预处理（含吸潮及3次回流焊）；温度循环，-55℃~150℃，1 000次	温度循环，-55℃~150℃，100次；高压蒸煮121℃，96h或非偏置强加速；稳态130℃/85RH，96h；电测试；
强加速稳态湿热	预处理（含吸潮及3次回流焊）；强加速稳态湿热130℃/85RH，96h；或反偏高温高湿（H3TRB），85℃/85RH，1 000h，80%反压	温度循环，-55℃~150℃，100次；超声扫描；浪涌；电测试

续表

项目	AEC-Q101	ML-PRF-19500附录J
试验判据	电测试	超声扫描，电测试（质量一致性检验项）； 电测试（鉴定检验）
抽样方案	77×3	22（0）（质量一致性检验项，每批次）；或45（0）（鉴定检验，鉴定批）

AEC-Q101采取的是单项试验并加大样品量的方式进行试验，可能是出于通用数据借用便捷性的考虑。美国军用标准附录J的试验设置方式基于器件在实际应用中存在的复合应力，延续了MIL-PRF-19500考核试验的设置方式。从应力强弱的角度分析，附录J除温度循环试验分组的应力水平较低外，其他分组要高于AEC-Q101的规定，例如AEC-Q101要求进行96h、121℃的高压蒸煮，而附录J除要求同样应力的高压蒸煮（或非偏置强加速稳态）外，还需继续进行累计200次温度循环和96h的非偏置强加速稳态（或高压蒸煮试验）。

此外，AEC-Q101在高压蒸煮、温度循环、强加速稳态湿热试验后不规定超声扫描作为器件是否通过的判据，而仅仅进行电参数测试，且增加一个新的温度循环分层试验分组，该分组要求如果出现分层，则挑选分组最严重的5只器件进行键合拉力试验，如通过则也不认为失效。这个考核要求值得研究。

7.3 小结

汽车电子产品技术规范针对的是商用的汽车电子，处处体现出其对成本的控制，主要体现在以下三个方面：

一是不对逐批筛选和质量一致性检验提出明确要求。由于具有完整的自动化大批量生产体系支撑以及科学可靠的质量保证体系，汽车电子一般具有

PPM级别的失效率。基于此，汽车电子产品技术规范不对筛选加质量一致性检验质量保证体系提出要求，把质量控制与保证活动重点集中于生产前端，从而在保证产品质量的前提下大大降低了检验成本和交付周期。

当前，军用元器件的检验成本较高、交付周期长，需要对每只产品100%筛选，质量一致性检验需要抽样开展破坏性试验且时间较长。较高的检验成本和时间成本是现行军用标准体系产品必须付出的代价（部分专业的检验成本甚至占到成本的一半以上，试验周期接近2个月）。

二是利用结构相似性进行鉴定扩展。同一类别不同规格的元器件，其设计、工艺、结构和材料基本相同，因此，鉴定时利用通用数据对试验项目进行适当的合并或压减是完全可行的。汽车电子产品技术规范中对结构相似性进行了明确的规定。通过细化和可执行的规定，汽车电子产品技术规范允许借用结构相似的器件进行鉴定扩展，降低试验成本。

美国军用标准已经由早期的合格产品目录（QPL）鉴定模式变更为合格制造商目录（QML）鉴定模式，适度体现了压减同类项的原则，此外，也有结构相似性规定。我国军用标准除少量专业外，大部分仍然维持QPL鉴定模式，并且同样有利用结构相似性原则压减试验项目的规定，但我国军用标准对于结构相似性的应用只有一个原则，在实际操作层面大部分专业基本没有实施。

三是工艺变更后仅需针对变更工艺采取补充鉴定试验，无须进行全项试验。汽车电子通过采用单项鉴定试验建立了较为清晰的考核试验和工艺对应关系，通过将该对应关系固化、细化，可方便地针对具体的变更工艺进行相应的有影响的考核试验项目，降低了试验成本。

在这个方面，我国军用标准规定的处理原则与AEC基本相同，只不过在实际操作中从稳妥角度出发，部分项目并没有执行这一规定，而是直接开展全项鉴定。

AEC产品规范虽具有较强的成本控制意识，不对筛选试验和质量一致性检验提出要求，但其对产品质量也具有高水准要求，并主要体现在以下三个方面：

一是覆盖应用的稳健性验证。通过分解汽车电子的应用环境和应力形成

质量的简约——兼议汽车电子技术规范

任务剖面，依据模型推算出在规范试验下需要的试验条件和周期，形成鉴定试验环境条件、功能应用条件和用户寿命要求；根据车用分立器件（主要是晶体管）开关应用特点，增加雪崩耐量、短路验证等试验，确保考核的全面性，保证产品考核条件覆盖应用条件。

二是严苛的抽样方案和明确的考核条件。部分试验要求从3批器件中分别抽取77只器件，不允许任何一只器件失效。单项试验的抽样数量一般也严于同类军用标准。相对于军用标准，汽车电子产品技术规范针对具体的器件类型规定了最小化参数测试要求，对包括寿命试验后的参数变化量进行了具体规定；具有较好的可操作性，也便于不同产品在同一平台下进行比较。

三是多种多样的质量过程控制方法。汽车质量体系规定了多种质量控制方法确保质量，体系与技术规范相互协同，共同构建了汽车电子元器件质量保证体系。

7 比较——单芯片半导体器件

附表 7-1 AEC-Q101 与 MIL-PRF-19500 附录 J 详细试验项目和试验条件对比

试验项目	AEC-Q101	MIL-PRF-19500 附录J	备注
应力试验前后功能/参数测试	经过应力试验后，变化量超过初始值的±20%，供应商应证明参数超差的合理性，并得到用户批准；对于漏电流低于100nA的器件，电参数分析时需要考虑测试设备精度；根据客户规范或供货商规范规范规定，在室温下进行测试	无明确规定；在详细规范中根据用户要求给出相关参数变化量要求，针对器件特性各项变化量可进行适当调整	
预处理	仅适用表面贴装器件，在以下试验前进行，且在预处理前后都要进行试验：温度循环、温度循环热试验、温度循环分层试验、键合完整性、无偏高加速应力、高压蒸煮、高加速应力、高温高湿反向偏压、高温高湿正向偏压、间歇工作寿命、功率温度循环	仅适用表面贴装器件，在以下试验前进行，且在预处理前后都要进行试验：温度循环、无偏高加速度应力、高压蒸煮、高加速度应力、高温寿命试验	
目检	所有鉴定认定器件都要进行外观（结构、标识、工艺）检验	要求进行物理尺寸、开帽及内部目检试验以验证设计及结构、尺寸是否符合相关文件要求	
参数验证	在器件温度范围内根据客户规范试验所有参数，以确保符合规范	要求进行室温参数测试以及高低温参数（仅温度相关参数）测试	
高温反偏	1 000h，最高直流反向额定电压，结温参考客户/供货商规范；环境温度T_A要根据漏电损耗做调整；在HTRB前后都要进行电参数测试	在最高结温下至少1000h，反向偏置电压为最大额定值的80%；在HTRB前后都要进行电参数测试	
交流阻断电压（ACBV）	1 000h，最高交流阻断电压，结温参考客户或供货商规范，环境温度T_A要根据漏电损耗做调整，在ACBV前后都要进行电参数测试	针对晶闸管	
高温正向偏压（HTFB）	1 000h，最高正向额定电压，在HTFB前后都要进行应力试验	无	

续表

试验项目	AEC-Q101	MIL-PRF-19500附录J	备注
稳态寿命	1 000h，T_A、T_J按规定，在试验前后都要进行电参数测试	最高结温下至少1 000h，T_A、T_J按规定，在试验前后都要进行电参数测试	
高温栅偏压	在规定的最大T_J下1 000h，栅极偏置电压为最大额定值，T_j增加25℃，偏置时间可以减至500h，HTGB前后要电参数测试	最高温度下至少1 000h，栅极偏置电压为最大额定值的80%，在试验前后都要进行电参数测试	
温度循环	1 000次（-55℃至最高额定结温，不超过150℃）；如果T_A（最大）=最高额定结温+25℃（或当最高额定温度>150℃时，使用175℃），循环次数可以减少至400次；温循前后都要进行电参数测试	至少500次，-55℃~150℃（或最大贮存温度范围，取小者（复合应力试验中单次350次，两组700次）	
温度循环后高温测试	温循后，在125℃进行电测试，之后进行开帽检查、键合拉力试验（根据附录6，内部键合丝直径小于或等于5mil同时拉5只器件的所有键合丝）	温度循环试验之后电性能和外观检查等试验；不要求此项目	
温度循环后分层检测	温循后100% C-SAM检验，然后进行开帽检查、键合拉力（根据附录6，同时拉5个高分层器件的所有线）；如果C-SAM无分层，无开盖/溶胶，则检验和键合拉力是必须要求做的	温度循环试验之后电性能和外观检查等试验；不要求此项目	
键合完整性	500h，T_A不同焊接金属最高额定T_J（如Au/Al），然后开帽、键合拉力（最多5个器件的所有线）	无	
无偏高加速度应力试验	96h，130℃/85%RH，前后均进行电参数测试	96h，130℃/85%RH，前后均进行电参数测试	
高压蒸煮	96h，121℃/100%RH，前后均进行电参数测试	96h，121℃/100%RH，前后均进行电参数测试	

续表

试验项目	AEC-Q101	MIL-PRF-19500附录J	备注
高加速度应力试验	96h，130℃/85%RH；或264h，110℃/85%RH且反向偏压=80%额定电压（最高达到室内放电电压，典型的42V）。HAST前后测电参数	96h，130℃/85%RH；或264h，110℃/85%RH。且反向偏压=80%额定电压，HAST前后测电参数	
高温高湿反向偏压	1 000h，85℃/85%RH，反向偏压=80%额击穿定电压（达到极限100V或室内限定），H3TRB前后测电参数	无此试验项目，一般进行高温反偏试验或高温高湿试验	
高温高湿正向偏压	1 000h，85℃/85%RH，正向偏压，HTHHB前后测电参数	无此试验项目，一般进行高温反偏试验或高温高湿试验	
间歇工作寿命	试验条件如下，试验前后应进行应力测试 循环次数要求：$\Delta T_j \geq 100℃$，60 000/（x+y） 循环次数要求：$\Delta T_j \geq 125℃$，30 000/（x+y） 一次循环时间：最少2min，为最小开通时间x+最小关断时间y x=该器件从周围的环境温度达到要求的ΔT_j所需要的最少时间； y=该器件从要求的ΔT_j冷却到周围的环境温度所需要的最少时间； 试验板上的仪器，部件安装和散热方式将影响每个封装的x和y（例：一个封装能承受2min开/4min关则需要10 000次循环[60 000/（2+4）]，当$\Delta T_j \geq 100℃$或5 000次循环，当$\Delta T_j \geq 125℃$）	壳温升85℃或结温升100℃，循环次数按用户要求，针对单管一般为6 000次	
功率温度循环	如果间歇寿命试验中$\Delta T_j \geq 100℃$达不到，则进行功率温度循环试验，试验前后进行电参数测试	无该试验	

续表

试验项目	AEC-Q101	MIL-PRF-19500附录J	备注
静电放电特性	ESD前后要进行电参数测试，如果封装不能保持足够的电荷来进行此试验，供货商必须用文件说明	按ESD等级进行试验，试验前后需要进行电参数测试	
破坏性物理分析	随机所取的样品需已成功通过H3TRB、HAST、温度循环（TC）	未经试验应力的样品	
物理尺寸	验证物理尺寸，满足客户器件包装规范的尺寸和公差	物理尺寸测试	
引出端强度	仅评估有引线器件的引出端强度	仅评估有引线器件的引出端强度	
耐溶剂性	验证标记永久性（不适用于激光蚀刻器件或没有标识的器件）	验证标记永久性（不适用于激光蚀刻器件或没有标识的器件）	
恒定加速度	仅适用于Y1方向，加速度150 000m/s^2，试验前后测电参数	无此考核试验	
扫频振动	500m/s^{2}恒定峰值加速度频率，100~2 000Hz，试验前后应进行电参数测试	无此考核试验	
机械冲击	15 000m/s^2，0.5ms，5次冲击，3个方向，试验前后进行电参数测试	无此考核试验	
密封	针对密封器件，根据客户规范，进行粗检与细检	无此考核试验	
耐焊接热（RSH）	根据湿度敏感性等级（MSL），表面安装器件在试验中应全部浸没并预处理，RSH前后要进行预处理	焊料温度：260℃；保持时间10s；循环次数：按规定	
可焊性	放大50X，参考表2中的焊接条件；对直插件采用A试验方法，对表面安装器件采用试验方法B和D	按规定	

续表

试验项目	AEC-Q101	MIL-PRF-19500附录J	备注
热阻抗	测量	测量	
键合强度	最少5个器件的10条键合丝	至少3只器件，试验条件按规定	
键合剪切	最少5个器件的10条键合丝	无该试验	
芯片剪切力	预处理和后处理变更比较来评估制程变更的稳健性	至少3只器件，试验条件按规定	
钳位感性开关UIS	预处理和后处理变更比较来评估制程变更的稳健性〔仅适用于功率MOS和内部钳位绝缘栅双极型晶体管（IGBT）〕	无此考核试验	
介质完整性	预处理和后处理变更比较来评估制程变更的稳健性，所有的器件必须超过最小的击穿电压（仅适用于MOS和IGBT）	功率器件必须进行直流安全工作区验证，钳位和非钳位的开关安全工作区适用时进行	
短路可靠性	仅适用于小功率器件	无此考核试验	
无铅	适用于相关可焊性，耐焊接热和锡须生长评估要求	无此考核试验	
内部水汽含量	无此考核试验	无此考核试验	
盐气	无此考核试验	要求	
热冲击	无此考核试验	10次循环，条件B（0℃~100℃）	

附表 7-2　AEC-Q102 与军用规范详细试验项目和试验条件对比

试验项目	AEC-Q102	GJB 33B—2021	GJB 8119-2013	备注
应力试验前后功能/参数测试	按照器件类型（LED、光电二极管、光敏晶体管、激光器）在附录中给出经应力试验后，给定的参数变化量超过初始值的百分比要求	无明确规定，在详细规范中根据用户要求给出相关参数变化量要求，针对器件特性各项变化量可进行适当调整	无明确规定，在详细规范中根据用户要求给出相关参数变化量要求，针对器件特性各项变化量可进行适当调整	
预处理	仅适用表面贴装器件，在以下试验前进行，且在预处理前后都要进行试验：高温高湿工作寿命、反偏高温高湿、温度循环、功率温度循环、间歇寿命	无此类试验，无对应的失效模式	无此类试验，无对应的失效模式	
目检	所有鉴定认定器件都要进行外观（结构、标识、工艺）检验	要求进行物理尺寸、开帽及内部目检以验证设计及结构、尺寸是否符合相关文件要求	要求进行物理尺寸、开帽及内部目检以验证设计及结构、尺寸是否符合相关文件要求	
参数验证	在器件温度范围内根据客户规范试验所有参数，以确保符合规范	要求进行室温参数测试以及高低温参数测试	要求进行室温参数测试以及高低温参数测试	
高温工作寿命	在规定的最高焊接点温度 T_S（Tsolder）下进行 1 000h，根据降额曲线选择相应的驱动电流，使结温 T_j 达到器件详细规范规定的最大值；或在规定的最大驱动电流下进行 1 000h，根据降额曲线选择相应的焊接点温度 T_S，使结温 T_j 达到器件详细规范规定的最大值	最高结温下至少 1 000h，T_A、T_j 按规定，在试验前后都要进行电参数测试。通常情况下推荐采用增加功率的方式使器件达到最高结温	最高结温下至少 1 000h，T_A、T_j 按规定，在试验前后都要进行电参数测试	

续表

试验项目	AEC-Q102	GJB 33B—2021	GJB 8119-2013	备注
高温反偏	仅对光敏二极管及光敏晶体管；1 000h，焊接点温度T_S为最大规定值，器件加持续反压；光敏二极管：V_R=器件详细规范中规定的最大反向电压；光敏晶体管：V_{CE}=器件详细规范中规定的最大集电极-发射极电压；无光环境，在试验前后进行测试	可作为稳态寿命的替代项目，在最高结温下至少1 000h，反向偏置电压为最大额定值的80%；在HTRB前后都要进行电参数测试	可作为稳态寿命的替代项目，在最高结温下至少1 000h，反向偏置电压为最大额定值的80%；在HTRB前后都要进行电参数测试	
高温高湿工作寿命	仅对LED和激光器，试验前进行预处理；1 000h，85℃/85%RH，并依据降额曲线选择合适的驱动电流使结温T_j达到器件详细规范规定的最大值；间歇寿命的时间间隔为开通30min，关断30min。或采用详细规范规定的最小驱动电流，如未规定最小驱动电流，则选择的驱动电流不产生3℃以上的结温升；试验后进行DPA	无此试验项目，一般进行耐湿试验	无此试验项目，一般进行耐湿试验	
高温高湿反偏	针对光敏二极管及光敏晶体管；试验前进行预处理；1 000h，85℃/85%RH，器件反偏，光敏二极管：V_R=器件详细规范中规定的最大反向电压×0.8；光敏晶体管：V_{CE}=器件详细规范中规定的最大集电极-发射极电压×0.8；无光环境，在试验前后进行测试，试验后进行DPA	无此试验项目，一般进行耐湿试验	无此试验项目，一般进行耐湿试验	

续表

试验项目	AEC-Q102	GJB 33B—2021	GJB 8119-2013	备注
温度循环	1 000次（最低额定温度至85℃或100℃或110℃或125℃），T_C前后都要进行电参数测试；试验后应进行键合拉力试验，不合格需要说明原因	至少500次，-55℃~150℃（或最大贮存温度范围，取小者）	G1等级，500次；G2等级，100次；最高存储温度至最低存储温度	
功率温度循环	仅对LED和激光器，试验前先进行预处理，1 000次；根据降额曲线，选择合适的驱动电流，使结温达到详细规范规定的最大结温T_j；通电断电各5min，低温按详细规范规定的最低温；高温从以下条件中选择：功率温循条件1：高温T_S=85℃；功率温循条件2：高温T_S=105℃；功率温循条件3：高温T_S=125℃；功率温度循环条件的选择依据为：该条件不超过器件的详细规范规定的工作温度范围；功率温循条件需在试验报告中指出；对于某些特殊应用条件，可能需要更长的试验周期以满足整个应用周期的可靠性；详细规定见附录7a"LED的可靠性评估"；试验前后需进行测试，试验后应进行DPA	无此试验项目，近似试验为间歇寿命试验，壳温升85℃或结温升100℃，循环次数按用户要求，一般为6 000次	无此项试验	

续表

试验项目	AEC-Q102	GJB 33B—2021	GJB 8119-2013	备注
间歇工作寿命	仅对光敏二极管及光敏晶体管；仅对环境温度25℃时施加功率不超过绝对最大额定值且功率足够产生60℃结温升的器件进行；T_A=25℃，试验次数6 000/($x+y$)；x=从环境温度升至规定结温升的最小时间；y=结温冷却到环境温度需要的最小时间；试验前后需进行测试，试验后应进行DPA	壳温升85℃或结温升100℃，循环次数按用户要求，针对单管一般为6 000次	无此试验项目	
低温间歇寿命	1 000h，最低工作温度，根据详细规范规定的降额曲线选择最大的驱动电流，通断各30min	无此试验，类似试验为间歇寿命试验，壳温升85℃或结温升100℃，循环次数按用户要求，针对单管一般为6 000次	无此试验项目	
静电放电特性	ESD前后要进行电参数测试，分为人体模型和充电器件模型	按ESD等级进行试验，试验前后需要进行电参数测试	按ESD等级进行试验，试验前后需要进行电参数测试	
破坏性物理分析	从完成功率温度循环/间歇工作寿命、高温高湿工作寿命/高温高湿反偏、硫化氢腐蚀、混合气体吹拂试验的样品中随机抽取样品（每个试验两只）	未经应力试验的样品	不要求	
物理尺寸	验证物理尺寸，来满足客户器件包装规范的尺寸和公差	物理尺寸测试	物理尺寸测试	
引出端强度	仅评估有引线器件的引线脚疲劳	仅评估有引线器件的引出端强度	仅评估有引线器件的引出端强度	

续表

试验项目	AEC-Q102	GJB 33B—2021	GJB 8119-2013	备注
耐溶剂性	验证标记耐溶剂性（不适用于激光蚀刻器件或没有标识的器件）	验证标记耐溶剂性（不适用于激光蚀刻器件或没有标识的器件）	验证标记耐溶剂性（不适用于激光蚀刻器件或没有标识的器件）	
恒定加速度	仅适用于Y1方向，加速度1 500g，试验前后测电参数	要求Y1方向，加速度为196 000m/s^2；对于T_C=25℃时功率额定值≥10W的器件，加速度为98 000m/s^2	要求Y1方向，加速度为196 000m/s^{2}或98 000m/s^2	
扫频振动	200m/s^{2}恒定峰值加速度频率，20~2 000Hz，试验前后应进行电参数测试	要求Y1方向，器件最少承受196m/s^{2}的恒定峰值加速度，振动频率在100~2 000Hz，在X、Y、Z三个方向各进行四次，单次循环时间不少于4min	GJB 548试验条件A	
机械冲击	15 000m/s^2，0.5ms，5次冲击，3个方向；试验前后进行电参数测试	对盘形封装或金属熔焊双插头器件或螺栓封装器件不要求；在X1、Y1和Z1的每个方向各冲击5次（轴向玻璃封装二极管仅在Y1方向上冲击），14 700m/s^2，0.5ms；试验前后进行电参数测试	14 700m/s^{2}或4 900m/s^2	

续表

试验项目	AEC-Q102	GJB 33B—2021	GJB 8119-2013	备注
密封	针对密封器件,根据客户规范,进行粗检与细检	粗检漏:试验条件H1;$R_1 \leqslant 5 \times 10^{-3}$ Pa·cm³/s; 细检漏:试验条件C;加压:517kPa,$t=2h$	粗检漏:试验条件H1;$R_1 \leqslant 5 \times 10^{-3}$ Pa·cm³/s; 细检漏:试验条件C;加压:517kPa,$t=2h$	
耐焊接热	根据MSL,表面安装器件在试验中应全部浸没并预处理;RSH前后要进行预处理	焊料温度:260℃;保持时间10s;循环次数:按规定	不要求	
可焊性	放大50X,参考表2中的焊接条件;对直插件,采用A试验方法,对表面安装器件,采用试验方法B和D	按规定	按规定	
脉冲工作寿命	仅对LED和激光器;$T_S=55℃$,1 000h,占空比为3%,开通时间为100μs,最大脉冲高度按器件详细规范;试验前后进行电测试	无此项试验	无此项试验	
硫化氢腐蚀	40℃/90%RH,336h,H₂S浓度为15×10^{-6}; 试验前后进行电测试,试验后进行DPA	无此项试验	无此项试验	
混合气体吹拂	25℃/75%RH,500h; H₂S浓度:10×10^{-9}; SO₂浓度:200×10^{-9}; NO₂浓度:200×10^{-9}; Cl₂浓度:10×10^{-9}; 试验前后进行电测试,试验后进行DPA	无此项试验	无此项试验	
热阻抗	测量热阻以确保符合规范	测量热阻以确保符合规范	无此项试验	

续表

试验项目	AEC-Q102	GJB 33B—2021	GJB 8119-2013	备注
键合强度	最少5个器件的10条键合丝	至少3只器件，试验条件按规定	至少3只器件，试验条件按规定	
键合剪切	最少5个器件的10条键合丝	无该项试验	无该项试验	
芯片剪切力	预处理和后处理变更比较来评估制程变更的稳健性	试验条件按规定	试验条件按规定	
介质完整性	预处理和后处理变更比较来评估制程变更的稳健性，所有的器件必须超过最小的击穿电压（仅适用于MOS和IGBT）	功率器件必须需进行直流安全工作区验证，钳位和非钳位的开关安全工作区适用时进行	无该项试验	
无铅	需通过耐焊接热和锡须生长考核	要求必须含铅	无要求	
内部水汽含量	不要求	要求	要求	
盐气	不要求	要求	要求	
热冲击	不要求	10次循环，条件B（0℃~100℃）	要求	

8

比较
——二次集成电路

AEC-Q104《基于失效机理的多芯片组件（MCM）应力试验鉴定》所指"多芯片组件"与我国军用元器件规范体系中的"多芯片组件"含义并不完全相同，从规范内容来分析，其应为二次集成电路。为了解车用二次集成电路规范，将其与军用规范体系中相关的GJB 2438《混合集成电路通用规范》、GJB 10164《微电路模块通用规范》（以当前使用较为成熟的其前身SJ 20668标准作为代表，未注版本号的均指最新版本）进行比较。GJB 2438、SJ 20668包含较为系统的质量保证要求，例如对材料和元器件的质量保证要求、筛选试验、质量一致性检验和鉴定检验要求等，AEC-Q104主要内容为满足汽车应用而进行的鉴定检验要求，其他由IATF 16949、AEC及车厂的规范进行约束；当然，两者在鉴定检验的应力水平上仍具有可比性。

8.1 适用范围

对不同工艺基线类型器件的适用性体现了规范的先进性。

GJB 2438适用于混合集成电路（hybrid integrated）。混合集成电路是两个或两个以上下列元件的组合，其中至少有一个是有源器件：膜微电路，一种仅仅在绝缘基片表面或内部形成膜元件的微电路；单片微电路；半导体分立器件；片式的、印刷的或淀积在基片上的无源元件。

GJB 2438也提到多芯片组件（MCM），但与AEC-Q104的定义不同，GJB 2438中的MCM属混合集成电路的一种，其内部装有两个或两个以上超过10万个结的微电路。

SJ 20668适用于微电路模块（microcircuit module），是实现一种或多种电路功能而设计和制造的微电路组件或微电路与分立元器件的组件，在规范特性试验、贸易和维修上是一个不可分割的整体。构成微电路模块的微电路和分立元器件在组装和封装前可分别进行试验和筛选。

GJB 2438、SJ 20668未就系统级封装（SiP）类集成电路的适用性做出说明，国内已有机构针对SiP产品的质量保证开展研究并编制相关标准，如针对宇航用SiP的保证要求和SiP封装内部质量检验方法等。

AEC-Q104对MCM的定义为：在单个MCM封装中，多个有源和/或无源子部件相互连接以构建一个复杂的电路，该电路可通过回流焊料焊接到印刷电路板上。子部件的形式可以是封装于单个密封或非密封封装中的注塑型和/或非注塑（裸芯片）组合。单独的裸芯片（未安装）不在该文档范围内。

此外，AEC-Q104对SiP的适用性做出说明，指出SiP是一种由电子元器件和相关的互联组成的封装配置（内部的多个芯片可以采用堆叠及排列的方式进行安装），可以当作单芯片封装结构进行使用。

同时，AEC-Q104对MCM范围进行了限定，仅适用于采用直接焊接到印刷电路板进行组装设计形式的MCM，未包括的MCM类型为：由第一级/原始设备制造商（OEM）将两个组装组件或MCM组装成的系统；发光二极管（LED）；MEMS；具有特殊注意事项及鉴定试验步骤的功率型MCM，由集成在基板上的多个有源器件（例如IGBT、二极管）及必要的其他无源元件（例如温度传感器、电容器）组成；固态硬盘（SSD）；具有未焊接到电路板或其他组件的外部连接器的MCM。

以上限定的分类理由是：其一，已有其他规范约束，如AEC-Q102《基于失效机理的车用半导体分立光电器件应力试验鉴定》中的发光二极管，以及AEC-Q103《基于失效机理的车用传感器应力试验鉴定》中的微机电系统（MEMS）；其二，管理层级设定，例如第一级/原始设备制造商（OEM）将两个组装组件或MCM组装成系统、固态硬盘，该类型的MCM在试验、贸易和维修上都具有可拆分性，类似于单机，不作为二次集成电路管理；其三，特殊工艺结构因素考量，例如具有未焊接到电路板或其他组件的外部连接器的MCM，以及具有特殊注意事项及鉴定试验步骤的功率型MCM。

AEC对于MCM的限定在军用规范体系中也有类似表述，例如发光二极管按照GJB 33A进行质量保证，微型化的收发器组件一般按照整机进行管控，

IGBT组件等功率型模块不使用SJ 20668或GJB 2438（而使用分立器件模块通用规范进行质量保证）。

基于上述二次集成产品的定义及规范中涉及的试验项目（后面会对试验体系进行分析）可知，三个规范适用的器件类型存在单独定义的特殊性，即一定范围的交叉。

从功能特性角度看，两者的定义原则大体一致。

从工艺结构角度看，基于标准规定并结合工程实践实际，车用二次集成类电路规范具有较强的包容性。例如，工程应用中，GJB 2438适用的器件工艺主要为金属/金属陶瓷复合管壳、成膜基片、气密封装；SJ 20668适用的器件工艺主要为注塑封装、印制基板、非气密封装（基于SJ 20668规范文本，其适用的器件也可以包括气密性封装的器件，但在工程应用中该类器件相对较少，因此本书仅关注非气密型封装产品）；AEC-Q104适用的器件既包括以金属、金属陶瓷复合管壳、成膜基片、气密封装为主要工艺的混合集成电路，也包括以注塑封装、印制基板、非气密封装为主要工艺的微电路模块。

封装类型作为影响产品可靠性特征的重要因素，对可靠性评价试验条件的确定有较大影响，AEC-Q104、GJB 2438及SJ 20668三个规范涵盖的产品封装类型见表8-1。

表8-1 二次集成类器件规范涵盖产品工艺特征

	管壳类型	基板	气密特征	内部元器件
AEC-Q104	金属、金属陶瓷复合、模塑	成膜基片、印制基板	气密型、非气密型	封装型器件、裸芯片、通用元件
GJB 2438	金属、金属陶瓷复合	成膜基片	气密型	封装型器件、裸芯片、通用元件
SJ 20668	模塑	印制基板	非气密型	封装型器件、通用元件

8.2 等级

GJB 2438规定的产品质量保证等级包括K（宇航级）、H（标准军级）、G（标准军级降级）、D（承制方规定的质量等级，一种"定制等级"）四级，主要要求见表8-2。

表 8-2　GJB 2438 等级要求

试验流程或要求	等级			
	D	G	H	K
认证	要求	要求	要求（H级）	要求（K级）
列入QML	按GJB 2438B—2017 4.5.3.3要求		按GJB 2438B—2017 4.5.3.2要求	
来料检验（附录C）	承制方规定	承制方规定	适用（H级）	适用（K级）
过程检验（附录C）	承制方规定	适用（H级）	适用	适用
筛选（附录C）	承制方规定	适用（H级）	适用（H级）	适用（K级）
质量一致性检验（附录C）	承制方规定	保证（H级）	适用（H级）	适用（K级）
温度范围	0℃~70℃	-40℃~85℃	-55℃~125℃	-55℃~125℃

SJ 20668采用单一质量保证等级，按工作温度范围细分为四档：-40℃~85℃；-40℃~100℃；-55℃~85℃；-55℃~100℃。

AEC-Q104采用单一质量保证等级的形式，未具体规定器件的质量等级/温度等级，但明确了多芯片组件（MCM）内部选用元器件的环境工作温度按AEC-Q100、AEC-Q101和AEC-Q200中的规定，供应商在MCM的数据手册和鉴定报告中记录其具体的工作温度范围。

AEC-Q100规定器件工作温度等级规见表8-3。

表8-3 AEC-Q100器件工作温度等级

等级	工作环境温度范围
0	-40℃~150℃
1	-40℃~125℃
2	-40℃~105℃
3	-40℃~85℃

AEC-Q101规定分立器件的工作温度的范围应为-40℃~125℃，所有LED的最小的范围应为-40℃~85℃。

AEC-Q200规定的元件的最低温度范围（最大能力）以及每个等级的典型应用示例见表8-4。

表8-4 元件工作温度等级

等级	温度范围	元件类型（最大能力，除非另有规定或指定）	典型/实例应用
0	-50℃~150℃	片式陶瓷电阻器，X8R陶瓷电容器	所有汽车部位
1	-40℃~125℃	电容网络，电阻器，电感器，变压器，热敏电阻，谐振器，晶体和变阻器，所有其他陶瓷和钽电容器	大多数发动机舱
2	-40℃~105℃	铝电解电容器	乘客舱发热点
3	-40℃~85℃	薄膜电容器，铁氧体，R/R-C网络和微调电容器	大多数乘客舱
4	0℃~70℃		非机动车

AEC规定MCM中的元器件的额定值应满足或超过MCM的额定值，包括最终用户使用的工作温度。因此，结合上述集成电路、半导体分立器件、无源元件的工作温度范围，MCM的工作温度范围应为-40℃~125℃（MCM内部不包含LED）以及-40℃~85℃（MCM内部包含LED）。

基于上述介绍可以得出，AEC-Q104、SJ 20668强调的是温度等级，GJB

2438强调的是质量保证等级。

"质量保证等级"与早期军用元器件小批量生产模式相关，在技术和生产线不太成熟的背景下，一般按品种和等级实施QPL管理，随着生产线的成熟，进而过渡到QML、生产线认证来管理，不再特别关注具体的品种。我国军用元器件标准体系关注较为全面，是一种基于水平控制的管控模式，在来料检验、过程（工序）检验、筛选、质量一致性检验等不同维度、不同方面实行差异化管理，例如GJB 2438中规定K级、H级产品需按照GJB 2438规定的项目及要求进行来料检验，G级、D级在来料检验方面则仅要求满足承制方规定（但属于认证范围的工作）。在筛选环节中K级电路的PDA控制要求为2%或1个电路，取较大者，H级电路的PDA控制要求为10%或一个电路，取较大者。类似要求较多，在区分质量要求的同时也区分质量控制要求。

"温度等级"主要基于元器件工作温度范围（与任务剖面相关）进行等级划分。热学环境与元器件的诸多失效模式相关，是关联元器件的最主要的可靠性影响因素，在机械应力耐受性、芯片制造、电性能缺陷等其他可靠性评价因素不直接设限，没有对产品设计、原料、工艺、过程控制及生产管理进行差异性规定，是一种以点带面的表达方式。此外，由于大批量生产的汽车电子元器件的设计、原料、工艺、过程控制基线水平已经处于较高水准，很多方面没必要进行差异化管理，同时，其他通用的相关规范约束或由于承制方自我保证，每种元器件大量的、重复的文本表述显得必要性不大。

8.3 鉴定试验选项

AEC-Q104首先要求探讨能否按照AEC-Q100《基于失效机理的集成电路应力试验鉴定要求》、AEC-Q101《基于失效机理的车用半导体分立器件应力试验鉴定》或AEC-Q200《元件应力试验鉴定》完成MCM的鉴定，如果可依照AEC-Q100、AEC-Q101或AEC-Q200进行MCM完整的鉴定，且MCM可靠性试验方法可以利用AEC-Q100、AEC-Q101或AEC-Q200中建立的现有准则，须按照AEC-Q104组H进行附加试验。附加试验共7项，包括板级可靠性（board level reliability，BLR）、MCM跌落测试（MCM drop test）、低温储存寿命（low temperature storage life，LTSL）、启动和温度冲击（start up and temperature steps，STEP）等可靠性试验（4项），X射线检验（X-Ray）、声学显微镜检验（acoustic microscopy，AM）、破坏性物理分析（destructive physical analysis，DPA）等失效物理类检验（3项）。

对于不能按其完成完整鉴定的MCM，才依照AEC-Q104进行鉴定，具体有A—H 8个系列试验共49项，其中部分试验仅适用于特定类型MCM。

MCM的鉴定试验选项流程及依据参见图8-1。

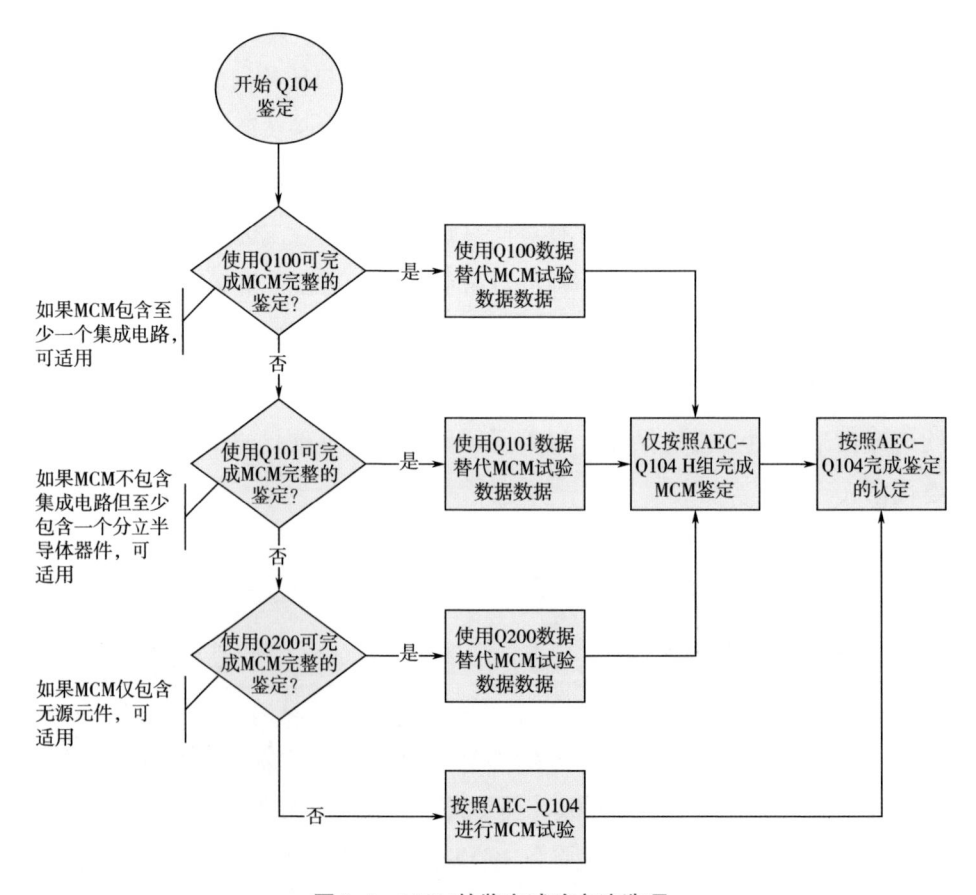

图8-1 MCM的鉴定试验方法选项

GJB 2438提倡的是QML鉴定检验，通常用于采用片式元器件和引线键合工艺制造的混合集成电路的工艺与材料鉴定，用以评价电路制造中用到的所有工艺与材料的性能。所有要鉴定并列入QML的工艺和材料必须由鉴定机构按照GJB 2438中4.5.1的规定进行确认，包括现场审查和技术能力验证。

在现场审查中，鉴定机构应核查承制方的质量保证大纲能否至少满足GJB 2438附录A相同质量等级的要求，还应核查承制方基线工艺流程，评定这些流程是否具有生产出满足GJB 2438附录C通用性能验证要求的电路的能力。

对于技术能力验证，H级和K级与G级和D级有不同的要求。

对于H级和K级电路的QML表，承制方应证明采用其基线工艺流程能够生产出满足规定要求的产品，并具有一定的可靠性裕度。可靠性可以通过试验来验证，其试验应力要比规定的筛选和质量一致性检验的应力水平高。安全裕度作为一个鉴定试验流程规定于GJB 2438附录C中。这种鉴定可以利用以前的数据，也可完成GJB 2438附录C的鉴定试验流程获取专门的数据。为鉴定先进技术和新技术，承制方可按需要修改GJB 2438附录C的鉴定试验流程。

对于G级和D级电路的QML表，承制方应证明采用其基线工艺流程能够生产出满足相应等级性能要求的产品。这种证实的数据可以利用以前的数据，也可以使用为证明该能力而专门获取的数据。这些数据应提交给鉴定机构。承制方的责任是提供足够的数据来证明其电路有能力满足要求。

因此，GJB 2438对混合集成电路鉴定的思路是：承制方需证明其基线工艺流程能够生产出满足相应等级性能要求的产品。为此，可以专门进行相关试验，也可利用以前的数据，但都需要通过鉴定机构的认可。H级和K级电路还需进行可靠性裕度的试验验证。

GJB 2438的制订参考了一些国际上QML的控制标准。考虑到生产线的实际水平，在执行GJB 2438时，实际也按照QPL鉴定模式开展（主要针对新品或研制单位自研产品），并一直沿用至今，并未针对每款器件按照质量一致性检验"离线检验"模式的A、B、D组及QML鉴定的可靠性安全裕度试验（即C组）全项进行，如果为系列化产品，也可挑选典型产品进行全项鉴定，其余产品进行A组检验、ESD等产品个性化特征相关试验。

SJ 20668提倡的是基于QPL的鉴定检验，鉴定试验包括01~05分组、1~4分组两类，具体试验项目见SJ 20668表2，提交鉴定的样品应先经过01~05分组试验，然后将样品分至1~4组，经受各分组试验。

8.4 通用数据

AEC提出了可使用通用数据简化鉴定或重新鉴定的概念。通用数据的认定是基于一系列具体要求的，这些要求与器件和制造工艺的特性相关联，对于可通过AEC-Q100、AEC-Q101或AEC-Q200鉴定的简单MCM（如塑封MCM），需要使用AEC-Q100、AEC-Q101和AEC-Q200中有关通用数据的定义。

对于每个鉴定，无论是待鉴定MCM的应力试验结果还是可用的通用数据，供应商必须确保各试验都有可用的数据。

AEC-Q100、AEC-Q101和AEC-Q200中定义的通用数据有一个相同的主旨，即通用数据必须基于与各类元器件（集成电路、半导体分立器件、无源元件）的各个特性和制造工艺相关的具体要求。如果通用数据包含任何失效，这个数据就不能作为通用数据，除非供应商对用户可接受的故障条件进行了纠正措施或遏制措施（跟踪改进措施）。

AEC-Q104规定MCM可以利用以下方面的通用数据：

（1）具有相同基板基材（层压板）类型、布线金属和布线镀层的MCM。基板的重大更改（例如原理图更改）被认为是MCM的根本更改，需要进行重新评估。

（2）具有相同或更多印刷电路板层的MCM。

（3）具有相同或较小基板或印刷电路板特征尺寸的MCM。

（4）具有相同外部形态/盖板/外壳的MCM。

（5）具有相同子部件（包括集成电路、分立器件、元件）系列或类型的

MCM。

（6）采用来自相同晶圆厂工艺的芯片的MCM。

（7）具有相同组装工艺材料的MCM，例如焊料、粘合剂、环氧树脂、底部填充胶和密封剂。

（8）使用确定工艺，在同一个经过认证的组装分包商处组装的MCM。

在GJB 2438的QPL鉴定模式下，进行系列化产品鉴定时，基于相同工艺、原材料等共性点的考核试验（如芯片剪切、键合、密封等）可选取典型样品进行，即共性部分执行一次，系列化产品可直接引用其鉴定数据。

SJ 20668中未对通用数据或系列化产品的鉴定有所规定。

8.5 试验样品

有关试验样品的比较见表8-5。

表 8-5　试验样品的比较

	AEC-Q104	GJB 2438	SJ 20668
批次要求	由鉴定系列中有代表性的MCM构成，若无通用数据，则需多个批次的试验；AEC Q104表1（鉴定试验方法）中的试验样品必须来自多个非连续子部件批，各批数量应大致相同，并在非连续模塑批次中装配，即样品应是分散于生产厂或装配加工线的至少一个非鉴定批次，任何偏离上述要求的都需要供应商提供技术解释；建议批次间至少隔一个日历周	可以从交货产品中选取一个检验批作为鉴定批完成鉴定，也可以专为鉴定制造一个电路批进行试验	提交鉴定检验的样品必须全部预先通过筛选试验合格
生产要求	所有鉴定MCM都应在与后期量产阶段一致的生产线加工处理，其他电测试场所在满足鉴定需求后可用于电测试	应在承制方的与后续供货产品相同的产线上生产，并按照附录C.4进行筛选	鉴定检验应在正常生产中所使用的设备和工艺生产出来的模块上进行

续表

	AEC-Q104	GJB 2438	SJ 20668
试验样品的再利用	已经用来做非破坏性鉴定试验的MCM可以用来做其他鉴定试验；除了工程分析外，做过破坏性鉴定试验的MCM不能再使用	破坏性试验样品应提交鉴定机构。鉴定批其他样品应适当处理（满足相关条件也可供货）	经受破坏性检验的样品不应用于交货
抽样数量要求	用于鉴定试验的抽样数量与提供的通用数据必须符合AEC-Q104表1中规定的最小抽样数量及接收规范；如果供应商选择使用通用数据进行鉴定，则具体的试验条件及结果必须记录并对用户可用；现有可用的通用数据应首先满足这些要求及AEC-Q104 2.3节中表1的每个试验要求，如果通用数据不能满足这些要求，就要进行MCM原规定的鉴定试验	满足QPL鉴定模式A、B、C、D组试验抽样要求	提交鉴定检验的样品为8个

8.6 鉴定和再鉴定

GJB 2438和AEC-Q104针对新产品的鉴定和工艺变更后的重新鉴定都做了具体要求，而SJ 20668仅对鉴定检验及鉴定检验的维持做了规定，并未对工艺变更后的重新鉴定提出相关要求（但实际上一般会按照质量管理体系的要求对工艺变更后的状态重新开展全套鉴定试验，具体见表8-6）。

表8-6 鉴定和再鉴定对比

	AEC-Q104	GJB 2438	SJ 20668
鉴定	新MCM鉴定试验流程如AEC-Q104图4所示，相对应的试验条件见AEC-Q104表1；对于每个鉴定，无论是待鉴定MCM的应力试验结果还是可用的通用数据，供应商必须确保各试验都有可用的数据	按照质量一致性检验"离线检验"模式的A、B、D组及QML鉴定的可靠性安全裕度试验（即C组）全项进行；如果为系列化产品，也可挑选典型产品进行全项鉴定，其余产品进行A组检验、ESD等与产品个性化特征相关的试验进行鉴定	按照SJ 20668表2"鉴定检验"要求实施，包括01~05分组、1~4分组

续表

	AEC-Q104	GJB 2438	SJ 20668
再鉴定	产品或（和）工艺改变，影响（或潜在影响）了MCM的外形、安装、功能、质量和（或）可靠性时（见AEC-Q104表2的指导原则），需要重新鉴定；MCM有多种不同的更改： （1）最小的影响是鉴定合格的子组件更改，而子组件的关键特性没有变化；对于简单的无风险更改，只需确认MCM的工作特性； （2）如果关键特性发生变化（例如器件产生更多热量，其电阻发生变化等），则需要进行彻底的评估； （3）如果是基板重大更改（例如原理图的更改），则是MCM的根本更改，需要进行大量重新评估； （4）如果基板的更改是制造中的微小更改，则可能进行较少的评估； 在用户变更要求之内的任何变更或MCM的任何重大变更，影响MCM的外形、安装和功能，最少都需要执行AEC-Q104表1中适用的试验，并依据AEC-Q104表2制定重新鉴定试验方案；AEC-Q104表2应用于指导某一特定变更的鉴定应进行哪些试验，或者是否可以为该试验提交等效的通用数据	所有设计上的更改、材料或工艺的替换以及对基线文件的修改应依据已建立的更改控制程序实施。 更改被分为三类：Ⅰ类为重要更改；Ⅱ类为次要更改；Ⅲ类为编辑性更改。 Ⅰ类：在附录D中规定的Ⅰ类更改指可能影响产品的性能、质量和可靠性或者产品互换性的更改；如果合同有规定，更改需要订购方认可； Ⅱ类：Ⅱ类更改指除Ⅰ类更改和Ⅲ类更改以外的其他更改（例如与军用规范版本的一致性更改、金属化掩模的更改、详细规范允许误差范围内封装高度的更改等）；控制程序和记录应利于现场审查；另外，对于K级电路设计和工艺的次要更改，其更改记录应包括产品性能、质量、可靠性、或互换性未受不良影响的理由和（或）数据； Ⅲ类：Ⅲ类更改为文字编辑性更改，指那些对保证文件的理解与实施有影响的必要的更改（例如格式更改、拼写准确、用词一致等）；对Ⅲ类更改而言，更改文件记录应保存并利于现场审查	未对工艺变更后的重新鉴定做出鉴定，但一般会按质量管理体系要求，对变更后的状态开展全项鉴定试验； 鉴定检验维持要求： 为了维持鉴定，制造厂应每隔12个月向鉴定机构提交一份报告。其内容包括： （1）产品交付检验（A组）完成后的试验结果摘要，其中至少包括批次合格率和失效的分组； （2）周期检验（C组）摘要，其中包括失效的数量及失效模式；如果试验结果不符合规范要求，并且亦未采取纠正的有效措施，则应取消产品的鉴定合格资格； 如果在报告有效期内停产，制造厂应提交一份报告，说明制造厂仍然保持生产这种产品的能力； 如果连续三个报告期内未生产，制造厂在提供认证合格产品之前，需重新进行鉴定检验

8.7 鉴定试验

AEC-Q104规定的鉴定试验共包括A—H八大系列（见表8-7），具体可分为三类：通用试验（general tests）、MCM特定试验（MCM specific tests）和疲劳可靠性试验（wearout reliability tests）。

通用试验是面向所有的待鉴定MCM试验，可以使用通用数据，但并非所有试验对所有MCM都具有适用性。例如，某些试验只适用于陶瓷封装MCM，另一些试验只适用于内嵌非易失性存储器的MCM。

MCM特定试验必须在特定的MCM上执行，不允许使用通用数据。例如，所有MCM产品必须进行静电放电（ESD）试验，内部包含有源子部件的MCM需进行闩锁效应（LU）试验、电参数分布（即供应商必须证明MCM可以在工作温度范围、电压、频率范围内满足MCM规范对参数的限制）。

疲劳可靠性试验指：如果要对新技术或新材料进行适当的与损耗机理相关的鉴定试验，则必须对电迁移、时间相关的介质击穿（或栅极氧化物完整性测试）、热载流子注入、负偏压温度不稳定性、应力迁移等失效机理进行试验。

表8-7 AEC-Q104 鉴定试验分组

分组	试验系列	试验项目
A组	加速环境应力试验	预处理（PC）、有偏压温湿度或有偏压高加速应力试验（THB或HAST）、高压或无偏高加速应力测试或无偏温湿度测试（AC或UHST或TH）、温度循环（TC）、功率温度循环（PTC）、高温储存寿命（HTSL）
B组	加速寿命模拟试验	高温工作寿命（HTOL）、早期寿命失效率（ELFR）、非易失性存储器耐久性、数据保持能力、工作寿命（EDR）
C组	封装组装完整性试验	键合线剪切（WBS）、键合线拉力（WBP）、MCM外引线可焊性（SD）、物理尺寸（PD）、焊球剪切（SSB）、引脚牢固性（LI）、X射线（X-RAY）、声学显微镜（AM）
D组	芯片制造可靠性试验	电迁移（EM）、时间相关的介电击穿（TDDB）、热载流子注入效应（HCI）、负偏压温度不稳定性（NBTI）、应力迁移（SM）

续表

分组	试验系列	试验项目
E组	电性能验证试验	应力试验前后功能/参数（TEST）、静电放电人体放电模型（HBM）、静电放电电容放电模型（CDM）、闩锁效应（LU）、电参数分配（ED）、故障等级（FG）、特性描述（CHAR）、电磁兼容（EMC）、软误差率（SER）、无铅化（LF）
F组	缺陷筛选测试	产品均值测试（PAT）、良品统计分析（SBA）
G组	空腔型组件完整性试验	机械冲击（MS）、扫频振动（VFV）、恒定加速度（CA）、粗/细检漏（GFL）、包装跌落机械冲击（DROP）、盖板扭矩试验（LT）、芯片剪切（DS）、内部水汽含量（IWV）
H组	组件特定试验	板级可靠性（BLR）、低温储存寿命（LTSL）、启动和温度冲击（STEP）、MCM跌落测试（MCM DROP）、破坏性物理分析（DPA）、X射线（X-RAY）、声学显微镜（AM）

GJB 2438按QPL模式实施的鉴定检验，试验项目分为A—D四个系列，见表8-8。

表8-8 GJB 2438鉴定试验分组

分组	试验系列	试验项目
A组	电性能测试	三温静态试验、三温动态试验、三温功能试验、三温开关试验
B组	—	物理尺寸、PIND、抗溶性、内部目检及机械检查、键合强度、芯片剪切强度、可焊性、密封、ESD
C组	—	外部目检、PIND、温度循环、机械冲击、恒定加速度、密封、目检、终点电测试、稳态寿命、内部水汽含量
D组	封装相关试验	热冲击、稳定性烘焙、引线牢固性、密封、耐湿、盐雾、金属外壳绝缘

注：试验项目涉及组合，在此仅进行罗列。

SJ 20668规定的鉴定试验分为01~05分组、1~4分组，见表8-9。

表 8-9　SJ 20668 鉴定试验分组

分组	试验项目
01分组	外部目检
02分组	物理尺寸
03分组	25℃下电特性
04分组	最高额定工作温度下电特性
05分组	最低额定工作温度下电特性
1分组	标志耐久性、可焊性、引出端强度、有焰燃烧性
2分组	温度循环、稳态湿热、盐雾、终点电测试
3分组	扫频振动、冲击（规定脉冲）或稳态加速度、密封、终点电测试
4分组	稳态寿命、终点电测试

因GJB 2438中定义有K、H、G、D四个等级，其中H级为当前最常用的军用等级，为了更加清晰地比对三种规范体系（GJB 2438、SJ 20668和AEC-Q104）的试验考核，将GJB 2438中H级试验应力条件与SJ 20668及AEC-Q104的试验应力条件进行比对分析（以AEC-Q104试验体系为架构；其中，AEC-Q104所涉及项目并非适用于所有MCM，如"数据耐久性"试验仅针对内含非易失性存储器的MCM，需基于产品适当做"减法"），具体见附表8-1。

可以看出，军用规范体系中二次集成类电路规范（GJB 2438、SJ 20668）与车用二次集成类电路规范（AEC-Q104）在试验体系及试验项目设计上，均在电性能、加速寿命、环境应力等方面进行器件可靠应用维度的评价，但不同规范在试验项目设置及应力设计方面存在较大差异。

8.8　小结

汽车电子与军用电子均应用于高可靠产品或系统，汽车电子的任务剖面相对单一，规范体系简单、实用，能够与时俱进，及时修改。我国军用电子元器件规范体系相对庞大，规范的更新周期长。AEC的规范通过设置相对较高的鉴定应力水平，实际对生产制造能力提出了更高的要求，提高了承制方的自我保证能力，并且这种能力也是可评价的，具体如下。

第一，从试验体系上来说，AEC-Q104的试验体系的覆盖面较为广泛。如AEC-Q104适用的产品门类更多，在环境应力试验体系设置上，既包含针对气密性封装的试验项目（如密封），也包含针对非气密性封装的试验项目（有偏压温湿度等湿热结合型试验项目），而GJB 2438仅包含针对气密性封装的试验项目，SJ 20668更侧重于针对非气密性封装的试验项目。

AEC-Q104试验体系在设置时会考虑到器件应用的所有维度，从设计到应用的全寿命周期采取了基于任务剖面和失效模式的控制；比较典型的是考虑芯片制造可靠性的电迁移、时间相关的介电击穿、热载流子注入效应等失效模式，考虑元器件应用可靠性的板级可靠性试验，以及考虑元器件量产时可靠性的缺陷筛选试验，此类试验都是GJB 2438、SJ 20668中未包含的（由军用标准体系别的规范进行覆盖）。

一些试验是出于应用方面的管理要求而设置的，如盐雾、标志抗溶性试验等项目仅在军用标准体系（GJB 2438、SJ 20668）进行设置，这主要是因为器件面向的应用场景不同，AEC-Q104面向汽车级应用，大部门封装为非金属封装，无需用盐气来考核封装的可靠性。由于个别器件在出现故障时一般不需要进行追溯、归零等行为，甚至为了保证商业机密，产品不进行标志打印，而这些应用场景却是军用电路必须重点考虑的。

第二，从试验量级上来说，AEC-Q104、GJB 2438及SJ 20668三个规范各有高低，这与应用场景对器件可靠性的需求相关，如对于湿热类试验的"有偏压温湿度（SJ 20668称稳态湿热）"，AEC要求的温度为85℃、试验时间为1 000h，而SJ 20668仅要求40℃、240h；又如针对空腔型器件的恒定加速度试验项目，AEC试验量级最高为30 000g，GJB 2438试验量级则为50 000g。

第三，从考核形式上来说，车用电子规范及军用电子规范均有基于零失效的考核要求，但AEC的规范全部采用零失效方案。此外，AEC Q104在诸如与生产过程强相关的引线键合、芯片剪切、物理尺寸等试验项目采取基于特性评估的考核形式，控制模式更倾向与过程控制，即通过对关键工艺的特性参数统计分析反映产品质量特性。

第四，从试验样品抽样批次及数量上来说，AEC-Q104较另外两者具有更高的要求，要求更多的批次、更多的数量，且AEC在考核上并无筛选、质量一致性检验之说，而GJB 2438及SJ 20668包含筛选及质量一致性检验等质量保证形式。

第五，从成本上讲，虽然AEC-Q104规范涉及的试验项目更多、量级相对较高，但其鉴定在不产生工艺更改的情况只需进行一次，且不涉及逐批的筛选及质量一致性检验；而GJB 2438及SJ 20668虽然在项目体系上更少，但需逐批开展筛选及质量一致性检验，在量产及长期供货的情况下，AEC的平均成本随着时间的推移不断降低直至平稳，而另两者的平均成本始终包含较高的试验成本。

第六，从创新上讲，AEC-Q104在简化质保模式、提升试验体系全面性等方面具有较为明显的创新优化。

AEC-Q104相当于只进行产品鉴定，并无筛选、质量一致性检验、内部元器件评价等模式，但在过程控制上，采取了一系列的零缺陷工具和方法，设置了较高的质量目标以及较高的鉴定应力水平，是一种基于过程保证的思路；而基于GJB 2438及SJ 20668的产品除鉴定检验外还需进行筛选、质量一致性检验等检验类别，以及用户监制、验收及其他用户要求的质量保证措施。

另外，随着电子元器件集成度、复杂度、工艺成熟度的不断提升，二次集成类电路在一定程度上已经实现了对上一代整机级产品的技术迭代，器件与整机的边界逐渐难以界定，呈现出模糊化的发展趋势，因此，AEC-Q104设置的板级可靠性、启动和温度冲击等整机可靠性试验项目很有可能是一种基于技术演变的牵引的元器件质量保证模式。

具体比对以AEC-Q104的试验框架为基础（见附表8-1）。因SJ 20668中有4个温度等级，本书选取温度范围最宽的（-55℃~100℃）温度等级与另外两规范（AEC-Q104、GJB 2438）进行比对。有部分试验项目（如静电放电、针对BGA封装的焊球剪切等）在GJB 2438或SJ 20668中并未规定，但在工程实践制定产品详细规范时会进行增补。

附录　以AEC Q104试验框架（附表8-1~附表8-8）为基础的相关比较

附表 8-1　环境应力试验

环境应力试验			
AEC-Q104	GJB 2438 H级	SJ 20668	备注
预处理（PC）	分组：A1 试验级别：适用于MCM 注释：P, B, S, N, G 样品数/批：根据AEC-Q100/Q101/Q200，最少30/批或与用户协商 批数：3 接受规范：0失效 试验方法：IPC/JEDEC J-STD-020、EDEC JESD22-A113 试验条件：仅用于表面贴装型MCM。在THB/HAST、AC/UHST、TC和PTC应力试验前需预处理。推荐按JESD22-A113来确定在依据J-STD-020执行预处理操作时的应力级别。鉴定的最低可接受等级为JESD22-A113的3级。如果适用，当进行预处理和/或潮湿敏感度等级试验时，预处理级别和峰值回流焊温度必须记录。基于JESD22-A113/J-STD-020，只要MCM通过后续鉴定试验，器件表面分层是可以接收的。MCM替换需要记录。PC前后的参数功能测试均在室温下进行	不要求	不要求	

续表

环境应力试验				
	AEC-Q104	GJB 2438 H级	SJ 20668	备注
有偏压温湿度或有偏压高加速应力试验（THB或HAST）	分组：A2 试验级别：适用于MCM 注释：P, D, G 样品数/批：根据AEC-Q100/Q101/Q200, 最少30/批或与用户协商 批数：3 接受规范：0失效 试验方法：JEDEC JESD22-A101或A110 试验条件：对于表面贴装型MCM, 在THB（85℃/85%RH, 1 000h）或HAST（130℃/85%RH, 96h或110℃/85%RH, 264h）试验前需预处理。THB或HAST前后的参数功能测试在室温及高温下进行	不要求	分组：2分组（稳态湿热） 试验级别：适用于微电路模块 样品数/批：2 批数：1 接受规范：0失效 试验方法：GJB 360方法103 试验条件： 40±2℃/90%~95% RH, 240h	AEC-Q104试验条件较SJ 20668量级更高
高压或无偏高加速应力测试或无偏温湿度测试（AC或UHST或TH）	分组：A3 试验级别：适用于MCM 注释：P, B, D, G 样品数/批：AEC-Q100/Q101/Q200, 最少30/批或与用户协商 批数：3 接受规范：0失效 试验方法：JEDEC JESD22-A102, A118或A101 试验条件：对于表面贴装型MCM, 在AC（121℃/15psig, 96h）或无偏HAST（130℃/85%RH, 96h或110℃/85%RH, 264h）试验前需进行预处理。对于对高温和高压敏感的MCM（例如BGA和复杂的MCM）, TH（85℃/85%RH, 1 000h）前的预处理可以取代掉。AC、UHST或TH前后的参数功能测试在室温下进行	不要求	不要求	

续表

	环境应力试验			
	AEC-Q104	GJB 2438 H级	SJ 20668	备注
温度循环（TC）	分组：A4 试验级别：适用于MCM 注释：D，G 样品数/批：根据AEC-Q100/Q101/Q200，最少30/批或与用户协商 批数：3 接受规范：0失效 试验方法：JEDEC JESD22-A104 试验条件：对于表面贴装型MCM，温度循环前需预处理 在环境工作温度范围内循环1 000次； TC前后参数功能测试在高温下进行。对于密封封装，还应包括TC前、后声学显微镜检查； 注意：在MCM层面上，快速温度循环是指从循环时采取最高温到最低温快速转换，可参照"热冲击"（与MIL-STD-883，方法1010相似）； 完成温度循环后，选取一个批次中的5个MCM开帽，对每个MCM的边角处键合线（每个角两根线）及每边中间处键合线进行键合拉力和键合剪切试验； 参阅AEC-Q100附录3，以获得首选的封盖程序，以最大限度地减少损坏和错误数据	分组：C1分组 试验级别：适用于混合集成电路 样品数/批：5 批数：1 接受规范：0失效 试验方法：GJB 548方法1010 试验条件：条件C，100个循环	分组：2分组（温度循环） 试验级别：适用于微电路模块 样品数/批：2 批数：1 接受规范：0失效 试验方法：GJB 548方法1010 试验条件：按详细规范规定	

续表

环境应力试验				
	AEC-Q104	GJB 2438 H级	SJ 20668	备注
功率温度循环（PTC）	分组：A5 试验级别：适用于MCM 注释：D，G 样品数/批：根据AEC-Q100/Q101/Q200，最少30/批或与用户协商 批数：1 接受规范：0失效 试验方法：JEDEC JESD22-A105 试验条件：对于表面贴装型MCM，在功率温度循环前需进行预处理； 仅对最大额定功率≥1W或$\triangle T_j \geq 40℃$或设计用于驱动感性负载的MCM进行该试验。 试验过程中不能发生热关断。 PTC前后的参数功能测试在室温及高温下进行	不要求	不要求	
高温储存寿命（HTSL）	分组：A6 试验级别：适用于MCM 注释：D，G，K 样品数/批：根据AEC-Q100/Q101/Q200，最少30/批或与用户协商 批数：1 接受规范：0失效 试验方法：JEDEC JESD22-A103 试验条件：在最高环境工作温度下1 000小时；HTSL前后的参数功能测试在室温及高温下进行	不要求	不要求	

附表 8-2 加速寿命模拟试验

加速寿命模拟试验					
	AEC-Q104	GJB 2438 H级	SJ 20668	备注
高温工作寿命（HTOL）	分组：B1 试验级别：适用于MCM 注释：D，G，K 样品数/批：根据AEC-Q100/Q101/Q200，最少30/批或与用户协商 批数：3 接受规范：0失效 试验方法：JEDEC JESD22-A108 试验条件：在最高环境工作温度下1 000小时； 电压使用最大Vcc； HTOL试验前后的参数功能测试在室温、高温和低温条件下依次进行	分组：C 2（稳态寿命） 试验级别：适用于混合集成电路 样品数/批：22 批数：1 接受规范：0失效 试验方法：GJB 548方法1005 试验条件：125℃，1 000h	分组：4分组（稳态寿命） 试验级别：适用于微电路模块 样品数/批：2 批数：1 接受规范：0失效 试验方法：GJB 548方法1005 试验条件：100℃，1 000h	
早期寿命失效率（ELFR）	分组：B2 试验级别：适用于MCM 注释：N，G 样品数/批：231 批数：1 接受规范：0失效 试验方法：AEC-Q104附录2 试验条件：电压使用最大Vcc 电性能验证需在应力撤去后48小时内完成； 通过该应力试验的MCM可用于其他应力试验。可采用通用数据。ELFR前后的参数功能测试在室温及高温下进行。 有关详细信息，请参见附录2	不要求	不要求	

续表

加速寿命模拟试验			
AEC-Q104	GJB 2438 H级	SJ 20668	备注
非易失性存储器耐久性、数据保持能力、工作寿命（EDR）	分组：B3 试验级别：MCM或依据AEC-Q100的子部件级别 注释：D, G, K 样品数/批：根据AEC-Q100/Q101/Q200，最少30/批或与用户协商 批数：3 接受规范：0失效 试验方法：AEC-Q100-005 试验条件：根据AEC-Q100要求进行试验。 需要注意的是存储单元可能对X射线敏感，X射线应力可能适用； 对于控制器固件管理型MCM，依照AEC-Q100-005，耐久性及工作寿命可在MCM鉴定中进行。 数据保持可使用依据AEC-Q100的单独的子部件进行	不要求	不要求

附表 8-3　封装组装完整性试验

封装组装完整性试验			
AEC-Q104	GJB 2438 H级	SJ 20668	备注
键合线剪切（WBS）	分组：C1 试验级别：适用于MCM内引线 注释：D, G 样品数/批及批数：最少5个器件中的30根线 MCM结构中，每种键合到子部件的键合丝的不同类型均应抽样； 不同键合线的成分不同，线径和硅金属界面会产生独特的键合结构。重复的键合结构不需要采样； 接受规范：$C_{PK}>1.67$ 试验方法：AEC-Q100-001 AEC-Q003 附加要求：每个键合操作者间有适当的时间间隔	不要求	不要求

续表

封装组装完整性试验			
	AEC-Q104	GJB 2438 H级	SJ 20668	备注
键合线拉力（WBP）	分组：C2 试验级别：适用于MCM内引线 注释：D，G 样品数/批及批数：最少5个器件中的30根线； MCM结构中，每种键合到子部件的键合丝的不同类型均应抽样； 不同键合线的成分不同，线径和硅金属界面会产生独特的键合结构。重复的键合结构不需要采样； 接受规范：$C_{PK}>1.67$或TC后0失效 试验方法：MIL-STD-883方法2011、AEC Q003 试验条件：条件C或D。注意：对于封装内已鉴定的键合丝，不需要进行键合拉力和剪切试验。目的是评估在MCM制造过程中产生的引线键合的步骤	分组：B5（键合强度） 试验级别：适用于混合集成电路内部引线 样品数/批：2（或22根引线，当引线少时则全部进行） 批数：1 接受规范：0失效（根据键合材料及线径不同，技术指标不同） 试验方法：GJB 548方法2011 试验条件：条件C或D（最常用） 附加要求：需要在空气或惰性气体中进行预处理	不要求	AEC按C_{PK}方式考核，GJB 2438根据材料及线径有不同指标，两者模式不一样
MCM外引线可焊性（SD）	分组：C3 试验级别：适用于MCM的外引线/球 注释：D，G 样品数/批：15 批数：1 接受规范：MCM的外引线覆盖率>95% 试验方法：JEDEC J-STD-002 试验条件：如果出货前器件需进行老化筛选，则进行可焊性试验的器件需先通过老化试验。试验前需进行8小时的水汽老化（镀金引线1小时）。用户有理由要求使用干燥烘烤代替水汽老化。请注意，在某些情况下，根据IPC-9701进行的板级可靠性试验可以代替该试验	分组：B7（可焊性） 试验级别：适用于混合集成电路的外引线/球 样品数/批：1（或至少15根引线，当引线少时则全部进行） 批数：1 接受规范：0失效（外引线覆盖率>95%） 试验方法：GJB 548方法2003 试验条件：试验前水汽老化8h	不要求	

续表

	封装组装完整性试验			
	AEC-Q104	GJB 2438 H级	SJ 20668	备注
物理尺寸（PD）	分组：C4 试验级别：适用于MCM 注释：D, G 样品数/批：10 批数：3 接受规范：$C_{PK} > 1.67$ 试验方法：JEDEC JESD22-B100 和B108、AEC-Q003 附加要求：对于典型尺寸和公差，详见JEDEC规范和具体MCM说明	分组：B1 试验级别：适用于混合集成电路 样品数/批：2 批数：1 接受规范：0失效（符合产品详细规范中对尺寸的要求） 试验方法：GJB 548方法2016	分组：02分组 试验级别：适用于微电路模块 样品数/批：8 批数：1 接受规范：0失效（符合产品详细规范中对尺寸的要求） 试验方法：GJB 548方法2016	AEC要求更多，不仅要满足尺寸公差要求，还要求进行C_{PK}计算
焊球剪切（SSB）	分组：C5 试验级别：应用于MCM外部焊球 注释：B 样品数/批：至少10个MCM，每个MCM 5个焊球 批数：3 接受规范：$C_{PK} > 1.67$ 试验方法：JEDEC JESD22-B117 附加要求：符合JESD22-A113的前提条件	GJB2438未要求，目前参照GJB 7677补充 分组：D1（引线牢固性子项之一） 试验级别：适用于混合集成电路外部焊球 样品数/批：2（试验焊球数不少于22个） 批数：1 接受规范：0失效 试验方法：GJB 7677	SJ 20668未要求，目前参照GJB 7677补充 分组：D1（引线牢固性子项之一） 试验级别：适用于微电路模块外部焊球 样品数/批：2（试验焊球数不少于22个） 批数：1 接受规范：0失效 试验方法：GJB 7677	

续表

	封装组装完整性试验			
	AEC-Q104	GJB 2438 H级	SJ 20668	备注
引脚牢固性（LI）	分组：C6 试验级别：应用于MCM引线/引脚 注释：D,G 样品数/批：5个MCM，每个MCM 10根引线 批数：1 接受规范：无引脚断裂或裂纹 试验方法：JEDEC JESD22-B105 附加要求：表面安装MCM不要求，仅对通孔型MCM要求	分组：D1（引线牢固性） 试验级别：适用于混合集成电路引线/引脚 样品数/批：1（试验引脚数不少15个，当一个电路引线数小于15时，应试验全部引线） 批数：1 接受规范：0失效 试验方法：GJB 548方法2004	分组：1分组（引出端强度） 试验级别：适用于微电路模块引线/引脚 样品数/批：2 批数：1 接受规范：0失效 试验方法：GJB 360方法211	
X射线（X-RAY）	分组：C7 试验级别：应用于MCM 样品数/批：5 MCM/批 附加要求：需要MCM结构，非鉴定试验	不要求	不要求	AEC-Q104要求批检，但不作为鉴定项目
声学显微镜（AM）	分组：C8 试验级别：应用于MCM 注释：P 样品数/批：10个MCM 批数：3 附加要求：仅对IPC/JEDEC J-STD-020中的单片结构的表面贴装MCM进行。温度循环后进行分层检查。每批10个样品进行AM。发生在引线键合互连区域或以某种方式改变了MCM的热性能的分层是不允许的	不要求	不要求	用于塑封产品

附表 8-4 芯片制造可靠性试验

	芯片制造可靠性试验			
	AEC-Q104	GJB 2438 H级	SJ 20668	备注
电迁移 （EM）	分组：D1 试验级别：适用于芯片 试验方法：JEDEC JEP001 附加要求：向供应商咨询其晶圆级工艺特征和/或芯片级鉴定数据（试验方法，抽样，判据）	不要求	不要求	
时间相关的介电击穿（TDDB）	分组：D2 试验级别：适用于芯片 试验方法：JEDEC JEP001 附加要求：向供应商咨询其晶圆级工艺特征和/或芯片级鉴定数据（试验方法，抽样，判据）	不要求	不要求	
热载流子注入效应（HCI）	分组：D3 试验级别：适用于芯片 试验方法：JEDEC JEP001 附加要求：向供应商咨询其晶圆级工艺特征和/或芯片级鉴定数据（试验方法，抽样，判据）	不要求	不要求	
负偏压温度不稳定性（NBTI）	分组：D4 试验级别：适用于芯片 试验方法：JEDEC JEP001 附加要求：向供应商咨询其晶圆级工艺特征和/或芯片级鉴定数据（试验方法，抽样，判据）	不要求	不要求	
应力迁移（SM）	分组：D5 试验级别：适用于芯片 试验方法：JEDEC JEP001 附加要求：向供应商咨询其晶圆级工艺特征和/或芯片级鉴定数据（试验方法，抽样，判据）	不要求	不要求	

附表 8-5 电性能验证试验

电性能验证试验				
	AEC-Q104	GJB 2438 H级	SJ 20668	备注
应力试验前后功能/参数（TEST）	分组：E1 试验级别：适用于MCM 注释：N, G 样品数/批：所有 批数：所有 试验方法：测试程序基于供应商数据手册或用户规范 附加要求：按照适用的应力参考和其他要求中的规定进行测试。在MCM规范和温度范围内进行鉴定应力前后的所有电气测试	分组：C1（组合试验前后进行电测试）或D9等 试验级别：适用于混合集成电路	分组：2、3、4分组（组合试验前后进行电测试） 试验级别：适用于微电路模块	严格来说，该分组试验不能算是一个分组，而是其他试验的必要步骤
静电放电人体放电模型（HBM）	分组：E2 试验级别：适用于MCM 注释：D 样品数/批：见试验方法 批数：1 接受规范：0失效（目标：>1 000V） 试验方法：AEC-Q100-002或ANSI/ESDA/JEDEC JS-001 附加要求：ESD前后的参数功能测试应在室温及高温下进行。MCM需按其最大耐受电压水平进行分类。HBM<1 000V需要通知用户	分组：C5 试验级别：适用于混合集成电路 样品数/批：3 批数：1 接受规范：0失效（并未规定器件的抗静电能力要求，仅用于分级）	试验要求：SJ 20668未要求，目前在执行时会参照GJB 548补充 分组：5分组 试验级别：适用于微电路模块 样品数/批：3 批数：1 接受规范：0失效（并未规定器件的抗静电能力要求，仅用于分级）	航天一院LMS要求大于2 000V，个别特殊专业具体商定

续表

	电性能验证试验			
	AEC-Q104	GJB 2438 H级	SJ 20668	备注
静电放电电容放电模型（CDM）	分组：E3 试验级别：适用于MCM 注释：D 样品数/批：见试验方法 批数：1 接受规范：0失效（目标：>500V） 试验方法：AEC-Q100-011或ANSI/ESDA/JEDEC JS-002 附加要求：ESD前后的参数功能测试应在室温及高温下进行。MCM需按其最大耐受电压水平进行分类。CDM＜1 000V需要通知用户	不要求	不要求	GJB 2438、SJ 20668仅进行人体放电模型的静电放电试验
闩锁效应（LU）	分组：E4 试验级别：适用于有源器件 注释：D 样品数/批：6 批数：1 接受规范：0失效 试验方法：AEC-Q100-004、JESD78 附加要求：LU前后的参数功能测试在室温及高温下进行。对于器件级需进行闩锁试验的引脚的适用性，请参见JESD78	不要求	不要求	

续表

	电性能验证试验			
	AEC-Q104	GJB 2438 H级	SJ 20668	备注
电参数分配（ED）	分组：E5 试验级别：适用于MCM功能 注释：D 样品数/批：30 批数：3 接受规范：如适用，C_{PK}>1.67 试验方法：AEC-Q100-009、AEC-Q003 附加要求：供应商和用户相互协商需进行测量的电参数及接受规范。ED试验在室温、高温及低温条件下进行	分组：A组 试验级别：适用于混合集成电路 样品数/批：116 批数：1 接受规范：按详细规范要求	分组：03、04、05分组 试验级别：适用于微电路模块 样品数/批：8 批数：1 接受规范：按详细规范	
故障等级（FG）	分组：E6 试验级别：适用于MCM功能 接受规范：除非另有规定，按AEC-Q100-007 试验方法：AEC-Q100-007 附加要求：对于生产试验，试验要求详见Q100-007。在管理-控制器型MCM中，控制器的FG涵盖MCM	不要求	不要求	
特性描述（CHAR）	分组：E7 试验级别：适用于MCM功能 试验方法：AEC-Q003 附加要求：表征MCM数据手册中电压/温度下关键性能参数	不要求	不要求	适用于自主研发产品

续表

	电性能验证试验			
	AEC-Q104	GJB 2438 H级	SJ 20668	备注
电磁兼容（EMC）	试验要求：要求 分组：E8 试验级别：适用于MCM功能 样品数/批：1 批数：1 试验方法：SAE J1752/3-Radiated Emissions 附加要求：试验及其可接受规范由供应商及用户具体协商。详见AEC-Q100附录5	不要求	不要求	
软误差率（SER）	分组：E9 试验级别：适用于MCM或可以从子部件数据中推断 注释：D，G 样品数/批：3 批数：1 试验方法：JEDED Un-accelerated：JESD89-1或Accelerated：JESD89-2和JESD89-3 附加要求：适用于内部包含容量≥1Mbit SRAM型或DRAM型存储器的MCM。根据参考说明书，无加速或加速的试验均可选择。对于管理-控制器型MCM，其失效率由子部件数据（无加速或加速）决定，该数据需考虑固件/控制器掩盖失效的能力。试验及其可接受规范由供应商及用户具体协商。终测报告应包括测试设备、场所和海拔高度数据的详细信息	不要求	不要求	

续表

电性能验证试验			
	AEC-Q104	GJB 2438 H级	SJ 20668	备注
无铅化（LF）	分组：E10 试验级别：适用于MCM 注释：L 样品数/批：见试验方法 批数：见试验方法 接受规范：见试验方法 试验方法：AEC-Q005 附加要求：适用于所有无铅MCM	不要求	不要求	

附表 8-6　缺陷筛选测试

缺陷筛选测试			
	AEC-Q104	GJB 2438 H级	SJ 20668	备注
过程平均测试（PAT）	分组：F1 试验级别：适用于单个子部件或MCM功能 试验方法：AEC-Q001 附加要求：该类试验适用于MCM量产阶段。供应商必须执行符合指南思想的PAT和SBA的某些调整	不要求	不要求	
统计式良率分析（SBA）	分组：F2 试验级别：适用于单个子部件或MCM功能 试验方法：AEC-Q002 附加要求：该类试验适用于MCM量产阶段。供应商必须执行符合指南思想的PAT和SBA的某些调整	不要求	不要求	

附表8-7 空腔型组件完整性试验

\	空腔型组件完整性试验			备注
\	AEC-Q104	GJB 2438 H级	SJ 20668	备注
机械冲击（MS）	分组：G1 试验级别：适用于MCM 注释：H、D、G 样品数/批：15 批数：1 接受规范：0失效 试验方法：JEDEC JESD22-B110 试验条件：仅Y1方向，5次脉冲冲击，脉冲宽度为0.5ms，1 500g峰值加速度。MS前后的参数功能测试在室温下进行	分组：C1（机械冲击） 试验级别：适用于混合集成电路 样品数/批：5 批数：1 接受规范：0失效 试验方法：GJB 548方法2002 试验条件：仅Y1方向，5次脉冲冲击，脉冲宽度为0.5ms，1 500g峰值加速度	分组：3分组（冲击），该试验与稳态加速度试验互为替换项，选取一个进行即可。 试验级别：适用于微电路模块 样品数/批：2 批数：1 接受规范：0失效 试验方法：GJB 360方法213 试验条件：对试验样品的三个互相垂直轴的六个方向上各施加三次冲击（共18次），脉冲宽度6ms，100g峰值加速度	AEC Q104、GJB 2438量级相同。SJ 20668在试验量级上较另两者低，但试验次数多
扫频振动（VFV）	分组：G2 试验级别：适用于MCM 注释：H、D、G 样品数/批：15 批数：1 接受规范：0失效 试验方法：JEDEC JESD22-B103 试验条件：20Hz~2 000Hz~20Hz（对数变化）为一循环，每个循环不少于4min，每个方向4次，50g峰值加速度。VFV前后的参数功能测试在室温下进行	不要求	分组：3分组（扫频振动） 试验级别：适用于微电路模块 样品数/批：2 批数：1 接受规范：0失效 试验方法：GJB 548方法2007 试验条件：0Hz~2 000Hz~20Hz（对数变化）为一循环，每个循环不少于4min，X、Y、Z每个方向4次，20g峰值加速度	\

续表

空腔型组件完整性试验			
AEC-Q104	GJB 2438 H级	SJ 20668	备注
恒定加速度（CA）	分组：G3 试验级别：适用于MCM 注释：H，D，G 样品数/批：15 批数：1 接受规范：0失效 试验方法：MIL-STD-883方法2001 试验条件：仅Y1方向，40引脚以下封装采用30kg力，40引脚及以上封装采用20kg力。CA前后的参数功能测试在室温下进行	分组：C1（恒定加速度） 试验级别：适用于混合集成电路 样品数/批：5 批数：1 接受规范：0失效 试验方法：MIL-STD-883方法2001 试验条件：49 000m/s^2（5 000g），Y1方向	分组：3分组（稳态加速度），该试验与冲击试验互为替换项，选取一个进行即可。 试验级别：适用于微电路模块 样品数/批：2 批数：1 接受规范：0失效 试验方法：GJB 360方法212 试验条件：详细规范规定	
粗/细检漏（GFL）	分组：G4 试验级别：适用于MCM 注释：H，D，G 样品数/批：15 批数：1 接受规范：0失效 试验方法：MIL-STD-883方法1014 试验条件：视具体器件 附加要求：先进行细检漏，后进行粗检漏。仅适用于陶瓷空封密封MCM	分组：C1（密封） 试验级别：适用于混合集成电路 样品数/批：5 批数：1 接受规范：0失效 试验方法：MIL-STD-883方法1014 试验条件：视具体器件	仅适用于空封器件： 分组：3分组（密封） 试验级别：适用于微电路模块 样品数/批：2 批数：1 接受规范：0失效 试验方法：GJB 360方法112 试验条件：视具体器件	

续表

空腔型组件完整性试验				
	AEC-Q104	GJB 2438 H级	SJ 20668	备注
包装跌落机械冲击（DROP）	分组：G5 试验级别：适用于MCM 注释：H，D，G 样品数/批：5 批数：1 接受规范：0失效 试验方法：JEDEC JESD 22-B110 附加要求：MCM如果不能证明其密封性，则将其定义为失效。机械损坏（例如包装的开裂，碎裂或破裂）也将被视为失效，只要这种损坏不是由夹具或搬运造成的，并且该损坏对于特定应用中的MCM性能至关重要	不要求	不要求	
盖板扭矩试验（LT）	分组：G6 试验级别：适用于MCM 注释：H，D，G 样品数/批：5 批数：1 接受规范：0失效 试验方法：MIL-STD-883方法2024 附加要求：仅适用于陶瓷封装空腔型MCM	不要求	不要求	混合集成电路几乎不采用玻璃熔封的工艺

续表

空腔型组件完整性试验			
AEC-Q104	GJB 2438 H级	SJ 20668	备注
芯片剪切（DS）	分组：G7 试验级别：适用于芯片 注释：H, D, G 样品数/批：5 批数：1 接受规范：0失效 试验方法：MIL-STD-883方法2019 附加要求：在所有空腔型MCM封盖/密封之前执行	分组：B6（芯片剪切强度） 试验级别：适用于芯片、元件 样品数/批：2（2个电路的全部元件上或选取22个元件，取小者） 批数：1 接受规范：0失效 试验方法：GJB 548方法2019	不要求	
内部水汽含量（IWV）	分组：G8 试验级别：适用于MCM 注释：H, D, G 样品数/批：5 批数：1 接受规范：0失效 试验方法：MIL-STD-883方法1018 附加要求：仅适用于空腔气密封装MCM	分组：C3（内部水汽含量） 试验级别：适用于混合集成电路 样品数/批：3 批数：1 接受规范：0失效 试验方法：GJB 548方法1018 附加要求：应采用C1分组环境暴露后的样品	不要求	

附表 8-8　组件特定试验

	组件特定试验			
	AEC-Q104	GJB 2438 H级	SJ 20668	备注
板级可靠性（BLR）	分组：H1 试验级别：适用于MCM 注释：D，G 样品数/批：按照IPC-9701 批数：1 接受规范：按照IPC-9701，报告初始和50%的失效周期 试验方法：IPC-9701基于预期使用环境需求的温度循环级和热循环次数 附加要求：温度循环试验，说明使用的IPC-9701试验条件［注意：使用的温度循环条件需要与预期使用条件（例如在引擎盖下使用需要执行TC3或TC4）一致。同样，热循环次数（NTC）需要与预期的使用环境保持一致。斜率、驻留时间和试验持续时间定义见IPC-9701。如果MCM边角焊球焊接、代表样品的最外行及核心芯片下的焊球焊接可以进行电测试，则可使用IPC-9701中的菊花链代替MCM］	不要求	不要求	
低温储存寿命（LTSL）	分组：H2 试验级别：适用于MCM 注释：H，P，B，D，G，K 样品数/批：按照Q100/Q101/Q200，最少30/批或与用户协商 批数：1 接受规范：0失效 试验方法：JEDEC JESD22-A119 试验条件：最低环境工作温度，1000小时。 LTSL后的参数功能测试在数据手册温度（低温，高温和室温）下进行	不要求	不要求	

续表

	组件特定试验			
	AEC-Q104	GJB 2438 H级	SJ 20668	备注
启动和温度冲击（STEP）	分组：H3 试验级别：适用于MCM 注释：H, P, B, D, G, K 样品数/批：5 批数：1 接受规范：0失效 试验方法：ISO 16750-4 试验条件：在低温和高温下启动，并以10°C的增量递增。每步后根据器件具体工作温度范围进行功能确认	不要求	不要求	
MCM跌落测试（MCM DROP）	分组：H4 试验级别：适用于MCM 注释：D, G 样品数/批：6 批数：1 接受规范：0失效 试验方法：JEDEC JESD22-B111 试验条件：如JESD22-B110B中所列，条件B（1 500G，0.5ms半正弦脉冲，等效落差高度112cm）。仅供参考，建议跌落30次	不要求	不要求	
破坏性物理分析（DPA）	分组：H5 试验级别：适用于MCM 注释：D, G 样品数/批：5 批数：1 试验方法：MIL-STD-1580 试验条件：MCM热循环后，基于MCM DFMEA和PFMEA进行关键风险检查	不要求	不要求	
X射线（X-RAY）	分组：H6 试验级别：适用于MCM 注释：D, G 样品数/批：5 附加要求：如果在C组试验中进行了X射线试验，则无需进行X射线试验。有关详细信息，请参阅C组试验的X射线（X-RAY）	不要求	不要求	

续表

组件特定试验			
AEC-Q104	GJB 2438 H级	SJ 20668	备注
声学显微镜（AM）	分组：H7 试验级别：适用于MCM 注释：D，G 样品数/批：每批10个MCM 附加要求：如果在C组试验中进行了声学显微镜试验，则不需要进行声学显微镜试验。有关详细信息，请参见C组试验声学显微镜（AM）	不要求	不要求	

注：

H：仅对于密封封装MCM要求。

P：仅对于塑封MCM要求。

B：仅对锡球表面贴装（BGA）MCM要求。

N：非破坏性试验，MCM还可用于其他试验或者生产。

D：进行破坏性测试后的MCM不得复用于鉴定或生产。

S：仅用于表面贴装塑封MCM。

G：允许使用通用数据。

K：使用方法AEC-Q100-005对独立的非易失性存储器集成电路或集成有非易失性存储器的MCM进行预处理。

L：仅适用于无铅MCM。

9

比较
——元件

质量的简约——兼议汽车电子技术规范

与国家军用标准不同，AEC技术规范中元件规范只有AEC-Q200《元件应力试验鉴定》，本章分析了AEC-Q200与相关国家军用标准通用规范的差异，重点针对规范体系、产品范围、过程控制等管理要求，以及试验应力、试验项目等技术要求，分析了差异及原因，并就涉及航天一院运载火箭的《LMS电子元器件技术条件》进行了介绍。

9.1 管理要求

9.1.1 架构

对于元件的鉴定试验，AEC技术规范要求执行AEC-Q200，同时引用其他试验规范文件，如军用标准MIL-STD-202《电子及电气试验方法》、EIA标准EIA-469《破坏性物理分析（DPA）》以及AEC特有的试验标准（AEC-Q200-001《阻燃试验》、AEC-Q200-002《人体模型静电放电试验》等），其质量体系要通过IATF16949质量体系认证；对于国家军用标准而言，基本对每一类元件都有通用规范，其质量体系要通过GJB 9001质量体系认证和按GJB 546等要求通过相应的国家军用标准生产线的认证。航天一院《LMS电子元器件技术条件》经历了两次比较大的调整，分别以"七专"元器件技术条件和国家军用标准通用规范为基础，主要明确"七专"技术条件和国家军用标准根据运载火箭实际情况进行的的修改、补充和应用指导要求等。

9.1.2 范围

AEC-Q200规范涵盖产品种类包括片式电阻器、电阻器、电感器、变压器、热敏电阻器、压敏电阻器、石英晶体谐振器、可调电容器、电位器、陶瓷电容器、钽电解电容器、氧化铌电解电容器、铝电解电容器、薄膜电容器、R-C网络、陶瓷谐振器、铁氧体电磁干扰（EMI）抑制器/滤波器、聚合物可恢复保险丝（熔断器）；相对于国家军用标准，缺少云母电容器、双电层电容器、（一次性）熔断器。

国家军用标准相对于AEC-Q200，缺少电容网络、陶瓷谐振器、铁氧体EMI抑制器/滤波器、聚合物可恢复保险丝等。

9.1.3 过程控制

从总体来说，IATF 16949对汽车质量体系方面有较为细致的过程划分,并对过程的控制规定了主要实施的工具方法；此外，AEC技术规范进一步明确了零缺陷管理的体系框架，以及过程控制的相关工具、方法和判据，内容比较具体，无须再对每类元器件重复进行具体的规定。国家军用标准产品通用规范要求对相关设备、材料和工艺过程进行控制，其统计过程控制体系遵循GJB 3014，强调了对元件的原材料、原材料可追溯性以及工序的控制。《LMS电子元器件技术条件》关于过程控制基于国家军用器件的质量控制体系，但补充了相关检查和控制内容，如瓷介电容器在生产过程中需要增加超声扫描以剔除有分层等缺陷的产品、引线式元件在安装引线后需进行引出端强度测试等。

9.1.4 质量等级

AEC元件规范采用单一质量保证等级，但同时根据工作温度差异细分为不同的温度等级（如表9-1所示）。

表 9-1 元件温度等级划分

等级	温度范围 最小	温度范围 最大	无源元件类型（最大能力，除非另有规定或指定）	典型/实例应用
0	-50℃	150℃	片式陶瓷电阻器，X8R陶瓷电容器	所有汽车
1	-40℃	125℃	电容网络，电阻器，电感器，变压器，热敏电阻，谐振器，晶体和变阻器，所有其他陶瓷和钽电容器	大多数发动机舱
2	-40℃	105℃	铝电解电容器	乘客舱发热点
3	-40℃	85℃	薄膜电容器，铁氧体，R/R-C网络和微调电容器	大多数乘客舱
4	0℃	70℃		非机动车

质量的简约——兼议汽车电子技术规范

国家军用标准中元件的质量等级有多种表达方式，有分档次的质量保证等级、单一质量保证等级、失效率等级，具体由各自通用规范规定，形成了比较复杂的等级体系。例如，《小功率脉冲变压器通用规范》（GJB 1521A—2013）采用质量保证等级表征，规定了质量等级T级（高可靠）、M级（军级）、C级（工业级），每个档次的生产过程控制及质量保证试验项目不同；《功率型线绕固定电阻器总规范》（GJB 2828—1997）、《热敏电阻器总规范》（GJB 601A—1998）采用单一质量保证等级表征，只规定了军级产品的要求；《有失效率等级的无包封多层片式瓷介固定电容器通用规范》（GJB 192B—2011）采用失效率等级表征，规定了S（八级）、R（七级）、P（六级）、M（五级）、C（不要求失效率）不同失效率等级。

9.1.5 用户认定

AEC规范中未明确用户认定要求。

国家军用标准仅在《电子元器件质量保证大纲》（GJB 546B—2011）中对宇航级元器件规定了需用户参与，这种做法可以被理解为一种用户认定，认定方式是用户认可结构分析方案（只在个别关键点规定了用户方参与）。航天用户将元器件列为产品质量保证管理，要对元器件实施系统的质量保证要求（包括用户的认定）。航天一院将相关的要求明确在《LMS电子元器件技术条件》中。

9.2 技术要求

9.2.1 鉴定试验应力

AEC的试验项目与国家军用标准相关元件通用规范的试验项目进行了对比，具体差异见附录9-1，主要区别如下：

（1）温度循环。考虑汽车在全球范围、四季变化及昼夜间的长时间使用的任务剖面，AEC规范规定进行1 000次循环，高低温为产品的极限工作温度；国家军用标准一般规定5次，高低温为–55℃~125℃、–65℃~125℃或–65℃~150℃。两者的高低温环境差异不大，国家军用标准总体上温度范围略宽于AEC-Q200，但AEC规范要求1 000次循环。

《LMS电子元器件技术条件》中的温循技术要求总体基于国家军用标准，但针对不同产品会严于国家军用标准，部分产品在鉴定检验和一致性检验中的循环次数增加至50次，筛选中会增加至10次或20次。

（2）高温暴露。AEC要求进行1 000小时试验，结束后进行测试。国家军用标准中对于高质量等级或有失效率等级产品要求进行高温暴露试验。例如，GJB 244要求高温暴露时间为2 000h，GJB 1432要求高温暴露时间为100h。

（3）湿度。AEC要求进行1 000小时85℃/85%相对湿度（RH）的高温高湿试验，试验过程中加电，其试验效果等同于HAST。国家军用标准采用高低温循环（高温湿度90%~100%，低温不要求）的方式进行，循环次数一般为10次，试验时间240h，两种试验考核侧重点不同。

（4）工作寿命。AEC要求寿命时间为1 000h，温度为额定工作温度，一般施加一定电压，试验后测试。国家军用标准对于有失效率等级的产品要求寿命时间为10 000h，无失效率等级的产品一般进行2 000h、1 000h或500h，电应力方式也根据产品不同而异。

针对工作寿命，《LMS电子元器件技术条件》遵循国家军用标准，但2 000h内不允许出现失效。

（5）振动试验。AEC规范要求进行高频振动，并要求安装至印制电路板（PCB）进行；在板进行振动会放大振动量级，对于相同元器件，在板振动的考核更严格。国家军用标准产品根据产品的结构特点进行低频、高频或随机振动，但大部分尚未要求在板试验（目前只有片式钽电解电容器要求在板进行温度冲击）。随着元件的小型化，特别是一些采用低温共烧陶瓷（LTCC）工艺的元件，传统力学试验通常直接刚性作用于元件本体，在检验其结构方面缺陷时存在一定不足，而在板试验则能模拟实际应用，且可对元件引出端的抗力学性能进行有效检验，因此在板试验值得推广。

针对振动试验，《LMS电子元器件技术条件》遵循国家军用标准，但根据航天应用特点,一般增加随机振动试验,在特定需求下会进行在板的温度冲击和力学试验。

(6)可焊性。AEC和国家军用标准的可焊性试验方法和要求基本相同,AEC要求试验后放大50倍检查,对引出端镀层和焊料的要求较高。

(7)电特性。电参数的稳定性直接反映了产品的工艺控制稳定性,在一定程度上反映产品的可靠性。AEC要求按照批次和样本大小的要求进行参数测试,给出三温下的最小值、最大值、平均值和标准偏差。国家军用标准对不同质量等级的产品要求不同,且主要体现在对贯标产品的要求。

(8)电性能测试。由于AEC规范中的元件只进行了大类的划分,而不同类别产品电性能可能差异很大,如射频电感器和功率电感器的测试条件差异较大,因此AEC规范未规定具体的测试条件。国家军用标准的通用规范则规定了每种产品的详细测试要求,如测试频率、电压等。

9.2.2 主要试验项目的差异

AEC规范与国家军用标准器件的应用差异导致试验项目在设置上存在较大差异,且两种规范的部分试验相互独立,具体差异见附录9-1。

(1)AEC规范专有试验:

①ESD试验。在车辆制造和维护过程中,电连接器在插拔过程中容易引入静电。因为任何连接器的引脚实际上都暴露在外面,另外人为和机器产生静电的情况都很容易发生,因此对所有元件进行抗ESD试验是有必要的。

国家军用标准中对非静电敏感的元件不要求ESD试验,电阻器、电容器、电感器等均对静电不敏感。理论上分析,介质层厚度小且容量小的电容器、薄膜片式电阻器容易受到静电影响,但在工程实践中暂未发现被静电损伤的元件,因此元件的ESD试验必要性还需进一步研究,但AEC的试验要求值得借鉴。

②弯曲试验(SMD适用)。可能考虑汽车行驶造成的振动会使PCB产生弯曲,AEC要求对片式元件全部做弯曲试验。此试验考核了片式元件的端头强度,减小了产品开裂的风险,国家军用标准中只有片式电感器要求此试验。

《LMS电子元器件技术条件》规定所有片式元件需进行弯曲试验，以检验产品安装后PCB的弯曲是否会对产品本体及电性能产生影响，此要求与AEC基本一致。

③引出端强度（SMD适用）。此试验考核元件焊接强度，也间接考核了端头强度、元件本体强度；AEC要求片式元件全部做引出端试验，国家军用标准中只有片式电感器和片式电阻器要求此试验。

《LMS电子元器件技术条件》规定的所有片式元件需进行引出端试验，以检验产品本体及端头结合强度，此要求与AEC基本一致。

④阻燃性试验。汽车电子产品较关注产品的安全性，需采用步进电应力的方式使元件发热，检验发热的情况下元件是否会燃烧。国家军用标准无此方面的要求。

（2）国家军用标准专有试验。国家军用标准涉及环境的试验项目主要包括低温工作、低温贮存、高低温稳定性、低气压、热真空释气、盐雾、霉菌、温升、温度特性、密封等。AEC规范综合考虑产品可靠性、体积、性能，军用设备对体积限制不是重点，因此军用元件的体积可能较大，需针对大体积产品设计低频振动，针对高压产品设计局部放电试验。

9.2.3 通用数据（结构相似性）

AEC规范规定为减少元件的鉴定程序及试验样品数量，可以实行系列产品鉴定，原则是采用临界替代法（例如最大值/温度极限/额定电压等），系列产品替代性鉴定是否可接受要经过用户认可。国家军用标准中对于结构相似的系列产品也采用类似的方法，并针对结构相似性产品规定了替代的规则。

9.2.4 测试样品要求

（1）批次要求。AEC规范规定元件的电气特性分组或通用系列产品鉴定至少连续3个批次，而国家军用标准对提供连续批产品方面没有明确规定，但A组检验大多是针对每个生产批进行检验的，且是100%检验。

（2）产线要求。国家军用标准和AEC规范对生产线的基本要求一致，所有试验产品都应在相同的制造生产场所使用正常生产中的生产设备和加工工艺进行生产，后续量产供货的产品也应使用相同的生产设备和加工工艺进行生产。当然，在认证和管理上存在较大差别。

（3）试验样品的可回收性。国家军用标准和AEC规范对此方面的要求一致，已用于非破坏性试验的元件可用于其他试验和生产供货，已用于破坏性试验的元件除用于工程分析外不可用于其他试验或生产供货。

（4）应力试验前/后测试要求。国家军用标准和AEC规范对此方面的要求一致，除非测试的附加要求另有规定，否则仅应在规范规定温度下（室温）进行应力前后的电气测试。

（5）应力后测试失效。国家军用标准和AEC规范对失效的定义要求一致，即不符合详细规范、用户要求或供应商手册。

AEC规范规定由环境测试引起的外部物理损坏的元件也被视为失效元件，如果导致失效的原因是错误操作或ESD，则可以不计算为失效数，但应作为数据提交的一部分，将每个应力测试的失效判定标准提交用户认定，对具体的失效分析报告形式和内容不作要求。《电子元器件质量保证大纲》（GJB 546B—2011）规定了失效分析的程序、呈报程序、报告内容等。

9.2.5 鉴定要求

（1）鉴定方式。AEC产品规范中规定汽车级元件仅进行鉴定，不进行认证。产品鉴定由元器件厂商实施，推荐在元器件承制方认可的检测机构进行检验，产品通过鉴定试验后元器件承制方即可声明该产品达到AEC对应产品规范的要求。而每一个相关的用户有责任对其鉴定资料进行审核。

而军用电子元器件的鉴定需要在国家认可的具有资质的第三方鉴定机构进行。

《LMS电子元器件技术条件》对鉴定方式并无特殊要求，对于符合国家军用标准的元件，认可第三方鉴定机构或研制单位的鉴定报告。

（2）无铅的鉴定。无铅元件的焊点容易生长锡须，导致短路等故障，但在欧盟"关于限制在电子电器设备中使用某些有害成分的指令"发布后，元器件已基本实现了无铅化。为了保证元器件的长期可靠性，AEC-Q005《无铅试验要求》中规定了解决在使用无铅工艺时出现的特殊质量和可靠性问题所需的额外要求，必须通过与无铅特性有关的鉴定试验。国家军用标准各类元件标准中明确可焊层禁止使用纯锡，一般要求含铅量不低于3%（重量比），但个别标准如GJB 1864A—2011、GJB 6788—2009中规定可以使用锡合金，锡含量不超过97%，并且未规定必须含铅。

（3）更改要求。关于产品更改，国家军用标准和AEC规范都规定更改包括材料、工艺、设计更改等，但AEC规范中规定更改必须经过用户批准，国家军用标准产品的更改要通过第三方鉴定机构，而且国家军用标准中将更改进行了分类，包括影响产品性能、质量、可靠性和互换性的重要更改和除了重要更改以外的次要更改。

《LMS电子元器件技术条件》规定产品技术状态更改需通知用户，并重新鉴定和认定。

（4）重新鉴定要求。元器件的可靠性与其制造工艺有着密切的关系，工艺的变更可能影响元器件的可靠性。为保证元器件的可靠性仍能满足规范的要求，AEC产品规范中规定工艺变更后必须重新鉴定。为了降低试验成本，AEC规定，工艺变更后不需进行全部的检验，仅需进行受工艺变更影响的检验项目，重新补充鉴定的检验项目根据变更项目的不同而异。如果某项试验不需要进行，供应商有责任提供为何不需要执行此试验或者是否可以用通用数据进行替代的理由。

国家军用标准对产品的更改只表明重要更改需要进行部分或全部重新鉴定。这将导致不同供应商的同类产品在更改时进行的鉴定检验项目不同，对具体的材料、工艺过程缺乏要求。

《LMS电子元器件技术条件》规定产品技术状态更改需通知用户，当发生GJB 3206A规定的Ⅰ类技术状态更改、Ⅱ类技术状态更改时，或发生元器件关键零部件的结构设计、工艺类型以及生产线的变更时，需重新认定；对于Ⅰ类技术状态更改，还需重新设计定型；并对Ⅰ类技术状态更改进行了详细规定，如半导体集成电路、分立器件、光电器件、声表器件等单芯片气密封结构元器件的芯片设计变更，以及封装类型或密封、互连工艺变更等。

（5）抽样方案。AEC产品规范规定的抽样方案统一，即对规范中规定的所有种类元件，每个试验项目要求抽取77、30和15只元件，不允许任何一只元件失效。国家军用标准的元件通用规范中，每个试验项目的样品数量通常小于30，抽样方案根据元件种类不同存在很大的差异，且允许失效（一般不多于1只），例如有失效率等级要求的片式电阻器、钽电解电容器等元件的寿命试验样品数量超过100，而对于诸如电感器等无失效率等级的元件，寿命试验的样品数量通常小于10。

国家军用标准中元件种类的不同导致鉴定抽样方案差异较大，因此AEC规范与国家军用标准的抽样方案不具有可比性，但AEC规范中的多数试验项目抽样样品数较多且不允许失效。

《LMS电子元器件技术条件》在抽样数量上与国家军用标准基本一致，但采取零失效管理。

9.2.6 筛选和质量一致性检验要求

国家军用标准要求进行筛选以剔除早期失效，同时开展质量一致性检验，以保证生产线的稳定性。AEC规范并无相关规定。

《LMS电子元器件技术条件》关于筛选和质量一致性检验的要求和国家军用标准基本一致，在某些试验应力上会根据需求适当加严。

9.2.7 新版AEC-Q200变化情况

2023年发布了最新版AEC-Q200 Rev E，相比之前的版本，主要变化为增加了两类元件和修订了试验样品数量，元件种类增加了超级电容器和保险丝。关于试验样品数，AEC-Q200 Rev D中不区分元件类型，同一试验项目的试验样品数是固定的，不同试验项目样品数为15、30和77，AEC-Q200 Rev E根据元件体积重新定义了试验样品数量，分为<10cm^3、10cm^3~330cm^3、>330cm^3，体积<10cm^3的元件试验样品数量基本与原标准一致，体积在10cm^3~330cm^3的元件试验样品数量修改为6、10和26，体积>330cm^3元件的试验样品数量修改为3、4和10。以工作寿命为例，体积<10cm³的元件需要77个样品，体积为10~330cm³的元件需要26个样品，体积>330cm³的元件需要10个样品。

9.3 具体试验规范对比

针对汽车任务剖面和元件的鉴定检验要求，AEC制定了多项试验类技术规范，详情如下。

9.3.1 阻燃

阻燃是为确保汽车在蓄电池满电位下应用时设备不会因自加热而起火，目的是检验元件在高电应力条件下的结构设计、散热、材料耐燃烧性等。

试验方法是将元件以正常方式安装在测试板上，并以1.0V直流的增量对元件施加9.0~32.0V直流（电流钳制至500A）的电压。每个电压水平至少应施加一小时，直至元件烧毁或出现爆炸、持续燃烧等现象。

目前国家军用标准中与元件燃烧试验相关的只有GJB 360B—2009方法111"有焰燃烧性试验"，此试验用于检验元件暴露在外部火焰下的耐燃烧特性，侧重点在于检验材料的耐燃烧性，不同于阻燃试验。阻燃试验主要关系到故障状态下的安全性问题，即元件出现烧毁或爆炸后不会持续燃烧，不会影响到汽车的安全性。

9.3.2 梁荷载（断裂强度）

梁荷载（断裂强度）是AEC特有的试验，是针对片式陶瓷电容器设计的，目的是检验陶瓷材料的强度。试验方法为：将样品放置在梁荷载夹具中，施加力直到样品断裂或达到用户规范中要求的最小可接受力水平，试验装置如图9-1所示［图中，S=（0.55±0.05）倍被测器件标称长度］。

此试验不同于弯曲试验和剪切强度试验，后两者的主要目的是检验电容器端头与瓷体的结合强度，弯曲试验的作用力在焊接端，剪切强度试验于电

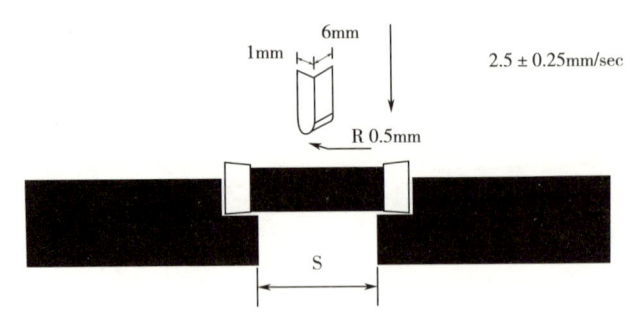

图9-1 梁荷载试验的典型等效装置

容器侧面施加应力,在此方向上瓷体强度较大,作用力间接施加于端头,目前国家军用标准中缺乏检验瓷体强度的试验,梁荷载(断裂强度)可以弥补弯曲试验和剪切强度试验的不足。

9.3.3 可恢复保险丝(熔断器)的测量程序

熔断器的国家军用标准规范目前只有GJB 5850,为不可恢复熔断器的通用规范。国家军用标准对于电气特性的测量并未明确要求测量顺序,因为电气特性测试为非破坏性试验,试验顺序对测量结果无影响,但电阻值通常作为其他测试的基准,因此电阻值测试一般为电气测试的第一项。

AEC中规定电气性能测试的顺序为:电阻值—特定温度下跳闸时间—特定温度下保持电流。在国家军用标准中,跳闸试验和保持电流作为一项单独的试验,不属于电气性能测试。

9.3.4 板弯曲

国家军用标准中无板弯曲试验的方法,只有GB/T 2693—2001《电子设备用固定电容器》"第1部分:总规范"中规定了板弯曲试验。与AEC规范相比,主要区别有两点:其一,AEC规定使用回流焊进行焊接,国家标准规定可使用波峰焊或回流焊;其二,国家标准规定弯曲时间应由相关详细规范规定,AEC规定弯曲应保持(60±5)s。其他试验方法、条件、测量、判据与AEC完全一致,《LMS电子元器件技术条件》对于此试验主要借鉴国家标准中的方法。有关标准规定的试验示意图见图9-2、图9-3。

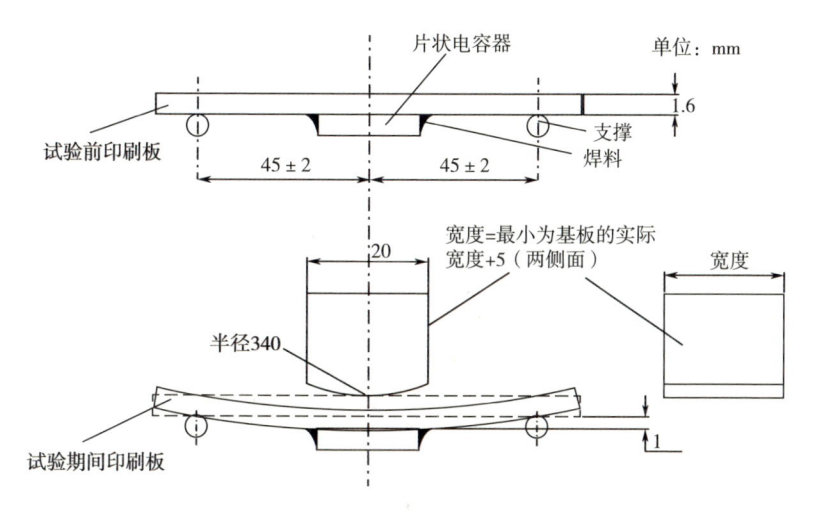

图9-2 GB/T 2693规定的板弯曲试验方法

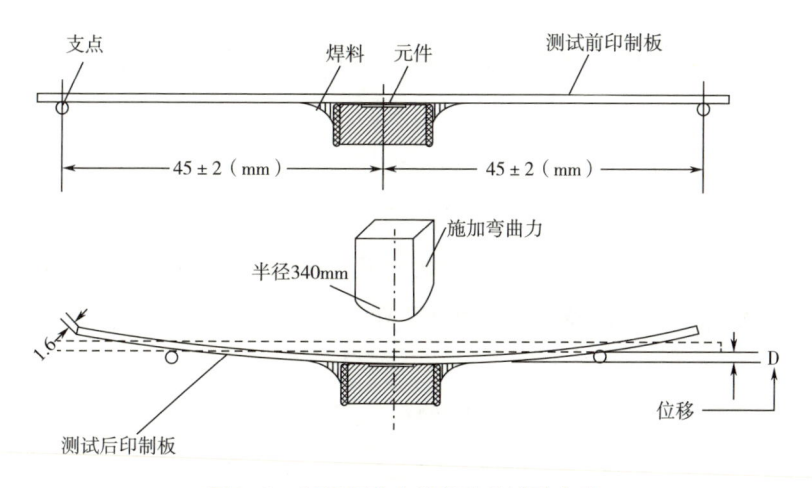

图9-3 AEC规范中的板弯曲试验方法

9.3.5 引出端强度（SMD）/剪切应力

引出端强度试验是检验元件终端能够承受在正常制造和PCBA期间可能施加的轴向应力。试验前，将元件安装在带有检测装置的PCB上，对元件侧面施加17.7N（1.8 kg）的力，该力应持续（60±1）s。试验后用20倍以上的显微镜检查元件主体、端子和主体/端子交界处的机械完整性。在试验之前、试验期间和试验后，元件应符合规定的所有电气要求。有关标准规定的AEC规范规定的试验示意图见图9-4。

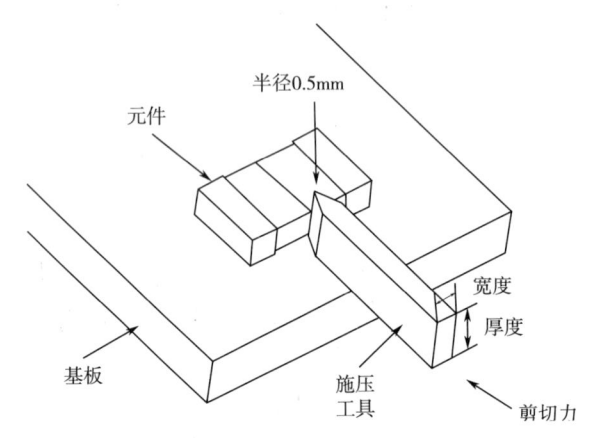

图9-4 AEC规范中引出端强度（SMD）/剪切应力试验方法

国家军用标准中与端部强度试验对应的试验为安装牢固性试验，此试验方法目前只针对GJB 1864A—2011《射频固定和可变片式电感器通用规范》和GJB 1432B-2009《片式膜固定电阻器通用规范》，两个通用规范的试验示意图见图9-5（图9-5中，厚度大于样品试验表面的厚度；当样品长度≤2.0mm时，推力器端头半径R为0.2mm；推力器宽度不限。）和图9-6。《LMS电子元器件技术条件》对此试验的内容主要借鉴了国家军用标准方法。

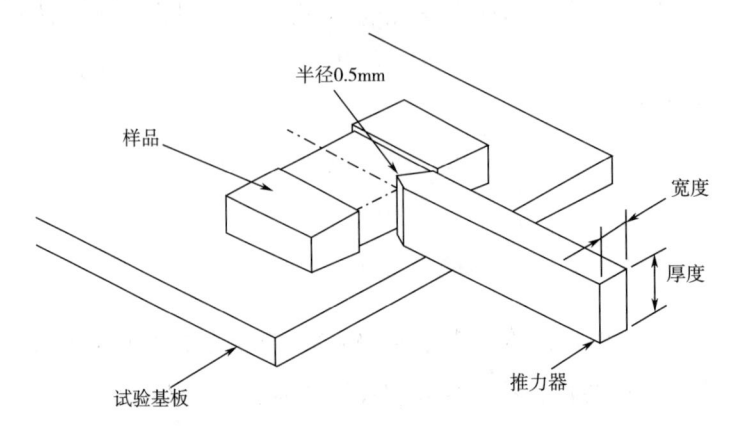

图9-5 GJB 1864A—2011（片式电感器）引出端强度（安装牢固性）试验方法

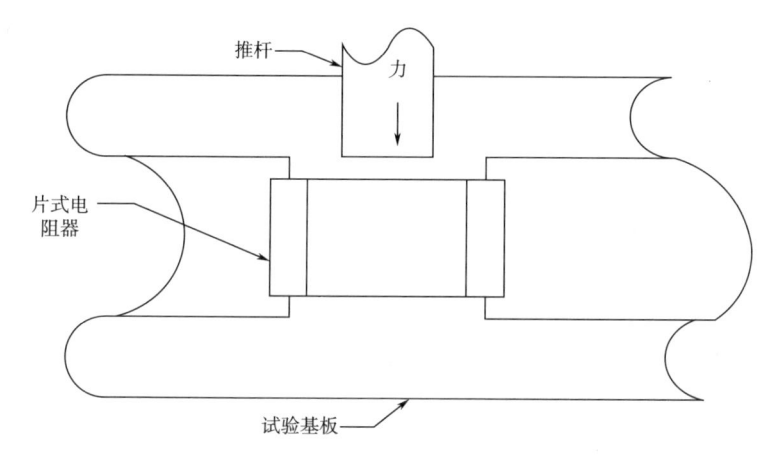

图9-6　GJB 1432B—2009（片式电阻器）安装牢固性试验方法

AEC规范与国家军用标准主要有以下不同：

其一，AEC要求试验过程中和试验后测试及外观检查，国家军用标准只要求外观检查；

其二，AEC规定应力施加的保持时间为（60±1）s，GJB 1864A-2011规定为（10±1）s，GJB 1432B-2009规定不少于30s；

其三，AEC规范固定了推杆及端头形状，GJB 1864A-2011中推杆及端头与AEC一致，只有在样品长度小于2mm时，端头半径降为0.2mm，GJB 1432B-2009中规定端头为平面；

其四，AEC规范中规定推力固定为17.7 N，GJB 1864A-2011中规定推力固定为10N，GJB 1432B-2009中根据焊接面积的不同而将推力分为10N/20N/30N三个等级。

综上，AEC的端部强度与国家军用标准的安装牢固性试验基本一致，在细节方面有所差异。例如，AEC要求在试验过程中和试验后进行测试，可检验产品中是否存在裂纹或潜在风险，《LMS电子元器件技术条件》则要求在试验过程中和试验后进行测试，与AEC类似；而国家军用标准中的应力施加时间较短。

推杆及端头形状因产品不同而异，非平面端头可能会损伤厚度较小的产品。经过多年实践，国家军用标准中推力根据焊接面积大小制定这一点比较科学，因为统一要求可能对小尺寸产品施加过应力，对大尺寸产品检验不充分。因此《LMS电子元器件技术条件》中，推杆及端头形状、推力要求维持国家军用标准现状。

9.3.6 电压浪涌

电压浪涌试验主要检验元件承受电压浪涌的能力。AEC规范对电压浪涌试验未详细规定，仅给出了施加与被测电容器上的电压波形，而充电和放电时间常数、浪涌电压于额定电压之比、试验循环次数、充电和放电周期的持续时间、循环时间和温度应在相关产品规范中规定。

国家军用标准中规定1 000次循环、环境温度为85℃、充电放电各30秒，限流电阻33Ω及其他测试要求，电压波形要求与AEC规范一致（见图9-7）。

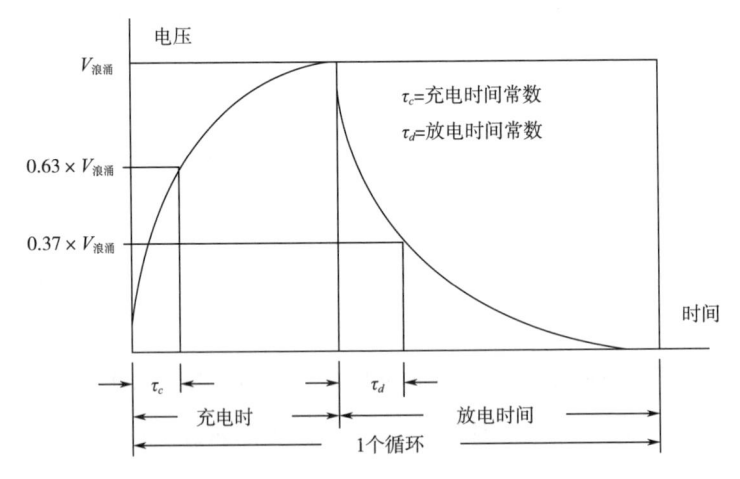

图 9-7 AEC被测元件上的电压波形

附录　各类元件鉴定试验项目和条件具体对比

A.1　陶瓷电容器

AEC规范中高温暴露、温度循环、DPA、振动、ESD、可焊性、冲击、电特性、易燃性、弯曲性、端头强度、断裂试验要求相对严格。对于寿命、引出端试验，国家军用标准要求相对严格。对于湿度试验，两者侧重点不同，存在较大差异。国家军用标准中低温贮存、霉菌、低气压、介质耐电压、稳态湿热等项目，在AEC中未涉及。具体见附表9-1。表中未指定AEC试验方法的，为MIL-STD-202；未指定国家军用标准标试验方法的，为GJB 360B—2009。

附表9-1　陶瓷电容器比对表

序号	试验项目	AEC-Q200	国家军用标准（GJB 192、GJB 4157、GJB 1940）	备注
1	高温暴露（贮存）	不加电，1 000h，试验结束（24±4）h后进行测试，环境温度为最大额定温度	/	
2	温度循环	1 000次（-55℃~+125℃），试验结束（24±4）h后测试，每极限温度下30min，转换时间小于1min	低温-55℃，高温125℃，循环5次，转移时间≤5min；循环后的测量：不适用	
3	破坏性物理分析	表面贴装器件（SMD）	仅高可靠产品有要求	
4	湿度试验（高温高湿）	1 000h，85℃/85%RH；条件：施加电压1.3至1.5倍额定电压，100kΩ的电阻。对于含银的陶瓷电容器（如PdAg电极），还必须进行低电压测试	方法106： 初始容量测量； 循环次数：20次连续循环，但步骤7a和7b应省略； 负荷电压：在引出端间施加直流电压50V或额定电压，取较小者； 试验后检查：最后一次循环第6步完成后，电容器应在（25±5）℃和相对湿度≤60%条件下恢复（18~24）h，进行外观检查。测量电容量、介质耐电压和绝缘电阻	试验时间、应力条件不同

续表

序号	试验项目	AEC-Q200	国家军用标准（GJB 192、GJB 4157、GJB 1940）	备注
5	工作寿命	方法108，试验条件：F（1 000h），T_A=125℃；额定电压，试验结束（24±4）小时后进行测试，最大额定温度和电压	方法108： 安装：按4.5.1节和4.5.1.1节； 试验温度和允许偏差：（125+40）℃； 工作条件：2UR，浪涌电流不超过50mA； 试验条件：F（2 000h）； 试验间测量：在1 000h后及试验结束时，当电容器仍处于125℃时，测量绝缘电阻； 试验后测量：电容器恢复到规定条件，检查外观；测量电容量、损耗角正切和绝缘电阻	
6	引出端强度（有引脚）	条件：A（454g），C（227g），E（1.45kg/m²）	方法211：试验条件A，施加力（25±1）N，持续时间（5~10）s；试验条件C：（125±1）N	
7	机械冲击	方法213，条件F；有引脚元件：条件C	片式陶瓷电容器不要求；有引脚陶瓷电容器引出端间施加额定直流电压，条件I	
8	振动（带板）	方法204，5g进行20min，每方向进行12个循环	—	
9	静电释放（ESD）	AEC-Q200-002B或ISO/DIS 10605	—	
10	可焊性	不需电测试，放大倍数50倍；有引脚：方法A为235℃，类别3； 表贴元件： （1）方法B，在155℃干燥4h，加热温度235℃； （2）方法B，215℃，类别3； （3）方法D，260℃，类别3	老化条件：按详细规范； 无引线电容器：每个端头应浸入0.5（0-0.25）mm，也可将整个电容器浸没。放大倍数10~30倍进行检查	

续表

序号	试验项目	AEC-Q200	国家军用标准（GJB 192、GJB 4157、GJB 1940）	备注
11	电特性	按批次和样本大小要求进行参数测试，给出室温、最高和最低工作温度下的最小值、最大值、均值和标准偏差	—	
12	弯曲试验	仅片式多层陶瓷电容器（MLCC）需要，最短保持时间60秒	—	LMS要求做端面镀层结合强度
13	引出端强度（SMD）	AEC-Q200-005，最短保持时间60秒	—	LMS要求剪切强度
14	断裂试验	仅片式多层陶瓷电容器，AEC-Q200-003	—	
15	介质耐电压	—	要求	
16	电压-温度极限	—		
17	浸渍	—		
18	稳态湿热	—		
19	霉菌	—		
20	电压处理	—		
21	低气压	—		
22	低温贮存	—		
23	盐雾	—		
24	局部放电（高压）	—		
25	X射线检查（有引线）	—		
26	键合强度（单层）	—		
27	剪切强度（单层）	—		

A.2 钽电解电容器

AEC规范中的高温暴露、温度循环、耐湿、ESD、可焊性、冲击、电特性、易燃性、弯曲性、端头强度试验要求相对严格。对寿命、引出端强度试验，国家军用标准要求相对严格。对振动试验，两者的侧重点不同，存在较大差异，例如AEC规定需要安装到PCB进行试验，接近应用。国家军用标准中低温贮存、盐雾、霉菌、低气压、高低温稳定性等项目，AEC规范未涉及（具体见附表9-2）。

附表 9-2 钽电解容器比对表

序号	试验项目	AEC-Q200	国家军用标准（GJB 2283）	备注
1	高温暴露（贮存）	不加电，1 000h，试验结束（24±4）h后测试，最大额定温度。	—	
2	温度循环	1 000次（-55℃至125℃），试验结束（24±4）h后测试，每个极限温度下30min，转换时间小于1min	方法107，条件B：-65℃~125℃，5次循环	
3	破坏性物理分析	表面贴装器件（SMD）	—	
4	湿度试验	1 000h，85℃/85%RH；施加额定电压，试验结束（24±4）h测试	方法106：初始容量测量；循环次数：20次连续循环；试验后的检查：最后一次循环后，电容器应在（25±5）℃条件下干燥1h，在下一个1h内测试	时间、应力不同
5	工作寿命	方法108，条件D稳态T_A=125℃；施加2/3额定电压；试验结束（24±4）h后测试，最大额定温度和电压	方法108，85℃，2 000h；方法108，125℃，2 000h	
6	引出端强度（有引脚）	条件：A（2.27 kg），C（227g），E（1.45 kg/m²）	方法211：拉力：14_0^{+1}N，30_0^{+5}N；弯曲：4次（条件B）	

续表

序号	试验项目	AEC-Q200	国家军用标准（GJB 2283）	备注
7	机械冲击	方法213，条件F；有引脚元件：条件C	方法213，条件D（200m/s²）/条件I（1 000m/s²），片式钽电容器不要求	
8	振动（带板）	方法204，5g进行20min，每方向12个循环	有引线（不带板）： 高频振动：GJB 360B-2009，方法204； 试验条件：200m/s²； 互相垂直的两个方向各4h； 方法214； 气密封全钽：Ⅱ（K），应在相互垂直的三个方向上进行，每个方向1.5h； 钽箔型：Ⅱ（E），在两个相互垂直的方向上进行，一个方向与圆柱体轴线平行，另一个方向与之垂直，每个方向1.5h； SMD不要求	有引线：试验条件不同
9	静电放电（ESD）	AEC-Q200-002B或ISO/DIS 10605	—	
10	可焊性	不需电测试，放大倍数50倍； 有引脚：方法A为235℃，类别3； 表贴元件： （1）方法B，在155℃干燥4h，加热温度235℃； （2）方法B，215℃，类别3； （3）方法D，260℃，类别3	老化条件：按详细规范 无引线电容器：每个端头应浸入0.5-0.25mm，也可将整个电容器浸没。放大10~30倍进行检查	
11	电特性	按照批次和样本大小的要求进行参数测试，给出室温、最高和最低工作温度下的最小值、最大值、平均值和标准偏差	—	

续表

序号	试验项目	AEC-Q200	国家军用标准（GJB 2283）	备注
12	引出端强度（SMD）	AEC-Q200-006	—	LMS要求剪切强度
13	介质耐电压	—	要求	
14	温度冲击（安装）	—		
15	高低温稳定性	—		
16	浪涌电压	—		
17	低温贮存（非固体）	—		
18	密封（气密封）	—		
19	反向电压	—		
20	X射线（引线、T级）	—		
21	盐雾	—		
22	纹波电流	—		
23	霉菌	—		
24	电压处理	—		
25	低气压	—		

A.3 铝电解电容器

AEC规范中的高温暴露、温度循环、耐湿、ESD、可焊性、盐雾、电特性、易燃性、弯曲性、端头强度试验要求相对严格。对于振动试验，两者侧重点不同，例如AEC规定需要安装到PCB进行试验，接近实际。对于国家军用标准中低温贮存、盐雾、霉菌、低气压、反向电压等，在AEC中未涉及（具体见附表9-3）。

264

附表 9-3　铝电解电容器比对表

序号	试验项目	AEC-Q200	国家军用标准（GJB 603）	备注
1	高温暴露（贮存）	最高额定温度放置1 000h，不加电，试验结束（24±4）h后进行测试	最高额定温度放置500小时，不加电，试验结束（24±4）h后进行测试	
2	温度循环	1 000次（-40℃至105℃或最高温度），试验结束（24±4）h后测试，每个极限温度下30min，转换时间小于1min	方法107：条件：相应极限温度，5次循环	
3	偏置湿度试验	1 000小时85℃/85% RH，额定电压，试验后（24±4）h后测试	方法106：初始容量测量；循环次数：10次连续循环	时间、应力不同
4	工作寿命	方法108，105℃或最高工作温度下1 000h，额定电压，试验结束（24±4）h后测试	方法108：85/105/125℃、2 000h	
5	引出端强度（有引脚）	条件：A（454 g），C（227 g），E（1.45 kg/m²）	方法211：拉力：15_0^{+1} N；扭转：条件D，3次；转矩：条件E（螺纹引出端）	
6	机械冲击	方法213，条件F，有引脚元件：条件C	方法213：条件I（1 000m/s²）	基本一致
7	振动	方法204，5g进行20min，每方向12个循环	低频振动：方法201，互相垂直的两个方向各45min 高频振动：方法204，试验条件：15g，互相垂直的两个方向各4h；随机振动：方法214，试验条件：E，应在相互垂直的三个方向上进行，每个方向1.5h	时间、应力不同
8	耐焊接热	条件B没有预热元件，注意：单波焊料；程序适用1.5mm以下的焊料引线和0.75mm的SMD；SMD不使用底板载体	—	

续表

序号	试验项目	AEC-Q200	国家军用标准（GJB 603）	备注
9	静电释放（ESD）	AEC-Q200-002B或ISO/DIS 10605	—	
10	可焊性	不需电测试，放大倍数50倍； 有引脚：方法A为235℃，类别3； 表贴元件： （1）方法B，在155℃干燥4h，加热温度235℃； （2）方法B，215℃，类别3； （3）方法D，260℃，类别3	老化条件：按详细规范； 无引线电容器：每个端头应浸入0.5（0-0.25）mm，也可将整个电容器浸没。放大倍数10~30倍进行检查	
11	电特性	按照批次和样本大小的要求进行参数测试，给出室温、最高和最低工作温度下的最小值、最大值、平均值和标准偏差	—	
12	易燃性	V-0或V-1可接受，适用于树脂外壳器件	—	
13	弯曲性	AEC-Q200-005，最短保持时间为60s	—	
14	引出端强度（SMD）	AEC-Q200-005，最短保持时间为60s	—	
15	浪涌电压	AEC-Q200-007	1 000次直流浪涌电压循环，每次加电30s	基本一致
16	低温贮存	—	要求	
17	高低温稳定性	—		
18	绝缘外套	—		
19	盐雾	—		
20	浸渍	—		

续表

序号	试验项目	AEC-Q200	国家军用标准（GJB 603）	备注
21	压力释放	—		
22	霉菌	—		
23	低气压		要求	
24	反向电压			
25	交流检验			
26	反向电压老炼	—		

A.4 有机介质电容器

AEC规范中的温度循环、耐湿、ESD、可焊性、盐雾、电特性、易燃性、弯曲性、端头强度试验要求相对严格。对于振动、寿命，两者的侧重点不同，振动试验中，AEC规定需要安装到PCB进行，接近实际。对国家军用标准中低气压、介质耐电压、低温特性、盐雾、霉菌、密封等试验，在AEC中规范未涉及（具体见附表9-4）。

附表9-4 有机介质电容器比对表

序号	试验项目	AEC-Q200	国家军用标准（GJB 972、GJB 62、GJB 1214）	备注
1	高温暴露（贮存）	最高额定温度放置1000h，不加电，试验结束（24±4）h后测试	—	
2	温度循环	1 000次（-40℃至105℃或最高温度），试验结束（24±4）h后测试，每个极限温度下30min，转换时间小于1min	方法107，高低温为极限温度，5次	要求、应力不同
3	耐湿	t=24h/循环；注意：步骤7a和7b不需要，不加电。试验结束（24±4）h后测试	—	

续表

序号	试验项目	AEC-Q200	国家军用标准（GJB 972、GJB 62、GJB 1214）	备注
4	偏置湿度试验	1000h，40℃/93% RH；额定电压。试验结束（24±4）h后测试	GJB 360A方法106： （1）安装：常规方式安装，测量时，夹具固定点距本体12.7mm±3mm； （2）初始测量：不适用； （3）循环次数：20次； （4）极化电压：在进行1~6步试验期间，应将直流电压100V或额定电压（取其中较小者，见相关详细规范），加在50%电容器的引出端之间，而其余50%的电容器不加电压； （5）负载电压：不适用； （6）最后测量：在最后一次循环结束后，应在25℃±5℃、相对湿度为（50±5）%下至少放置22h，但不多于24h；测量介质耐电压，绝缘电阻，电容量和损耗角正切	时间、应力不同
5	工作寿命	方法108，T_A=85℃下1 000h，条件D（1 000h），如果是100℃或者125℃的产品，将在该温度下进行1 000h。金属化薄膜：85℃以下，125%额定电压；超出85℃，100%额定电压，试验结束（24±4）h后测试	（1）安装样品距离：本体牢固固定，样品间距离应不小于25.4mm； （2）M、N、Q和R特性：85℃；K和L特性：105℃； （3）额定工作条件：M、N、Q和R特性应在85℃下施加额定工作电压；K和L特性应在105℃下施加额定工作电压； （4）加速工作条件：K、M和Q特性应施加140%额定电压；L、N和R特性应施加125%的额定电压； （5）浪涌电流应限制在1A内。需要时应在电路内接入限流电阻器，应保证能将全部所需电压施加到电容器上；不应采用辐射作为加热试验箱的手段； （6）试验条件： F：2 000h	

续表

序号	试验项目	AEC-Q200	国家军用标准（GJB 972、GJB 62、GJB 1214）	备注
6	引出端强度（有引脚）	条件：A(2.27kg), C(227g), E(1.45kg/m²)	（1）试验条件： A（径向和轴向）：22N（2.2kgf）；C（仅径向）：22N（2，2kgf）；D（仅轴向）：22N（2.2kgf）。 （2）试验条件： A（焊片）：44N，1min	
7	机械冲击	方法213，条件F，有引脚元件：条件C	GJB 360A—1996方法213： （1）安装：电容器本体牢固地固定； （2）试验条件：I（100g）； （3）冲击期间的电负荷：在试验期间，应在电容器的两引出端之间加125%的额定电压（见相关详细规范，应使用阴极射线示波器监视持续0.5ms或更长时间的任何间断； （4）试验后检查：目视检查电容器有无击穿、飞弧、断裂或任何其他明显的机械损伤	基本一致
8	振动	方法204，5g进行20分钟，每方向12个循环	高频振动：方法204，试验条件：15g，互相垂直的两个方向各4h 随机振动（宇航级）：方法214，试验条件：E，应在相互垂直的三个方向上进行，每个方向1.5h	时间、应力不同
9	ESD	AEC-Q200-002B或ISO/DIS 10605	—	

续表

序号	试验项目	AEC-Q200	国家军用标准（GJB 972、GJB 62、GJB 1214）	备注
10	可焊性	不需电测试，放大倍数50倍； 有引脚：方法A为235℃，类别3； 表贴元件： （1）方法B，在155℃干燥4h，加热温度235℃； （2）方法B，215℃，类别3； （3）方法D，260℃，类别3	GJB 360A—1996方法208： （1）每个电容器受试引出端数：两个引出端； （2）在焊剂和焊料中浸入的深度：两个引出端应浸入到距电容器本体不大于3.2mm； （3）试验后无物理损伤	
11	电特性	按照批次和样本大小的要求进行参数测试，给出室温、最高和最低工作温度下的最小值、最大值、平均值和标准偏差	—	
12	易燃性	V-0或V-1可接受，适用于树脂外壳元件	—	
13	弯曲性	AEC-Q200-005，最短保持时间为60s	—	
14	引出端强度（SMD）	AEC-Q200-005，最短保持时间为60s	—	
15	介质耐电压	—	要求	
16	低气压	—		
17	交流试验	—		
18	低温和电容量随温度变化	—		
19	霉菌	—		
20	射线检查（宇航级）	—		

续表

序号	试验项目	AEC-Q200	国家军用标准（GJB 972、GJB 62、GJB 1214）	备注
21	盐雾	—	要求	
22	高低温稳定性	—		
23	高阻抗直流寿命（宇航级）	—		
24	DPA（宇航级）	—		
25	密封	—		

A.5 电感器/变压器

AEC规范中的高温暴露、湿度、ESD、可焊性、电特性、易燃性、弯曲性试验要求相对严格，国家军用标准的工作寿命要求相对严格。对于高温贮存、振动试验，两者的侧重点不同，存在较大差异。国家军用标准中低温工作、温升、盐雾、密封等要求较高，对宇航产品增加X射线检查和热真空释气（具体见附表9-5）。

附表 9-5 电感器/变压器比对表

序号	试验项目	AEC-Q200	国家军用标准（GJB 1864、GJB 1518、GJB 1521、GJB 2829、GJB 5025）	备注
1	高温暴露（贮存）	最高额定温度放置1 000h，不加电，试验结束（24±4）h后进行测试	在最大额定工作温度100h，不加电，试验结束恢复4~12h后进行测试	
2	温度循环	1 000次（-40℃至125℃或最高温度），试验结束（24±4）h后测试，每个极限温度下30min，转换时间小于1min	方法107，高低温为极限温度，5次循环	要求、应力不同

续表

序号	试验项目	AEC-Q200	国家军用标准（GJB 1864、GJB 1518、GJB 1521、GJB 2829、GJB 5025）	备注
3	偏置湿度试验	1 000h，85℃/85% RH。额定电压；试验结束（24±4）h后测试	方法106：不加极化电压；循环次数：10次连续循环	
4	工作寿命	方法108，105℃下1 000h，如果是85℃或者125℃产品，则在该温度下试验，采用额定电压，试验结束（24±4）h后测试	最高工作温度下下2 000h，采用1.5h通电和0.5h断开的循环，试验结束（24±4）h后进行测试	时间、应力不同
5	引出端强度（有引脚）	条件：A（910g），C（1.13kg），E（1.45kg/m²）	试验条件：A（径向和轴向）20N或详细规范规定	要求不同
6	机械冲击	方法213，条件F，有引脚元件：条件C	GJB 360A方法213：（1）安装：电容器本体牢固地固定；（2）试验条件：I（100g）	基本一致
7	振动	方法204，5g进行20min，每方向12个循环	高频振动：方法204，试验条件：D，互相垂直的两个方向各4h；随机振动：方法214，试验条件：按相关详细规范	时间、应力不同
8	静电释放（ESD）	AEC-Q200-002B或ISO/DIS 10605	—	
9	可焊性	不需电测试，放大倍数为50倍；有引脚：方法A为235℃，类别3；表贴元件：（1）方法B，在155℃干燥4h，加热温度235℃；（2）方法B，215℃，类别3；（3）方法D，260℃，类别3	GJB 360A—1996方法208：（1）每个元件受试引出端数：两个引出端；（2）在焊剂和焊料中浸入的深度：两个引出端应浸入到距本体不大于3.2mm；（3）试验后无物理损伤	

续表

序号	试验项目	AEC-Q200	国家军用标准（GJB 1864、GJB 1518、GJB 1521、GJB 2829、GJB 5025）	备注
10	电特性	按照批次和样本大小的要求进行参数测试，给出室温、最高和最低工作温度下的最小值、最大值、平均值和标准偏差	—	
11	易燃性	V-0或V-1可接受	部分种类电感器和变压器有要求	
12	弯曲性	AEC-Q200-005，最短保持时间为60s	弯曲深度1mm，在弯曲状态下测量电容量，弯曲1次。保持时间为20s	
13	引出端强度（SMD）	AEC-Q200-006，对侧面施加17.7N（1.8kg）的力；应持续（600+1）s	对待测元件的侧面施加10N的力；该力应持续10s	
14	转矩	—	要求	
15	低温工作	—		
16	温升	—		
17	过载	—		
18	盐雾	—		
19	霉菌	—		
20	密封	—		
21	X射线（宇航级）	—		
22	热真空释气（适用时）	—		
23	电晕放电（适用时）	—		

A.6 电阻器

AEC规范中湿度、ESD、可焊性、电特性、易燃性、弯曲性试验要求相对严格，国家军用标准的工作寿命要求相对严格。对于高温贮存、温度循环、引出端强度、振动试验，两者的侧重点不同，存在较大差异，例如AEC规定高温贮存的时间更长，温度循环的时次数较多，关注产品的耐久性。国家军用标准对电阻器的低温特性要求较高，对精密电阻器要求电阻温度特性试验，对宇航产品增加热真空释气等（具体见附表9-6）。

附表 9-6 电阻器比对表

序号	试验项目	AEC-Q200	国家军用标准（GJB 1432、GJB 244、GJB 6787、GJB 2828、GJB 1929）	备注
1	高温暴露（贮存）	在125℃温度下放置1 000h，不加电，试验结束（24±4）h后进行测试	150℃±5℃下（100±4）h；试验后应无机械损伤；不加电，试验结束（24±4）h后测试	要求、应力不同
2	温度循环	1 000次（-55℃至125℃或最高温度），试验结束（24±4）h后测试，每个极限温度下30min，转换时间小于1min	65^{0}_{-10}℃~150^{+10}_{0}℃，5次；宇航级产品鉴定检验100次；试验后应无机械损伤；试验后阻值应在标称阻值的允许偏差内	要求、应力不同
3	偏置湿度试验	1 000h，85℃/85% RH；注意特定条件：工作功率的10%；试验结束（24±4）h后测试	方法106：不加极化电压；循环次数：10次连续循环	
4	工作寿命	方法108，条件D在额定功率125℃下进行稳态试验；试验结束（24±4）h后测试	试验温度（70±5）℃，额定直流额定工作电压，1.5h通电、0.5h断电，2 000h或10 000h；试验后应无机械损伤、电性能合格	
5	引出端强度（有引脚）	条件:A（2.27kg），C（227g），E（1.45kg/m²）	方法211：拉力试验：试验条件A，拉力按详细规范；扭转试验：试验条件D	要求、应力不同

续表

序号	试验项目	AEC-Q200	国家军用标准（GJB 1432、GJB 244、GJB 6787、GJB 2828、GJB 1929）	备注
6	机械冲击	方法213，条件F，有引脚元件：条件C	GJB 360A—1996方法213： （1）安装：电容器本体牢固地固定； （2）试验条件：Ⅰ（100g）	基本一致
7	振动	方法204，5g进行20min，每方向12个循环	高频振动：GJB 360A-1996条件B，应在相互垂直的两个方向的每个方向上振动4h，共8h；试验过程用灵敏装置监控，以确定是否有大于或等于0.1ms的电气不连续	时间、应力不同
8	静电释放（ESD）	AEC-Q200-002B或ISO/DIS 10605	—	
9	可焊性	不需电测试，放大倍数50倍；有引脚：方法A为235℃，类别3； 表贴元件： （1）方法B，在155℃干燥4h，加热温度235℃； （2）方法B，215℃，类别3； （3）方法D，260℃，类别3	GJB 360A-1996方法208： （1）每个元件受试引出端数：两个引出端； （2）在焊剂和焊料中浸入的深度：两个引出端应浸入到距本体不大于3.2mm； （3）试验后无物理损伤	
10	电特性	按批次和样本大小的要求进行参数测试，给出室温、最高和最低工作温度下的最小值、最大值、平均值和标准偏差	—	
11	易燃性	V-0或V-1可接受。不需电气测试	—	

续表

序号	试验项目	AEC-Q200	国家军用标准（GJB 1432、GJB 244、GJB 6787、GJB 2828、GJB 1929）	备注
12	弯曲性	AEC-Q200-005，最短保持时间为60s	弯曲深度1mm，在弯曲状态下测量电容量，弯曲1次。保持时间为20s	
13	引出端强度（SMD）	AEC-Q200-006，对侧面施加17.7N（1.8kg）的力；应持续（600+1）s	侧面施加的力根据产品尺寸不同，该力应持续至少30s	要求不同
14	阻燃	AEC-Q200-001	—	
15	热真空释气（宇航级）	—	要求	
16	电阻温度特性	—		
17	短时间过载	—		
18	密封（适用时）	—		
19	低温贮存	—		
20	低温工作	—		
21	霉菌	—		
22	介质耐压	—		

A.7 热敏电阻器

AEC规范中高温暴露、湿度、温度循环、机械冲击、ESD、可焊性、电特性、燃烧试验、弯曲性、端头强度试验要求相对严格。对于负荷寿命、引出端强度、振动试验，两者的侧重点不同，存在较大差异，例如寿命试验中，AEC规定为稳态寿命，国家军用标准规定为间歇寿命。国家军用标准对电阻器的低温特性要求较高，以及温度特性、热特性、抗电冲击能力等，为此设计了浪涌电流、电阻温度特性、介质耐电压、热时间常数、表面温度等试验

（具体见附表9-7）。

附表 9-7 热敏电阻器比对表

序号	试验项目	AEC-Q200	国家军用标准（GJB 601、GJB 9145）	备注
1	高温暴露（储存）	最高额定温度放置1 000h，不加电，试验结束（24±4）h后进行测试	最高工作温度100h；试验后应无机械损伤；不加电，试验结束（24±4）h后进行测试	
2	温度循环	1 000次（-40℃至125℃或最高温度），试验结束（24±4）h后测试，每个极限温度下30min，转换时间小于1min	极限温度下，5次，试验后进行电性能测试	
3	偏置湿度试验	1 000h，85℃/85%RH；10%额定功率；试验结束后（24±2）h内测试	GJB 360A—1996方法106：加极化电压；循环次数：10次连续循环	
4	负载寿命	方法108，1 000h，环境温度T=125℃或最高温度，试验结束后（24±2）h内测试	试验温度（70±5）℃，额定直流额定工作电压，1.5h通电、0.5h断电，1 000h；试验后应无机械损伤、电性能合格	要求、条件不同
5	端头强度（有引脚）	条件：A（2.27kg），C（227g）	GJB 360A—1996方法211：拉力试验：试验条件A，拉力按详细规范；扭转试验：试验条件D	要求、应力不同
6	机械冲击	方法213，条件F，有引脚元件：条件C	GJB 360A—1996方法213：（1）安装：电容器本体牢固地固定；（2）试验条件：A（50g）	
7	振动	方法204，5g进行20min，每方向12个循环	高频振动：GJB 360A条件D，应在相互垂直的两个方向的每个方向上振动4h，共8h；试验过程用灵敏装置监控，以确定是否有大于或等于0.1ms的电气不连续	时间、应力不同

续表

序号	试验项目	AEC-Q200	国家军用标准 （GJB 601、GJB 9145）	备注
8	耐焊接热	条件B没有预热元件，注意：单波峰焊，在器件引线内1.5mm范围内使用焊料；SMD使用程序2，有引脚器件使用程序1	GJB 360A—1996方法210：试验条件：300℃，时间2s，在器件引线的3~5mm范围内使用焊料	时间、应力不同
9	静电放电敏感度	AEC-Q200-002B或ISO/DIS 10605	—	
10	可焊性	不需电测试，放大倍数50倍； 有引脚：方法A为235℃，类别3。 表贴元件： （1）方法B，在155℃干燥4h，加热温度235℃； （2）方法B，215℃，类别3； （3）方法D，260℃，类别3	GJB 360A—1996方法208： （1）每个元件受试引出端数：两个引出端； （2）在焊剂和焊料中浸入的深度：两个引出端应浸入到距本体不大于3.2mm； （3）试验后无物理损伤	
11	电气特性	按批次和样本大小的要求进行参数测试，给出室温、最高和最低工作温度下的最小值、最大值、平均值和标准偏差	—	
12	燃烧性试验	V-0或V-1可接受，适用于有树脂外壳的元件	—	
13	弯曲性（SMD）	AEC-Q200-005，最短保持时间60s	—	
14	端头强度（SMD）	AEC-Q200-006，对侧面施加17.7N（1.8kg）的力；应持续（600+1）s	—	

续表

序号	试验项目	AEC-Q200	国家军用标准（GJB 601、GJB 9145）	备注
15	表面温度	—	要求	
16	浪涌电流	—		
17	短期负荷	—		
18	介质耐电压	—		
19	低温贮存	—		
20	低温工作	—		
21	热时间常数	—		
22	相应时间	—		
23	电阻温度特性	—		
24	浸渍	—		

A.8 可调电容器/电位器

AEC规范中湿度、温度循环、ESD、可焊性、电特性、燃烧试验、弯曲性、端头强度、旋转寿命试验要求相对严格。对于负荷寿命、高温暴露、振动试验，两者侧重点不同，存在较大差异，例如负荷寿命试验中，AEC规定为稳态寿命，而国家军用标准规定为间歇寿命。国家军用标准对低温特性、抗恶劣环境特性、噪声等要求较高，关注产品的温度特性等，设计了低气压、温度系数、霉菌、盐雾、峰值噪声等试验（具体见附表9-8）。

附表9-8 可调电容器/电位器比对表

序号	试验项目	AEC-Q200	国家军用标准（GJB 1865、GJB 93015、GJB 917、GJB 918、GJB 1433、GJB 728）	备注
1	高温暴露（储存）	最高额定温度放置1 000h，不加电，试验结束（24±4）h后测试	125℃或150℃，250h；试验后应无机械损伤；不加电，试验结束2h后测试	条件、要求不同

续表

序号	试验项目	AEC-Q200	国家军用标准（GJB 1865、GJB 93015、GJB 917、GJB 918、GJB 1433、GJB 728）	备注
2	温度循环	1 000次（-40℃至85℃或最高温度），试验结束（24±4）h后测试，每个极限温度下30min，转换时间小于1min	极限温度下，5次，试验后进行电性能测试	
3	偏置湿度试验	1 000h，85℃/85%RH；可调电容：额定电压；电位器：10%额定功率；试验结束后（24±4）h内测试	方法106：加极化电压；循环次数：10次连续循环	
4	负载寿命	方法108，1 000h，T=85℃或最高温度；可调电容：额定电压；电位器：该温度下额定功率；试验结束后（24±2）h内测试	试验温度（70±5）℃，额定直流额定工作电压，1.5h通电、0.5h断电，1 000h；试验后应无机械损伤、电性能合格	条件、要求不同
5	端头强度（有引脚）	条件：A（227g），C（227g）	方法211：拉力试验：试验条件A，拉力10N；扭转试验：试验条件D	
6	机械冲击	方法213，条件F，有引脚元件：条件C	方法213：（1）安装：电容器本体牢固地固定；（2）试验条件：I（100g）	基本一致
7	振动	方法204，5g进行20min，每方向12个循环	高频振动：条件D（电位器）、B（可调电容器），应在相互垂直的两个方向的每个方向上振动4h，共8h；试验过程用灵敏装置监控，以确定是否有大于或等于0.1ms的电气不连续	时间、应力不同
8	静电放电敏感度	AEC-Q200-002B或ISO/DIS 10605	—	

续表

序号	试验项目	AEC-Q200	国家军用标准（GJB 1865、GJB 93015、GJB 917、GJB 918、GJB 1433、GJB 728）	备注
9	可焊性	不需电测试，放大倍数50倍； 有引脚：方法A为235℃，类别3。 表贴器件： （1）方法B，在155℃干燥4h，加热温度235℃； （2）方法B，215℃，类别3； （3）方法D，260℃，类别3	方法208： （1）每个元件受试引出端数：两个引出端； （2）在焊剂和焊料中浸入的深度：两个引出端应浸入到距本体不大于3.2mm； （3）试验后无物理损伤	
10	电气特性	按批次和样本大小的要求进行参数测试，给出室温、最高和最低工作温度下的最小值、最大值、平均值和标准偏差	—	
11	燃烧性试验	V-0或V-1可接受，适用于有树脂外壳的元件	—	
12	电路板柔性（SMD）	AEC-Q200-005，最短保持时间为60s	—	
13	端头强度（SMD）	AEC-Q200-006，对侧面施加17.7N（1.8kg）的力。应持续（600+1）s	—	
14	旋转寿命	周期旋转500周	周期旋转200周	试验次数不同
15	低气压	—	要求	
16	旋动力矩	—		
17	盐雾			
18	浸渍			
19	温度系数			
20	低温贮存	—		

续表

序号	试验项目	AEC-Q200	国家军用标准（GJB 1865、GJB 93015、GJB 917、GJB 918、GJB 1433、GJB 728）	备注
21	低温工作	—	要求	
22	霉菌	—		
23	接触电阻变化	—		
24	峰值噪声	—		

A.9 压敏电阻器

AEC规范中的温度循环、耐湿、ESD、可焊性、电特性、易燃性、弯曲性、端头强度、瞬态电传导试验要求相对严格。对于振动试验，两者的侧重点不同，存在较大差异。AEC规定需要安装到PCB进行试验。国家军用标准关注低温特性、老化、抗恶劣环境特性、脉冲寿命等，设计了高温老化、低温存储、介质耐压、有焰燃烧性、加速度、脉冲寿命等试验（具体见附表9-9）。

附表9-9 压敏电阻器比对表

序号	试验项目	AEC-Q200	国家军用标准（GJB 1782）	备注
1	高温暴露（储存）	1 000小时；150℃；不加电；测试结束后（24±2）h测量	125℃，340h；试验后应无机械损伤；不加电，试验结束6h后测试	
2	温度循环	1 000次（-40℃至125℃或最高温度），试验结束（24±4）h后测试，每个极限温度下30min，转换时间小于1min	极限温度下，5次，试验后进行电性能测试	
3	湿度（高温高湿）	1 000h，85℃/85%RH。额定压敏电压（1mA）的85%（+5%/-0%）偏压；测试结束后（24±4）h测量	方法106，循环次数：10次连续循环	

续表

序号	试验项目	AEC-Q200	国家军用标准（GJB 1782）	备注
4	运行寿命	方法108，1 000h，T_A=125℃或最高温度；额定压敏电压的85%偏压；测试结束后（24±4）h测量	试验温度85℃，最大连续交流电压，1 000h；试验后应无机械损伤、电性能合格	基本一致
5	引出端强度（含铅）	条件：A（2.27kg），C（227g）	方法211：拉力试验：试验条件A，拉力22.25N；扭转试验：试验条件4.45N	
6	机械冲击	方法213，条件F，有引脚器件：条件C	方法213：（1）安装：电容器本体牢固地固定；（2）试验条件：E（100g）	基本一致
7	振动	方法204，5g进行20min，每方向12个循环	高频振动：条件D（电位器）应在相互垂直的两个方向的每个方向上振动4h，共8h	时间、应力不同
8	ESD	AEC-Q200-002B或ISO/DIS 10605	/	
9	可焊性	不需电测试，放大倍数50倍；有引脚：方法A为235℃，类别3；表贴元件：（1）方法B，在155℃干燥4h，加热温度235℃；（2）方法B，215℃，类别3；（3）方法D，260℃，类别3	方法208：（1）每个元件受试引出端数：两个引出端；（2）在焊剂和焊料中浸入的深度：两个引出端应浸入到距本体不大于3.2mm；（3）试验后无物理损伤	
10	电气特性	按批次和样本大小的要求进行参数测试，给出室温、最高和最低工作温度下的最小值、最大值、平均值和标准偏差	—	

续表

序号	试验项目	AEC-Q200	国家军用标准（GJB 1782）	备注
11	易燃性	V-0 或 V-1 是可行的；不需要进行电气测试	—	
12	板挠曲	AEC-Q200-005，最短保持时间为60s	—	
13	终端强度（SMD）	AEC-Q200-006，对侧面施加17.7N（1.8kg）的力。应持续（600+1）s	—	
14	瞬态电传导	测试脉冲1至3	—	
15	高温老化	—	要求	
16	功率老化	—		
17	限制电压	—		
18	有焰燃烧性	—		
19	低温储存	—		
20	介质耐压	—		
21	脉冲寿命	—		
22	加速度	—		
23	额定峰值电流	—		
24	额定能量	—		

A.10 石英晶体

AEC规范中温度循环、耐湿、高温暴露、使用寿命、ESD、可焊性、电特性、易燃性、弯曲性、端头强度试验要求相对严格。对于振动试验，两者侧重点不同，存在较大差异。AEC规定需要安装到PCB进行试验。国家军用标准低温特性、抗恶劣环境特性等要求较高，设计了低温存储、密封、盐雾等试验（具体见附表9-10）。

附表 9-10　石英晶体比对表

序号	试验项目	AEC-Q200	国家军用标准（GJB 2138）	备注
1	高温暴露（储存）	最高额定温度放置1 000h，不加电，试验结束（24±4）h后测试	—	
2	温度循环	1 000次（-40℃至125℃或最高温度），试验结束（24±4）h后测试，每个极限温度下30min，转换时间小于1min	极限温度下，5次，试验后进行电性能测试	
3	偏压湿度	1 000h，85℃/85%RH。额定电压（V_{DD}）与1MΩ并联的逆变器一起施加，每个晶体引脚与地之间接负载电容C_L。测试结束后（24±4）h测量	方法106，循环次数：10次连续循环	
4	使用寿命	方法108，注意：125℃或最高温度，1 000h；额定电压（V_{DD}）与1MΩ并联的逆变器一起施加，每个晶体引脚与地之间接负载电容C_L。测试结束后（24±4）h测量	试验温度105℃，最大连续交流电压，168h；试验后应无机械损伤、电性能合格	
5	引出端强度（含铅）	条件：A（227g），C（227g）	方法211： 拉力试验：试验条件A，拉力15N/7.5N； 扭转试验：试验条件7.5N	
6	机械冲击	方法213，条件F，有引脚元件：条件C	方法213： （1）安装：电容器本体牢固地固定； （2）试验条件100g	基本一致
7	振动	方法204，5g进行20min，每方向12个循环	低频振动：10~55Hz，每个方向上振动2h，三方向共6h 高频振动：条件A应在相互垂直的两个方向的每个方向上振动3h，共9h	时间、应力不同

续表

序号	试验项目	AEC-Q200	国家军用标准（GJB 2138）	备注
8	可焊性	不需电测试，放大倍数为50倍； 有引脚：方法A为235℃，类别3。 表贴元件： （1）方法B，在155℃干燥4h，加热温度235℃； （2）方法B，215℃，类别3； （3）方法D，260℃，类别3	方法208： （1）每个元件受试引出端数：两个引出端； （2）在焊剂和焊料中浸入的深度：两个引出端应浸入到距本体不大于3.2mm； （3）试验后无物理损伤	
9	电特性	按照批次和样本大小的要求进行参数测试，给出室温、最大和最小工作温度下的最小值、最大值、平均值和标准偏差	—	
10	易燃性	V-0或V-1可接受	—	
11	板挠曲	AEC-Q200-005，最短保持时间60s	—	
12	终端强度（SMD）	AEC-Q200-006，对侧面施加17.7N（1.8kg）的力。应持续（600+1）s	—	
13	激励敏感度	—	要求	
14	低温贮存	—		
15	寄生	—		
16	密封	—		
17	盐雾	—		
18	结合强度	—		

A.11 R-C网络或电阻网络

AEC规范中温度循环、耐湿、ESD、可焊性、盐雾、电特性、易燃性、弯曲性、端头强度试验要求相对严格。对于振动、寿命、高温暴露试验，两者的侧重点不同,试验要求存在较大差异。例如振动试验中,AEC规定需要安装到PCB进行试验。国家军用标准对低温特性、抗恶劣环境特性等要求较高,设计了低温工作、短时间过载、霉菌、密封等试验(具体见附表9-11)。

附表9-11　R-C网络或电阻网络比对表

序号	试验项目	AEC-Q200	国家军用标准(GJB 920)	备注
1	高温暴露(贮存)	最高额定温度放置1 000h,不加电,试验结束(24±4)h后测试	在125℃贮存100小时,不加电,试验结束6小时内进行测试	条件不同
2	温度循环	1 000次(-55℃至125℃或最高温度),试验结束(24±4)h后测试,每个极限温度下30min,转换时间小于1min	极限温度下,5次,试验后进行电性能测试	
3	偏置湿度试验	1 000h,85℃/85%RH;电容网络:额定电压;电阻网络:额定功率10%;试验结束(24±4)h后测试	方法106,额定功率10%,循环次数:10次连续循环	
4	工作寿命	方法108,85℃或最高温度下1 000h,额定电压,试验结束(24±4)h后测试	试验温度70℃,采用额定电压,1.5h接通、0.5h断开的间歇方式,1 000h;试验后应无机械损伤、电性能合格	应力不同
5	引出端强度(有引脚)	条件A(227g)	方法211:拉力试验:试验条件A,拉力扁平封装6.8N/其他封装20N	
6	机械冲击	方法213,条件C	方法213:(1)安装:电容器本体牢固地固定;(2)试验条件100g	基本一致
7	振动	方法213,条件F,有引脚元件:条件C	高频振动:条件D应在相互垂直的两个方向的每个方向上振动3h,共9h	时间、应力不同

续表

序号	试验项目	AEC-Q200	国家军用标准（GJB 920）	备注
8	静电释放（ESD）	AEC-Q200-002B或ISO/DIS 10605	—	
9	可焊性	有引脚和表面安装元件，不需电测试，放大倍数为50倍。 条件： 有引脚：方法A为235℃，类别3； 表贴元件： （1）方法B，在155℃干燥4h，加热温度235℃； （2）方法B，215℃，类别3； （3）方法D，260℃，类别3	方法208： （1）每个元件受试引出端数：两个引出端； （2）在焊剂和焊料中浸入的深度：两个引出端应浸入到距本体不大于3.2mm； （3）试验后无物理损伤	
10	电特性	按批次和样本大小的要求进行参数测试，给出室温、最高和最低工作温度下的最小值、最大值、平均值和标准偏差	—	
11	易燃性	V-0或V-1可接受	—	
12	板挠性	AEC-Q200-005，最短保持时间60s	—	
13	引出端强度（SMD）	AEC-Q200-006，对侧面施加17.7 N（1.8 kg）的力；应持续（600+1）s	—	
14	盐雾	试验条件B	—	
15	密封	—	要求	
16	电阻温度特性	—		
17	低温工作	—		
18	低温贮存	—		
19	短时间过载	—		
20	霉菌	—		

参考文献

[1] 陈工. 决胜大未来：质量管理的理念与方法[M]. 北京：中国标准出版社，2009.

[2] 谭长春. 读懂《华为基本法》：为什么《华为基本法》能够延续二十多年都没被各种思想、理念、内容更新所淹没？[J]. 企业管理，2019（9）：38-39.

[3] 葛荣. 以客户为中心的华为质量管理体系[J]. 大飞机，2019（10）：24-27.

[4] 任正非. 华为眼中的大质量管理体系[J]. 中外企业文化，2016（1）：64-65.

[5] 第二届中国质量奖获奖组织质量管理经验介绍（一）：创新、高效的"华为模式"[J]. 上海质量，2016（5）：18-21.

[6] 乐国林，陈春花. 两部企业宪法蕴含的中国本土管理元素探析：基于鞍钢宪法和华为基本法的研究[J]. 管理学报，2011，8（11）：1575-1582.

[7] 刘亚丽，岳富占. 航天产品精细化质量管理模型研究[J]. 科技管理研究，2018（10）：190-195.

[8] 邹峰，魏朋义. 我国航空工业质量管理标准体系研究[J]. 航空标准化与质量，2018（5）：3-7.

[9] 黄志澄. SpaceX开创颠覆性创新的新模式[J]. 卫星与网络，2020（11）：17-19.

[10]"第一性原理"帮助马斯克不断成功？[J]. 中国机电工业，2018（3）：38-39.

[11] 陶金龙. IATF 16949标准修订概况[J]. 质量认证，2017（2）：56-58.

[12] 谭承. 汽车行业全面质量管理的有效途径：ISO/TS 16949标准诠释[J]. 中国质量与品牌，2005（6）：87-90.

[13] 刘璇，尹显东，乔建军，等. 企业应用ISO/TS 16949特殊要求的研究[J]. 标准科学，2011（12）：44-47.

[14] 马学辉. ISO 9001和ISO/TS 16949之联系和差异［J］. 印制电路信息, 2010（1）: 56-59

[15] 张秋, 闫美存. 汽车电子委员会汽车级电子元器件标准技术要求研究［J］. 信息技术与标准化, 2019（1-2）: 43-50.

[16] 李秋影. 汽车电子产品环境与可靠性试验标准研究［J］. 电子产品可靠性与环境试验, 2014, 32（6）: 6-20.

[17] 颜景莲, 黄英龄. 汽车电子产品环境可靠性测试标准综述［J］. 电子产品可靠性与环境试验, 2011, 2（29）: 46-49.

[18] 赵鑫, 殷梦迪, 陈大为. 以标准化为引领推动我国汽车芯片产业创新发展［J］. 信息技术与标准化, 2019（6）: 47-50.

[19] 张莉萍. 汽车电子产品的零缺陷检测［J］. 中国集成电路, 2021（1-2）: 75-81.

[20] 周海洋. 汽车级芯片封测、失效分析及质量管理［D］. 天津: 天津大学, 2011: 19-43.